高等职业教育铁道机车运用与维护专业系列教材

内燃机车制动机

（第二版）

迟卓刚　张琳娜◎主　编
张贵良　赵玉玲◎副主编
金晓川◎主　审

中国铁道出版社有限公司

2024年·北　京

内容简介

本书为高等职业教育铁道机车运用与维护专业系列教材之一。全书在介绍制动系统基础知识、基础制动装置、风源系统等知识的基础上，以DF系列及HXN系列内燃机车为典型车型，对其装配的JZ-7型空气制动机和CCBⅡ型电空制动机进行详细讲解，内容通俗易懂，具有较强的针对性。

本书可作为高等职业院校铁道机车运用与维护专业、中等职业院校内燃机车运用与检修专业的教材，还可作为相关专业铁路工程技术人员的参考书。

图书在版编目(CIP)数据

内燃机车制动机 / 迟卓刚，张琳娜主编. -- 2版. 北京 ：中国铁道出版社有限公司，2024. 9. --（高等职业教育铁道机车运用与维护专业系列教材）. -- ISBN 978-7-113-31397-5

Ⅰ. U262.61

中国国家版本馆CIP数据核字第202437WH55号

书　　名：内燃机车制动机
作　　者：迟卓刚　张琳娜

责任编辑：亢丽君　　**编辑部电话：**(010)51873205　　**电子邮箱：**67204751@qq.com
封面设计：郑春鹏
责任校对：苗　丹
责任印制：樊启鹏

出版发行：中国铁道出版社有限公司(100054，北京市西城区右安门西街8号)
网　　址：http://www.tdpress.com
印　　刷：北京盛通印刷股份有限公司
版　　次：2008年8月第1版　2024年9月第2版　2024年9月第1次印刷
开　　本：787 mm×1 092 mm 1/16　**印张：**11.25　**字数：**288千
书　　号：ISBN 978-7-113-31397-5
定　　价：46.00元

第二版前言

“内燃机车制动机”是铁道机车运用与维护专业一门重要课程，本书以内燃机车制动系统为主线，通过对JZ-7型空气制动机及CCBⅡ型电空制动机的组成、结构、作用原理、制动试验及故障原因分析处理等内容的详细讲解，使学习者掌握JZ-7型空气制动机和CCBⅡ型电空制动机的工作原理，并能对内燃机车基础制动装置、风源系统、制动机进行检查；通过进行机车制动试验、排查、处理制动系统故障及制动机应急故障处理，使学习者熟练将所学理论知识应用于实践，锻炼其在实际职业岗位完成相关工作任务的能力。

本书保留了第一版教材中DF系列内燃机车使用的JZ-7型空气制动机相关的内容，但结合学习过程中的认知规律，重新修订了各章节的顺序，同时增加了HXN系列内燃机车应用的CCBⅡ型电空制动机的知识，满足我国内燃机车技术发展的需求。

本书由齐齐哈尔技师学院迟卓刚、张琳娜任主编，齐齐哈尔技师学院张贵良、中车太原机车车辆有限公司赵玉玲任副主编，中国铁路哈尔滨局集团有限公司机务部金晓川任主审。参加本书编写的人员还有齐齐哈尔技师学院安凤国、武新杰，辽宁铁道职业技术学院陈君。具体编写分工如下：安凤国、陈君编写第一章；武新杰、张琳娜编写第二章；张贵良编写第三章；迟卓刚、赵玉玲编写第四章；张琳娜编写第五章。

本书在编写过程中，得到了中国铁路哈尔滨局集团有限公司以及铁路职业教育界同仁的支持与帮助，在此表示衷心感谢。

由于编者水平有限，书中疏漏和不妥之处在所难免，恳请广大读者批评指正。

编　者

2024年2月

第一版前言

本书由铁道部教材开发小组统一规划，为铁路职业教育规划教材。本书是根据铁路职业教育内燃机车驾驶与检修专业教学计划“内燃机车制动机”课程教学大纲要求，并参照相关的职业技能鉴定规范及中级技术工人等级标准编写的，由铁路职业教育机车专业教学指导委员会组织，并经铁路职业教育机车专业教材编审组审定。

全书共分为十四章，以JZ-7型空气制动机及其附件的基本结构、作用原理、常见故障和应急故障分析、处理及实际运用为主要内容，同时增加了制动机的基本理论，TSA-330型螺杆式空气压缩机，DZD-1、DZD-2型单侧闸瓦制动单元，加装电控的JZ-7型空气制动机，车辆制动机中104型和120型分配阀以及盘形制动等有关知识。内容编写坚持理论与实际相结合，加大实作应用，突出技能水平，语言上力求简明扼要、通俗易懂，具有较强的针对性。

本教材由齐齐哈尔技师学院迟卓刚、张贵良主编，哈尔滨铁路局机务处金晓川主审。第四、七、十一、十三章由迟卓刚编写，第一、五、九、十四章由张贵良编写，第三、六、八章由安凤国编写，第二、十、十二章由武新杰编写。编写过程中，辜红兵、张玉和、于仲江等提供了许多宝贵意见，同时也得到了全国各兄弟学校有关老师和现场有关人员的支持和帮助，特此感谢。对引用有关技术资料的工厂、参考书目的有关作者，在此也一并感谢。

由于编者水平有限，书中难免存在缺点与错误，诚恳欢迎读者批评指正。

编　者

2008年6月

目　录

第一章　制动系统基础知识 …… 1

第一节　概　　述 …… 1

第二节　空气制动机基本作用原理 …… 8

第三节　制动机相关参数的计算及制动系统相关术语 …… 12

复习思考题 …… 14

第二章　基础制动装置 …… 15

第一节　制动缸及制动传动装置 …… 15

第二节　闸瓦间隙自动调节器 …… 17

第三节　DZD-1 型、DZD-2 型单侧闸瓦制动单元 …… 18

第四节　盘形制动装置 …… 26

复习思考题 …… 27

第三章　风源系统 …… 28

第一节　空气压缩机 …… 28

第二节　704 型调压器及风源净化系统 …… 41

复习思考题 …… 54

第四章　JZ-7 型空气制动机 …… 55

第一节　概　　述 …… 55

第二节　自动制动阀 …… 57

第三节　中 继 阀 …… 68

第四节　分 配 阀 …… 72

第五节　作 用 阀 …… 91

第六节　单独制动阀 …… 97

第七节　辅助阀类 …… 102

第八节　JZ-7 型空气制动机综合制动作用 …… 108

第九节　JZ-7 型空气制动机的使用及机能检查 …………………………………… 113
第十节　制动机常见故障的分析及处理…………………………………………… 117
第十一节　制动机故障应急处理方法……………………………………………… 120
复习思考题…………………………………………………………………………… 122

第五章　CCBⅡ型电空制动机 …………………………………………………… 124

第一节　概　　述………………………………………………………………… 124
第二节　CCBⅡ型电空制动机主要部件的构造及作用…………………………… 125
第三节　电空控制单元各模块……………………………………………………… 129
第四节　CCBⅡ型电空制动机综合作用…………………………………………… 149
复习思考题…………………………………………………………………………… 161

参考文献……………………………………………………………………………… 162

第一章

制动系统基础知识

有效的制动装置(又称制动系统,工作实践中简称制动机)是铁道机车车辆的重要组成部分。随着科学技术的进步,制动机由原始的人力制动机、直通式空气制动机,发展到近代的性能较完善的自动空气制动机、电空制动机、微机控制制动系统等。与此同时,伴随着铁道牵引动力的革命,制动技术也得到飞速发展,再生制动、电阻制动和液力制动等制动方式具有的强大制动功率、极好的高速性能以及较高的经济性,使它们得到较为广泛的应用。

第一节　概　　述

一、有关制动的基本概念

1. 制动

所谓制动是指能够人为地产生列车减速力并控制这个力的大小,从而控制列车减速、阻止其运动或阻止它加速运动的过程。

2. 制动力

由人工引起的、可以调节的、受到一定限制的与列车运行方向相反并阻止列车前进的外力,称为制动力。

3. 制动距离

由施行制动开始到列车完全停车为止,这段时间内列车所行驶的距离称为制动距离。

4. 制动系统

(1)制动系统是指能够产生可控制的列车减速力,以实现和控制能量转换的装置或系统。

(2)制动系统由制动机、人力制动机和基础制动装置三大部分组成。

制动系统中可直接受司机操纵控制,从而产生制动力的动力来源部分,称为制动机。用人力转动手轮或手把,以代替制动机产生制动力的动力来源部分称为人力制动机。

传递制动机所产生的力,并将该力扩大后送给闸瓦的部分,称为基础制动装置。

(3)制动系统的控制关系(即工作流程)如图 1-1 所示。

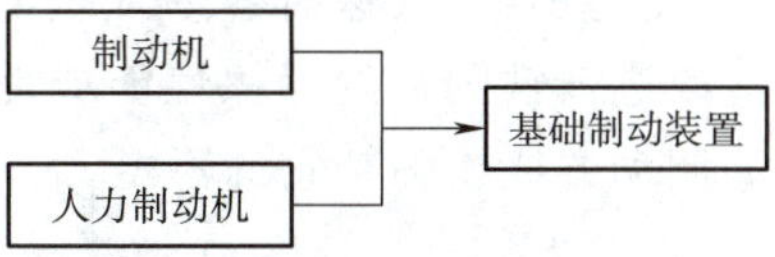

图 1-1　制动系统的控制关系

(4)无论是机车，还是车辆，都具有各自的制动系统。当机车、车辆编组成列车后，其各自的制动系统相互联系而构成一个统一的制动系统——列车制动系统。因此，制动系统则有了机车制动系统、车辆制动系统和列车制动系统之分。

5. 缓解

对已经实行制动的列车，解除或减弱其制动作用称为缓解。

二、制动方式

制动方式是指制动时列车动能转换方式或制动力形成的方式。这是制动的基本问题，也是制动研究的基础。现分类如下：

按照动能转换方式的不同，制动方式可分为热逸散和动能转换成有用能两种，见表 1-1。

表 1-1　按动能转换方式分类

<table>
<tr><th>制动类型</th><th colspan="3">分　　类</th><th>备　　注</th></tr>
<tr><td rowspan="9">热逸散</td><td rowspan="4">摩擦制动</td><td rowspan="3">固体摩擦制动</td><td>闸瓦制动</td><td rowspan="2">广泛应用</td></tr>
<tr><td>盘形制动</td></tr>
<tr><td>磁轨制动</td><td>在高速机车、动车组上采用</td></tr>
<tr><td colspan="2">液力制动</td><td>在内燃机车上采用</td></tr>
<tr><td rowspan="4">动力制动</td><td colspan="2">电阻制动</td><td>在电力机车上普遍采用</td></tr>
<tr><td colspan="2">旋转涡流制动</td><td>主要作为国外高速列车的辅助制动方式</td></tr>
<tr><td colspan="2">轨道涡流制动</td><td>在高速机车、动车组上采用</td></tr>
<tr><td colspan="2">加馈电阻制动</td><td>在电力机车上普遍采用</td></tr>
<tr><td colspan="3">风阻制动及喷气制动</td><td>在高速机车、动车组上采用</td></tr>
<tr><td rowspan="2">动能转换成有用能</td><td colspan="3">再生制动</td><td>在电力机车上采用</td></tr>
<tr><td colspan="3">飞轮储能制动</td><td>在电动车组上采用</td></tr>
</table>

(一)热逸散

属于热逸散的制动方式有下列几种：

1. 摩擦制动

摩擦制动是把列车动能转变为摩擦热能。它可分为：

(1)闸瓦制动

闸瓦制动(图 1-2)又称踏面制动。制动时，以闸瓦压紧车轮踏面，使轮瓦间发生摩擦，列车动能绝大部分变成热能，并转移入车轮与闸瓦，最终逸散于大气。这种制动方式的优点是简单可靠，能使全列车在高速和低速时都有制动停车能力，制动力的大小可通过控制闸瓦压力来适当调节，所以它应用最为广泛。其缺点是闸瓦压力过大时会发生车轮被“抱死”而滑行的现象，所以制动力不能超过轮轨间黏着力；闸瓦摩擦系数一般随列车速度的增高而减小，随列车速度的降低而增大，因此高速时制动力不够，低速时容易发生滑行；制动时车轮踏面受到剧烈的磨耗等。多年来人们不断研究改进铸铁闸瓦的摩擦性能或使用新的摩擦材质(如塑料合成闸瓦)外，也在寻求用其他更好的制动方式以弥补它的不足。

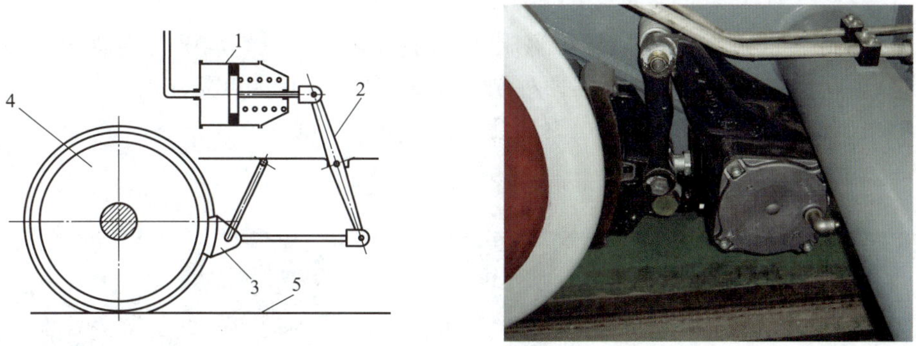

1—制动缸；2—基础制动装置；3—闸瓦；4—车轮；5—钢轨。

图 1-2　闸瓦制动

（2）盘形制动

盘形制动（图 1-3）是用制动夹钳使闸片（一般用合成材料制成）紧固在车轴或车轮辐板上的制动圆盘（一般为铸铁盘），使闸片与制动盘间产生摩擦，把动能转变成热能，转移入制动圆盘与闸片，最终逸散于大气。和闸瓦制动相比较，这种制动方式可以减少车轮踏面的磨耗，制动块摩擦系数比较稳定，所以有些速度较高的车辆采用盘形制动，但它又有构造复杂、散热不良和成本较高等缺点。

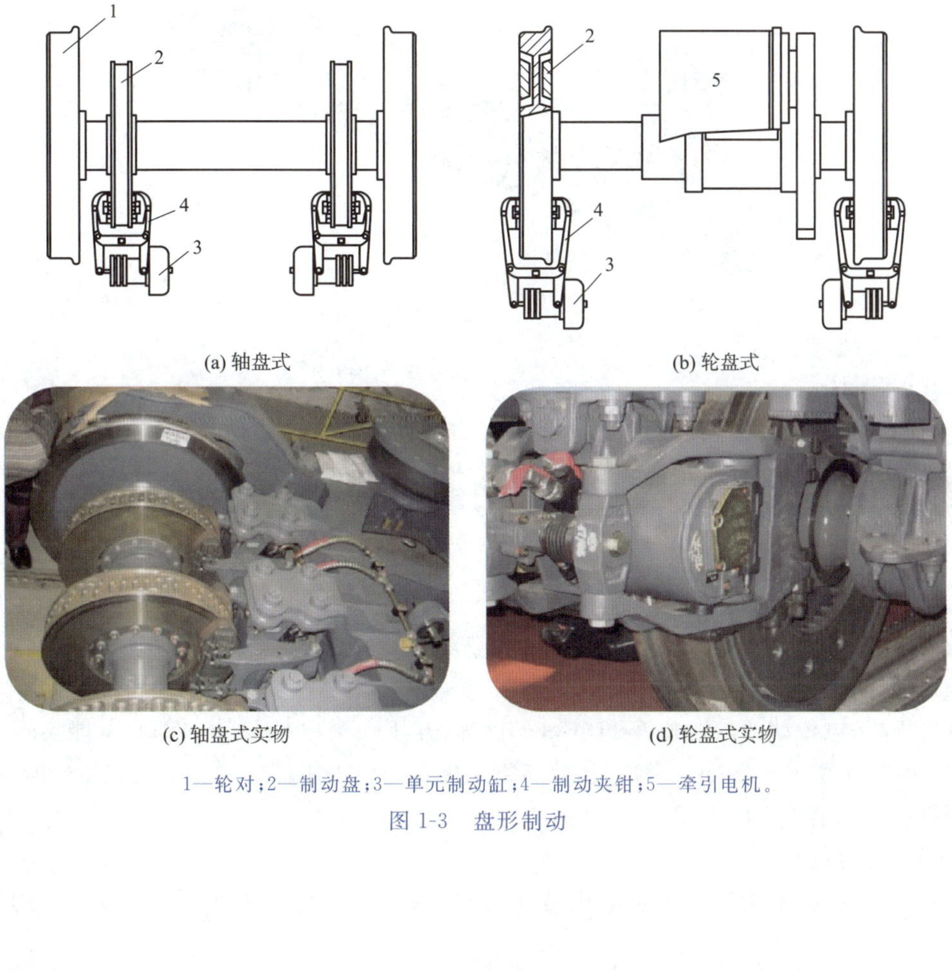

(a) 轴盘式　(b) 轮盘式

(c) 轴盘式实物　(d) 轮盘式实物

1—轮对；2—制动盘；3—单元制动缸；4—制动夹钳；5—牵引电机。

图 1-3　盘形制动

(3)磁轨制动

磁轨制动(图 1-4)又称轨道电磁制动。制动时,将电磁铁放下与钢轨相吸,靠钢轨与电磁铁之间的摩擦转移能量。和上述两种制动方式相比较,其优点是制动力不受轮轨间黏着力的限制,可以缩短制动距离;缺点是钢轨磨损较严重。该制动方式是高速旅客列车采用的一种制动方式。

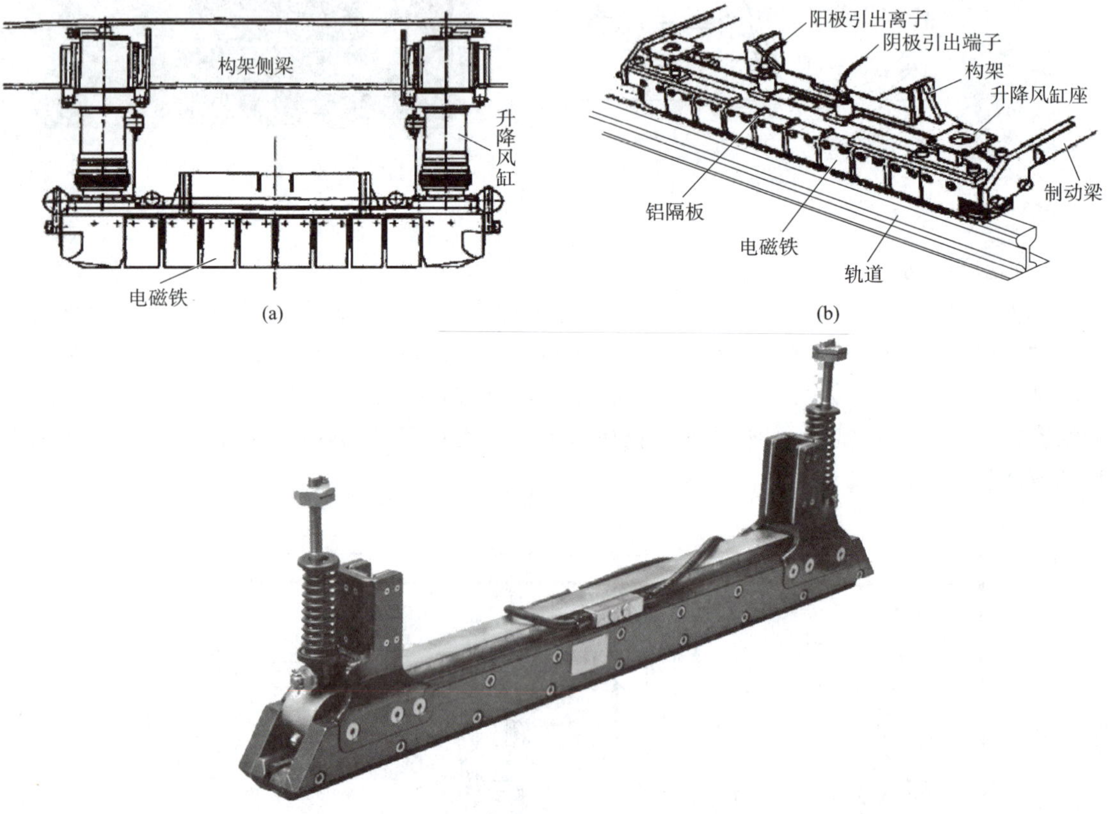

图 1-4　磁轨摩擦制动

(4)液力制动

液力制动是在液力传动内燃机车上装设液力耦合器,靠液体间和液体与固体(工作液体与耦合器)之间的摩擦,使列车动能转变成工作液体的热能,并使发热的工作液体进行循环冷却,经由散热器逸散于大气。液力制动在内燃机车上只是作为一种辅助制动装置,用以弥补闸瓦制动之不足。

2. 动力制动

动力制动是列车动能通过电机、电器变为热能,最终逸散于大气。它可分为:

(1)电阻制动

电力机车、电传动的内燃机车和电动车辆等,凡用牵引电机驱动的都有可能实现电阻制动。制动时将牵引电机转变为发电机,将所发电能传送给电阻器转化为热能,靠冷却风扇强行通风而将热量逸散于大气中。

(2)旋转涡流制动

旋转涡流制动(图 1-5)是牵引电机轴上装有金属涡流盘,制动盘在电磁铁形成的磁场中旋转，盘表面感应出涡流，使涡流盘发热，涡流盘带有散热筋并起冷却风扇的作用，用以加速盘的散热。

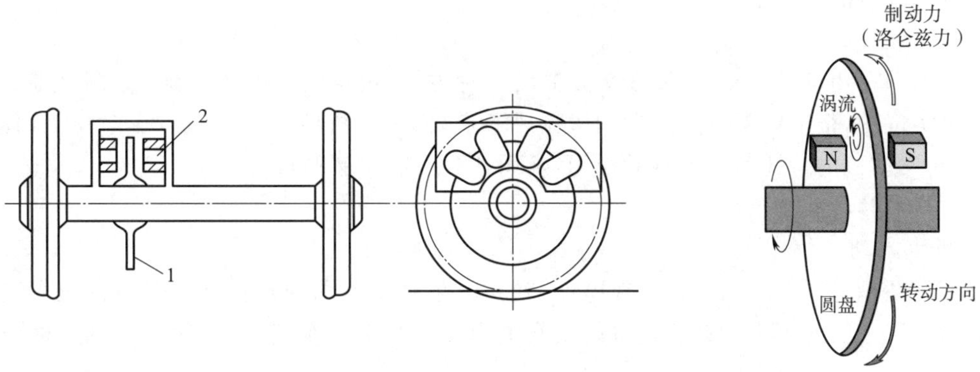

1—电磁感应体；2—电磁铁。

图 1-5　旋转涡流制动

(3)轨道涡流制动

轨道涡流制动(图 1-6)又称线性涡流制动。制动时，将悬挂在转向架上的电磁铁放下到离轨面上方几毫米处，利用它和钢轨的相对运动使钢轨表面感应出涡流，从而产生阻力并使钢轨发热，变列车动能为热能，由钢轨与电磁铁逸散于大气。它是高速列车采用的又一种制动方式。

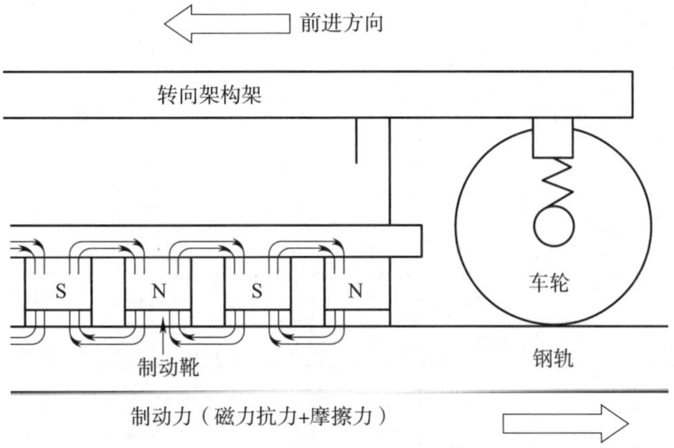

图 1-6　轨道涡流制动

(4)加馈电阻制动

加馈电阻制动又称为"补足"电阻制动，在常规电阻制动中，电机的电枢电流随着机车速度的减小而减小，机车轮周制动力也随着机车速度的变化而变化。加馈电阻制动就是为提高机车在低速运行时的轮周制动力，从电网中吸收电能，补足到电机的电枢电流中去，以获得理想的轮周制动力。其优点一是加宽了调速范围，最大制动力可以延伸至接近 0；二是能较方便地实现恒制动力控制。大部分韶山型电力机车都采用这种制动方式。

3. 风阻制动及喷气制动

(1)风阻制动

风阻制动作为非黏着制动是现有高速列车制动系统的重要补充，风阻制动装置重量较轻、结构简单，且具有空气阻力与空气流速二次方成正比的特性，对原有车辆结构改动较小且利用风能，具有环保意义。风阻制动板可绕固定座转动相应的角度，气流流向风阻制动板时，风阻制动板产生一定的空气阻力。

(2)喷气制动

喷气制动采用排风制动，它属于辅助制动一种方式，也叫发动机缸内制动。排风制动是在发动机里实现的，很多都是用关闭发动机排风通道，使发动机活塞在排风行程时，受气体的反压力，阻止发动机的运转而产生制动作用，从而达到控制车速的目的。

(二)动能转换成有用能

1. 再生制动

再生制动是将列车的动能转换成电能，其与电阻制动不同的是将这部分电能反馈到接触网再加以利用。因此再生制动装置只能装在电力机车和电动车组上，根据接触网上的电流制分为直流再生和交流再生两种。

2. 飞轮储能制动

飞轮储能制动是制动时把列车动能转入飞轮储存，起动加速时该能量放出，可以节约能源。它不但需要在车辆上装设旋转质量相当大的飞轮，而且还需要一整套运转装置。飞轮储能对于长途车意义不大，对于起动停车频繁的地铁车辆尚可考虑使用。

按制动力的形成方式，制动方式又可分为黏着制动和非黏着制动两类，见表 1-2。

表 1-2　按制动力形成方式分类

<table>
<tr><th>制动类型</th><th colspan="2">分　　类</th><th>备　　注</th></tr>
<tr><td rowspan="8">黏着制动</td><td rowspan="3">摩擦制动</td><td>闸瓦制动</td><td rowspan="2">广泛应用</td></tr>
<tr><td>盘形制动</td></tr>
<tr><td>液力制动</td><td>在内燃机车上采用</td></tr>
<tr><td rowspan="4">动力制动</td><td>电阻制动</td><td>在电力机车上采用</td></tr>
<tr><td>再生制动</td><td>在电力机车上普遍采用</td></tr>
<tr><td>旋转涡流制动</td><td rowspan="3">在电力机车上采用</td></tr>
<tr><td>加馈电阻制动</td></tr>
<tr><td>惯性制动</td><td>飞轮储能制动</td></tr>
<tr><td rowspan="3">非黏着制动</td><td colspan="2">磁轨制动</td><td rowspan="3">在高速机车、动车组上采用</td></tr>
<tr><td colspan="2">轨道涡流制动</td></tr>
<tr><td colspan="2">风阻制动及喷气制动</td></tr>
</table>

(一)黏着制动

黏着制动是一种主要的制动方式。闸瓦制动、盘形制动、旋转涡流制动、再生制动以及飞轮储能制动等，都属于黏着制动。它们的制动力大小要受黏着力的限制。

制动时，车轮对钢轨的作用力和钢轨对车轮的反作用力(制动力)既不是静摩擦力，也不是滑动摩擦力，而是介于其间但接近于静摩擦力，支承车轮在钢轨上滚动而不滑动的力，这种力叫黏着力。黏着制动时，可能实现的最大制动力不会超过黏着力。

黏着力是一个很复杂的力，它与车轮对钢轨的压力和轮轨间黏着系数有关。黏着系数又随气候与速度等条件而有相当大的变化。关于制动力和黏着力，在“牵引计算”课程中将有详细论述。

（二）非黏着制动

磁轨制动与轨道涡流制动等属于非黏着制动（或称非黏制动）。制动时，钢轨给出的制动力并不通过轮轨黏着点作用于车辆，而由钢轨直接作用于吊挂在转向架上的电磁铁。制动力大小不受轮轨间黏着力的限制，是超出黏着力以外获取制动的一种制动方式。所以，称为黏着外制动。非黏制动主要用于黏着制动力不够的高速旅客列车上，作为一种辅助的制动装置。

三、制动机分类

制动机按用途可分为：机车、客车、货车、城市轨道车辆制动机及高速列车制动机。

按操纵方法与动力来源可分为：空气制动机、电空制动机、真空制动机、空气—真空两用制动机、人力制动机以及电磁制动机等。

1. 空气制动机。以压力空气为动力来源，用压力空气的压力变化来操纵制动机的制动与缓解作用。这种制动机能够较好地满足现代铁路对制动性能的基本要求，所以广泛采用。

2. 电空制动机。以压力空气为动力来源，用电来操纵制动装置的制动、保压和缓解等作用，故名为电空制动机。一般是在空气制动机的基础上加装电磁阀等电气控制部件，为了取得应用上的可靠性，现在的电空制动机大多数附有空气制动机，以备在电空系统发生故障时，能自动地转为空气操纵。

相对于空气制动机来说，电空制动机的主要优点为全列车制动和缓解的一致性较好，列车制动或缓解时纵向冲动小，明显地缩短了制动距离，列车越长电空制动机的这种优点就越突出。

3. 真空制动机。以大气为动力来源，用真空度的变化来操纵制动机的制动和缓解作用。和空气制动机相比，这种制动机构造简单，维修方便。但由于大气压力本身力量有限，又不可能全部利用，因而需要较大的制动缸和较粗的列车管，重量较大且占空间。我国除部分出口机车车辆安装这种制动机外，国内均不采用。

4. 空气—真空两用制动机。该制动机使用在我国为坦赞铁路设计制造的内燃机车上。机车本身以空气制动为基础，既能操纵空气制动的列车，又能操纵真空制动的列车。在列车使用真空制动时，机车和车辆的真空列车主管相互连接，机车上的空气—真空转换装置（真空控制阀和真空中继阀）将机车空气主管的空气压力变化，按比例自动转换为真空列车主管的真空度变化，并通过真空列车主管操纵全列车。这种制动机主要用于从真空制动向空气制动过渡，同时适用于空气制动与真空制动联运的铁路。

5. 人力制动机（图 1-7）。以人力为动力来源，用手操纵手轮或用杠杆拨动的方法，使闸瓦压紧车轮踏面或使闸片压紧制动盘，从而达到制动目的。这种制动机只能使一台机车或一个车辆发生制动作用，制动力弱，动作缓慢。但是它构造简单，费用低廉，可作为一种辅助制动装置，例如车辆调车或车辆停留中防止移动；机车空气制动机失效用人力制动机代替等。所以在机车、车辆上一般都装有人力制动机。

6. 电磁制动机。操纵控制和原动力都用电的制动机称为电磁制动机，简称电制动机（对于此种制动方式，制动机和基础制动已很难分开了）。

图 1-7　人力制动机

第二节　空气制动机基本作用原理

一、空气制动机的组成

我国机车车辆上均装设空气制动机，其组成包括：

1. 空气压缩机和总风缸。制造、储存压力空气，供列车制动系统和其他风动装置使用。

2. 制动阀。机车空气制动机的操纵部件，可控制列车制动或缓解。

3. 列车管。贯通全列车的空气导管，通过制动阀对管内空气压力变化的控制，可使列车产生制动或缓解作用。

4. 副风缸。设在每节车辆的制动机，储存压力空气，作为制动时制动缸的风源。

5. 三通阀或分配阀。设在车辆、机车的制动机上。充气时向副风缸充入压力空气，制动时将副风缸的压力空气送入制动缸；缓解时将制动缸的压力空气排至大气。

6. 基础制动装置。将空气压力转化为压迫车轮的闸瓦压力。

二、直通式空气制动机

1. 组成

直通式空气制动机由空气压缩机、总风缸、调压阀、制动阀、列车管、基础制动装置组成，如图 1-8 所示。

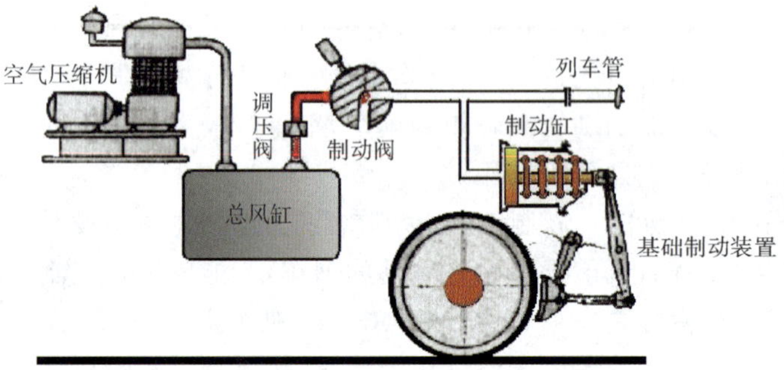

图 1-8　直通式空气制动机

2. 工作原理

(1)制动状态(图 1-9)

当列车需要制动时，司机操纵制动阀手柄置于“制动位”，使储存在总风缸内的压力空气经调压阀、制动阀和列车管直接向机车制动缸和车辆制动缸充风，推动制动缸活塞压缩弹簧移动，并由制动传动装置(如制动缸活塞杆、传动杠杆等)将此推力传递到闸瓦上，使闸瓦紧压车轮，产生制动作用。

(2)缓解状态(图 1-10)

当列车需要减小或消除制动时，司机操纵制动阀手柄置于“缓解位”，使机车、车辆制动缸内的压力空气经列车管和制动阀排向大气，在制动缸弹簧作用下，制动缸活塞反向移动，并通过制动传动装置带动闸瓦离开车轮，实现缓解作用。

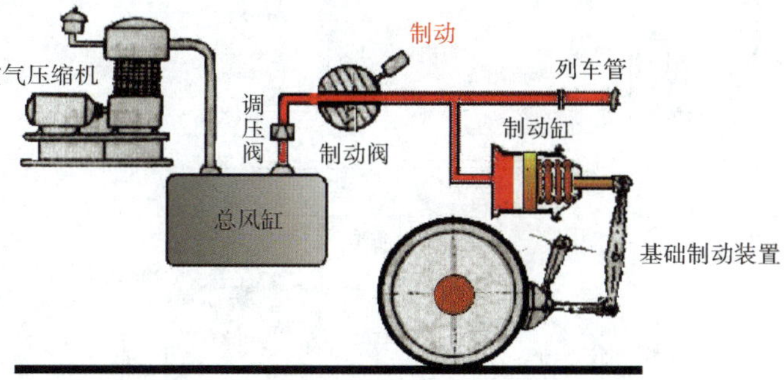

图 1-9　直通式空气制动机制动状态

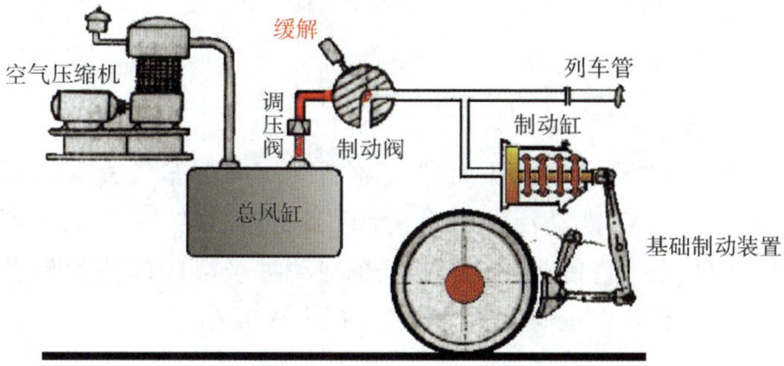

图 1-10　直通式空气制动机缓解状态

(3)保压状态(图 1-11)

当列车需要保持某一制动力时,司机操纵制动阀手柄置于“中立位”,既关断机车、车辆制动缸的充风气路,又关断其排风气路,使机车、车辆制动缸内保持一定的压力,实现保压作用。

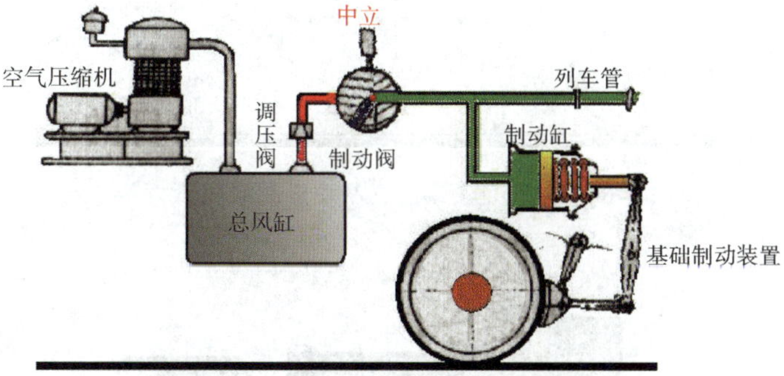

图 1-11　直通式空气制动机保压状态

直通式空气制动机虽然操纵简单、动作灵活,但是当列车分离时,由于列车管断裂,列车失去制动效果,存在严重的安全隐患,故在直通式空气制动机的基础上,加装部分部件,设计了自动式空气制动机,解决了此安全隐患。

三、自动式空气制动机

1. 组成

自动式空气制动机由空气压缩机、总风缸、调压阀、制动阀、列车管、三通阀、副风缸、基础制动装置组成,如图 1-12 所示。

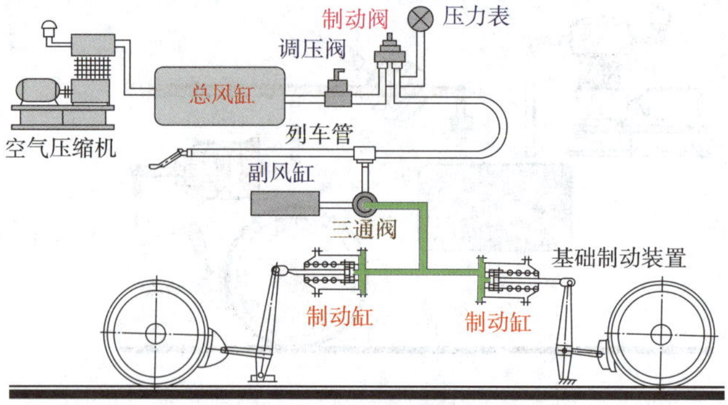

图 1-12　自动式空气制动机

2. 工作原理

(1)缓解状态(图 1-13)

司机将制动阀手柄置于“缓解位”,压力空气经制动阀向列车管充风,三通阀活塞两侧压力失去平衡而形成向右的压力差,推动活塞带动滑阀、节制阀右移,一方面开通充气沟,使列车管压力空气经充气沟进入副风缸储备;另一方面开通制动缸经滑阀的排风路使制动缸排风,最终使闸瓦离开车轮实现缓解作用。三通阀缓解状态如图 1-14 所示。

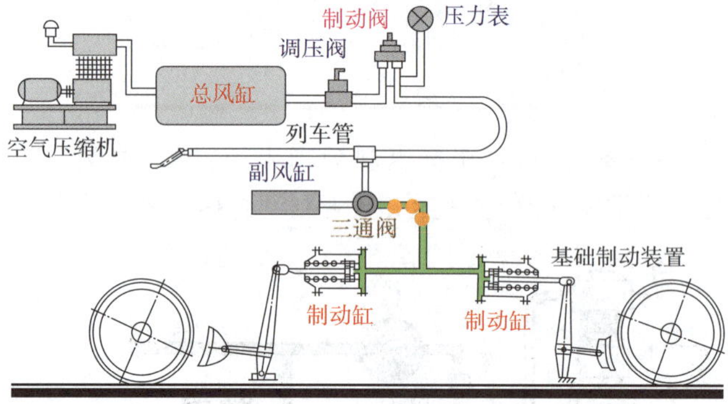

图 1-13　自动式空气制动机缓解状态

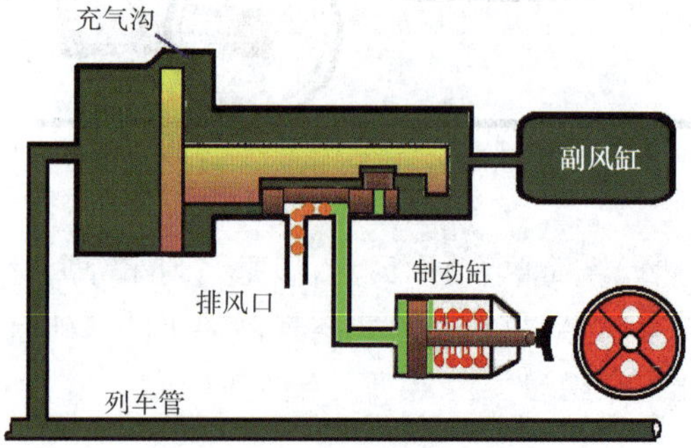

图 1-14　三通阀缓解状态

(2)制动状态(图 1-15)

司机将制动阀手柄置于“制动位”,列车管内压力空气经制动阀排风,三通阀活塞两侧压力失去平衡而形成向左的压力差，推动活塞左移，关闭充气沟使副风缸内的压力空气不能向列车管逆流；同时，活塞带动滑阀、节制阀左移，使滑阀遮盖排风口以关断制动缸的排风气路，并使节制阀开通副风缸向制动缸充风的气路，随着压力空气充入制动缸，将推动制动缸活塞右移，最终使闸瓦紧压车轮产生制动作用。三通阀制动状态如图 1-16 所示。

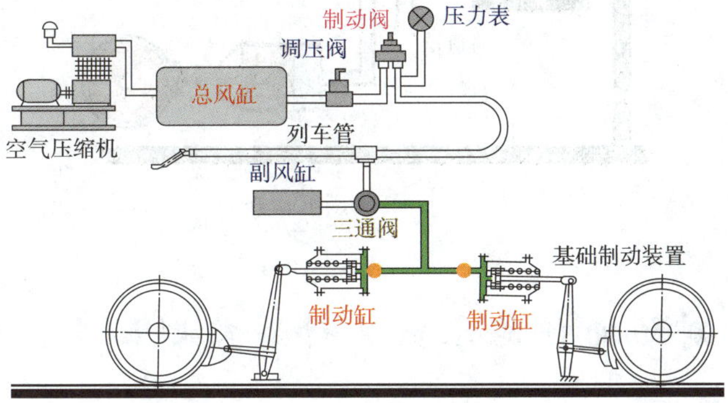

图 1-15　自动式空气制动机制动状态

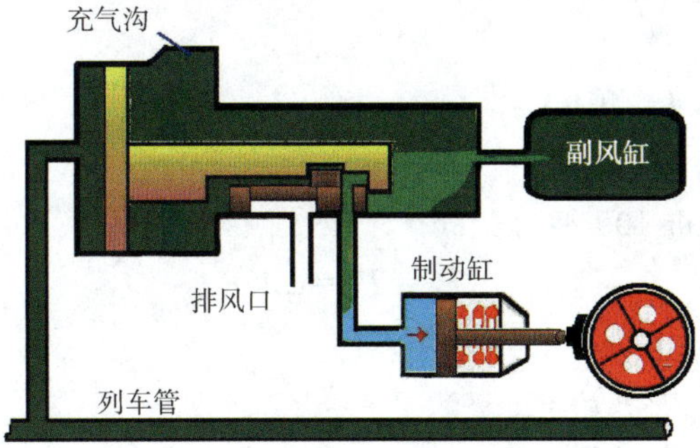

图 1-16　三通阀制动状态

(3)保压状态(图 1-17)

司机将制动阀手柄置于“中立位”，切断列车管的充、排风风路，列车管压力停止变化。随着制动状态时副风缸向制动缸充风的进行，副风缸压力降低，当降到稍低于列车管压力时，三通阀活塞带动节制阀微微右移，从而切断副风缸向制动缸充风的气路，使制动缸既不充风也不排风，即制动机呈现保压状态。三通阀保压状态如图 1-18 所示。

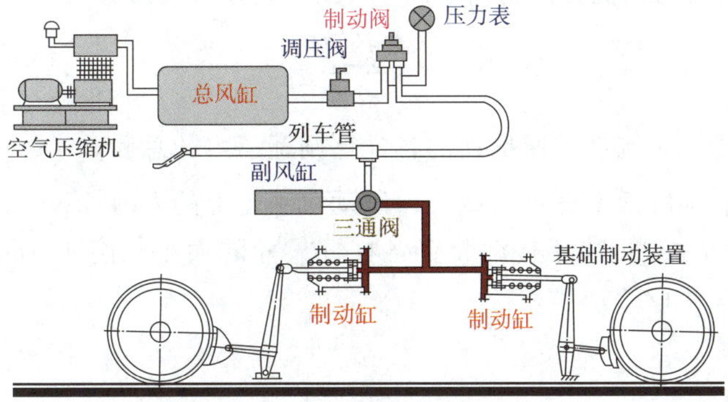

图 1-17　自动式空气制动机保压状态

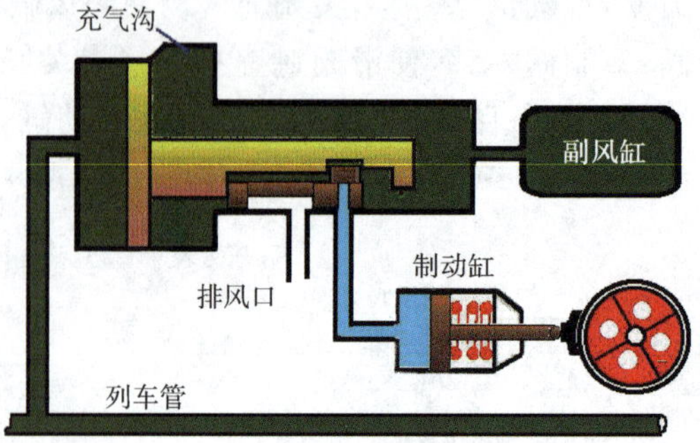

图 1-18　三通阀保压状态

第三节　制动机相关参数的计算及制动系统相关术语

一、制动缸压力计算

1. JZ-7 型空气制动机分配阀

$$P_1 = 2.5r \tag{1-1}$$

式中　P_1——制动缸表压力，kPa；

r——列车管减压量，kPa。

2. DK-1 型电空制动机 109 型分配阀

$$P_r = P_1 = 2.6r \tag{1-2}$$

式中　P_1——制动缸表压力，kPa；

P_r——容积室表压力，kPa；

r——列车管减压量，kPa；

2.6——修正比例系数。

二、制动倍率

制动传动装置在传递制动缸活塞推力之外，在传递过程中还利用杠杆作用原理将其推力增大，因此制动缸活塞杆推力经制动传动装置传递而产生的闸瓦压力，应比活塞杆直接推出的力大若干倍，而这个增大的倍数就称为制动倍率，即一个制动缸所产生的计算上的闸瓦压力与该制动缸活塞杆推力的比值。制动倍率用 γ_b 表示，其关系式为

$$\gamma_b = \frac{\sum K_{计}}{F}$$

式中　$\sum K_{计}$——受一个制动缸所推动的各计算闸瓦压力的总和，kN；

F——制动缸活塞杆推力或人力制动机手轮上的人力，kN。

制动倍率的大小，主要取决于传动装置各杠杆尺寸的大小。例如，DF4 型内燃机车制动传动装置的制动倍率为 12.3。

三、传动效率

在制动过程中，由于基础制动装置中存在各杠杆销套的摩擦阻力及制动缸活塞与缸壁摩

擦阻力，另外还要克服缓解弹簧的反拨力，所以闸瓦实际压力将小于计算压力，这两者之间的比值称为基础制动装置的传动效率，即一个制动缸所产生的实际闸瓦压力的总和与计算闸瓦压力的总和之比。传动效率用 η_b 表示，其关系式为

$$\eta_b = \frac{\sum K_{实}}{\sum K_{计}}$$

式中　$\sum K_{实}$——由一个制动缸所推动的各闸瓦实际压力的总和，kN；

$\sum K_{计}$——由该制动缸所推动的各闸瓦计算压力的总和，kN。

四、列车管最小有效减压量及最大有效减压量

1. 列车管最小有效减压量

无论何种类型的机车制动机，都以控制全列车实现制动、缓解与保压为目的，而只有全列车的闸瓦均压紧车轮，才有效地产生了制动作用。实际工作表明，制动缸充风后将制动缸活塞推出使闸瓦压紧车轮的过程中，需要克服制动缸弹簧对活塞的背压及相关的摩擦阻力，因此制动缸存在最小有效制动缸压力，那么相对应的存在一个列车管最小有效减压量（简称列车管最小有效减压量）r_{min}值。

根据理论计算和试验资料，考虑到各种不利因素。在实际运用中，规定制动时最小减压量为 50 kPa，编组 60 辆以上为 70 kPa。

2. 列车管最大有效减压量

制动缸的压力是根据列车管减压量成比例的增长，列车管减压量越大，制动缸压力也越大。但列车管减压到一定数值时，制动缸与副风缸（容积室与工作风缸）空气压力平衡后，如再继续减压，制动缸压力也不会再升高，此时的减压量为最大减压量。即列车管的最大减压量是指机车、车辆常用制动时，使闸瓦压向车轮产生实际制动效果的制动缸压力的最大值，其相应的列车管减压量称为列车管的最大有效减压量。

列车管最大减压量的多少，视列车管规定压力的不同而有所不同。当列车管定压 500 kPa 时，规定最大减压量为 140 kPa；当列车管定压 600 kPa 时，则规定最大减压量为 170 kPa。

五、制动机的稳定性、安定性与灵敏度

要使制动机可靠地产生制动作用，除了要有一定的列车管减压量外，还要一定的减压速率，两者缺一不可。

1. 稳定性

当列车管减压速率低于某一数值范围时，制动机将不发生制动作用的性能，称为制动机的稳定性。我国规定列车管减压速率或漏泄应小于 20 kPa/min。

2. 安定性

常用制动时不发生紧急制动作用的性能，称为制动机的安定性。即当列车管减压速率在 10～40 kPa/s 范围时，不发生紧急制动作用。

3. 灵敏度

当列车管减压速率达到一定数值范围时，制动机必然产生制动作用的性能，称为制动机的灵敏度。一般地，常用制动的灵敏度为 10～40 kPa/s；紧急制动的灵敏度为 70 kPa/s。

六、空气波与制动波

列车管的作用是使其管内充气或排风引起列车管空气压力的变化形成压力差，从而控制列车制动机的动作。

当司机施行缓解充气或制动减压时，并不是全列车立即、同时增减压力的。以施行制动为例，首先，列车管排风口处附近的压力突然开始下降，使列车管的压力平衡被破坏。这一压降将沿着列车管长度方向以一定的速度逐渐向后传播，直到列车管尾端的压力也开始下降。在这一压降由前向后传播时，列车管压力继续下降，新的压降也不断地向后传播。这种压降的传播即是空气波，其传播的速度即为空气波速。当空气温度在 0 ℃时空气波速约为 330 m/s。

由于机车的排风减压并且不断地向后传播，空气波传到之处，那里的空气压力就立即开始下降(其压力降低的快慢即为减压速度)。所以，列车管内的压力空气将不断地膨胀，它的压能转化为动能，将不断地由后向前流动。这种媒介质的流动，使得制动作用沿列车长度方向由前向后逐次发生，习惯上称作"制动作用的传播"，简称制动波，其传播的速度称制动波速。

制动波是综合评定制动机性能的主要标志之一，其数值越大，表明列车前后制动作用的同时性越好，全列车的闸瓦能较一致地压紧车轮，可缩短制动距离和减小列车纵向冲动。制动作用传播的速度越大，越能适应长大列车的要求。

七、缓解时机与缓解波速

制动机的缓解作用通常发生于列车管充气压力稍高于副风缸(或工作风缸)压力的时候。因此制动机缓解波速主要取决于中继阀的充气速度，若手柄放在过充位，则列车管充气快，缓解波速也快；若手柄放在运转位，则列车管充气慢，缓解波速也慢。紧急制动后，由于副风缸(或工作风缸、降压风缸)压力高于列车管压力很多，若手柄放在过充位充气，也必须待列车管压力高于副风缸(工作风缸、降压风缸)压力时方可缓解，故列车制动缸开始缓解的时间很晚。列车管愈长，缓解愈晚，因而缓解波速相差很悬殊，而且它的数值随着条件的变化而有较大的差异。另外，缓解波速与总风缸的压力及容积也有关系。

复习思考题

1. 简述制动的概念。
2. 简述制动方式的分类。
3. 简述制动机的分类。
4. 直通式空气制动机有什么缺点，为什么无法得到广泛应用？
5. 简述直通式空气制动机与自动式空气制动机的区别。
6. 简述自动式空气制动机的工作原理。
7. 什么是列车管最小有效减压量，它是如何规定的？
8. 什么是列车管最大有效减压量，它是如何规定的？

第二章

基础制动装置

压力空气进入制动缸推动活塞外移，又通过制动传动装置利用杠杆原理，将制动缸产生的制动原力扩大若干倍数后向各闸瓦传递的装置，称为基础制动装置。

基础制动装置包括制动缸、制动传动装置、闸瓦及闸瓦间隙自动调节装置等部分，如图 2-1 所示。

图 2-1　基础制动装置

第一节　制动缸及制动传动装置

一、制动缸

制动缸为产生制动原力的部分，主要由缸体、前后盖、活塞、皮碗、活塞杆、缓解弹簧及活塞推杆等部件组成，如图 2-2 所示。其实物如图 2-3 所示。

制动缸的缸径根据制动率的大小和制动倍率选取，如 DF_4 型内燃机车上采用 12 个内径为 $\phi152$ mm 的制动缸。

制动缸活塞装在缸体内，依靠空气压力推动在缸体内移动。活塞的四周装有皮革制的胀圈称为皮碗，以保证气密。活塞杆呈套形，中间装入推杆，在活塞移动时，推动套形活塞杆及推杆移动，压力便由推杆传出。

制动缸压力空气进入的一侧称为压力侧，另一侧称为无压力侧。无压力侧内装有缓解弹簧，当压力侧进入压力空气时，推动活塞及活塞杆外移，缓解弹簧被压缩，将制动原力传出；压力空气排入大气后，缓解弹簧依靠自身的反拨力将活塞推回，使机车缓解。

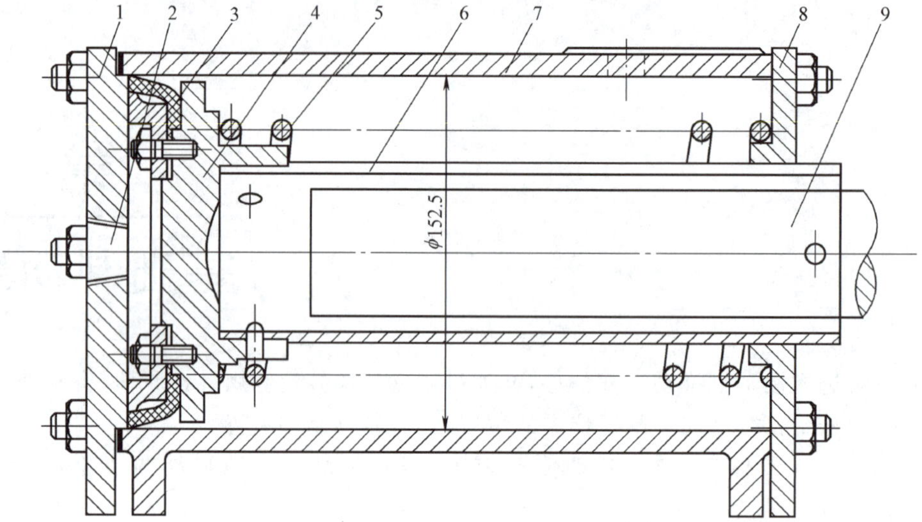

1—后盖;2—制动缸管孔;3—皮碗;4—活塞;5—缓解弹簧;6—活塞推杆套;7—缸体;8—前盖;9—活塞推杆。

图 2-2 制动缸结构(单位:mm)

图 2-3 制动缸

二、制动传动装置

DF4 型内燃机车采用的是独立制动传动装置,即每个车轮各有一套,其结构如图 2-4 所示。

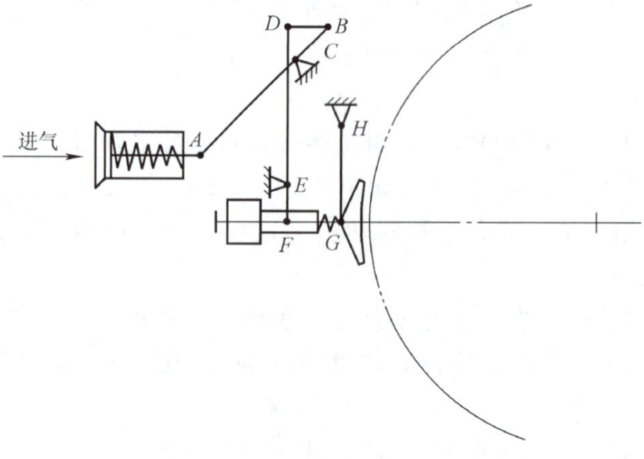

AB—横杆;*BD*—叉杆;*DF*—竖杆;*FG*—闸瓦间隙自动调节器;*HG*—吊杆。

图 2-4 制动传动装置作用原理

制动时，压力空气进入制动缸，推动活塞，压缩缓解弹簧。活塞杆推动横杆，使之转动。横杆的另一端向后平移，推动叉杆与竖杆的上端向后移动，并顺时针方向转动。竖杆下端带着闸瓦间隙调节器，吊杆及闸瓦前移，压紧车轮，产生制动作用。

缓解时，排出制动缸的压力空气后，制动缸活塞在缓解弹簧的作用下，被推回原位。横杆、竖杆和吊杆失去外力，闸瓦及吊杆在本身的重力下自动离开车轮，呈缓解状态。

第二节　闸瓦间隙自动调节器

在运用过程中，闸瓦与车轮踏面间经常处于磨耗状态，闸瓦间隙将增大，闸瓦间隙过大或各闸瓦间隙不一致，均影响到制动力的正常发挥，严重时不产生制动作用。因此，基础制动装置中设置闸瓦间隙自动调节器。

DF_4 型内燃机车上采用的是一种只能将闸瓦间隙自动调小，而不能将间隙自动调大的单向闸瓦间隙自动调节器。它能使闸瓦距车轮踏面的缓解间隙自动保持在规定范围(6～8 mm)内，避免制动时因间隙大而延长空走距离。它由摆杆、棘轮、滑套、套筒、转盘等组成，如图 2-5 所示。

当机车施行制动时，制动缸活塞通过横向杠杆推动竖杆绕销转动，竖杆下端推动螺杆使闸瓦压向车轮。此时，摆杆带动连杆下移，并推动转盘带动棘爪顺着棘轮齿方向转动，若闸瓦与车轮踏面间隙超过 6～8 mm 时，棘爪将落入新的棘齿间。制动后缓解时，棘爪在新的棘齿中将带动棘轮和螺套旋转，从而推动螺杆使闸瓦向车轮踏面移动，闸瓦间隙恢复到 6～8 mm。这个移动距离(0.2 mm)即为一次闸瓦间隙调整量。

当闸瓦磨耗到限需更换新瓦时，应打开防尘罩的检查孔盖，将棘爪拔出使之与棘轮脱开，按右旋(或左旋)方向旋转手轮，使闸瓦间隙达到最大，取出闸瓦销更换新瓦。新瓦装上后，再按左旋(或右旋)方向旋转手轮，使闸瓦间隙恢复 6～8 mm。施行制动后观察制动缸活塞行程应为 74～123 mm，再将棘爪推入棘轮齿内及关闭防尘罩盖。

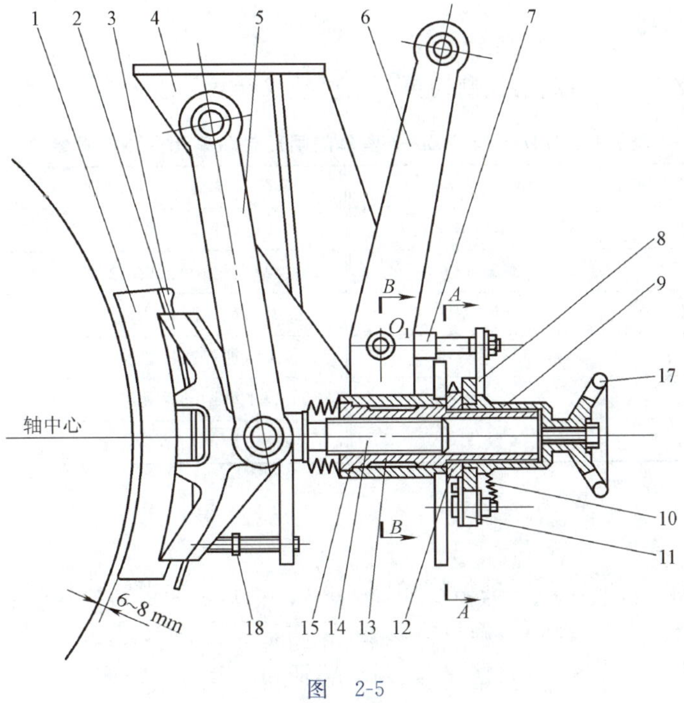

图　2-5

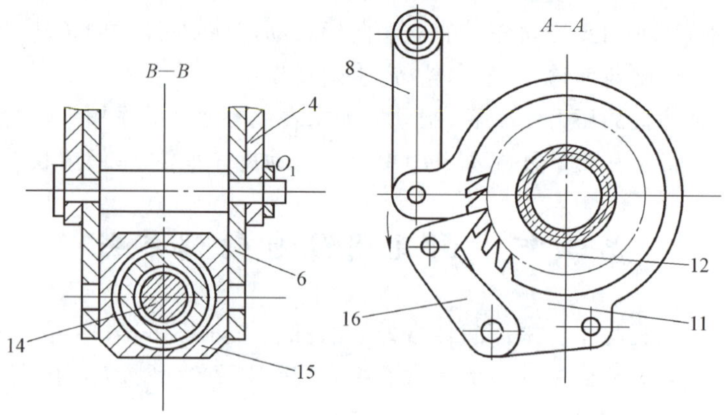

1—闸瓦；2—闸瓦托；3—闸瓦销；4—支座；5—吊杆；6—竖杆；
7—摆杆；8—连杆；9—套筒；10—弹簧；11—转盘；12—棘轮；
13—螺套；14—螺杆；15—套；16—棘爪；17—手轮；18—螺母。

图 2-5　闸瓦间隙自动调节器结构

第三节　DZD-1 型、DZD-2 型单侧闸瓦制动单元

单侧闸瓦制动单元是应用于机车车辆基础制动系统的制动装置之一，具有体积小、重量轻、便于安装的特点。通过斜楔式力的放大机构，可获得大且均匀的制动力。由于斜楔与制动活塞为一整体，机构紧凑、刚性好。该制动单元具有可靠的识别弹性变形的能力，能自动补偿闸瓦与车轮踏面磨耗所产生的间隙。另外，通过对不同机型配置不同数量的带弹簧停车制动装置的制动单元，当机车压缩空气出现故障或关闭时弹簧停车制动装置可迅速完成制动。

一、主要技术参数

DZD-1 型、DZD-2 型单侧闸瓦制动单元主要技术参数见表 2-1。

表 2-1　DZD-1 型、DZD-2 型单侧闸瓦制动单元主要技术参数

制动缸直径	ϕ177.8 mm	闸瓦与车轮踏面额定间隙	6～8 mm
制动缸额定风压	350 kPa	最大制动行程	18 mm
制动缸紧急风压	450 kPa	一次最大闸瓦间隙补偿量	10 mm
弹簧缸额定风压	550 kPa	最大闸瓦间隙补偿能力	120 mm
制动倍率	2.7/4.47(1.6～5.2 可选)	最大识别弹性位移能力	8.5 mm
最大额定制动力	45 kN	DZD-1 型制动单元净重	50 kg
最大紧急制动力	58 kN	DZD-2 型制动单元净重	80 kg

二、结构

DZD-1 型单侧闸瓦制动单元的结构如图 2-6 所示，它主要由闸瓦托、制动缸体、制动活塞、塔式弹簧、复位弹簧、齿形传动套、调整传动套、后调整齿座、闸瓦托复位装置、后调整螺母、压紧盘、制动盘、前离合器齿圈、前调整螺母、制动螺杆和调整滑块组成。

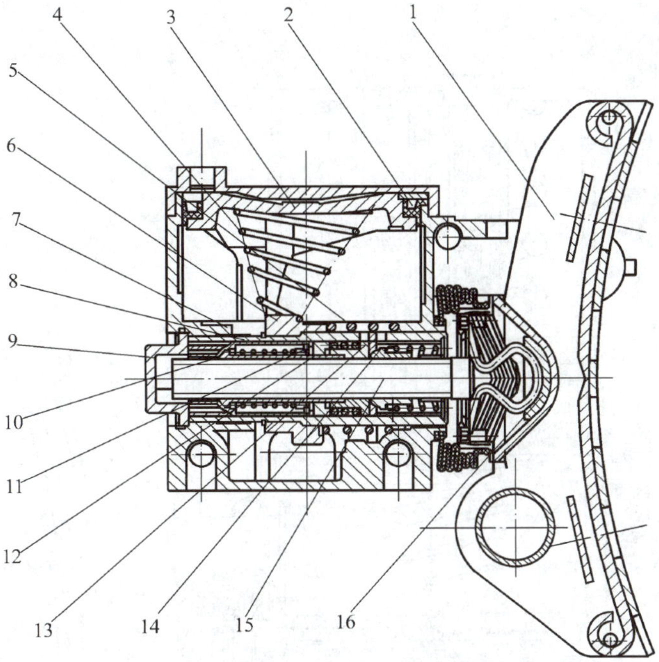

1—闸瓦托;2—制动缸体;3—制动活塞 4—塔式弹簧;5—复位弹簧;6—齿形传动套;
7—调整传动套;8—后调整齿座;9—闸瓦托复位装置;10—后调整螺母;11—压紧盘;
12—制动盘;13—前离合器齿圈;14—前调整螺母;15—制动螺杆;16—调整滑块。

图 2-6 DZD-1 型单侧闸瓦制动单元结构

DZD-2 型单侧闸瓦制动单元是在 DZD-1 型基础上集成了一套弹簧停车制动装置,其结构如图 2-7 所示。弹簧停车制动装置主要由活塞、停车制动弹簧、轴承、调整螺杆、螺母、弹簧缸体和手动缓解装置组成。

三、基本工作原理及性能

(一)工作原理

1. 楔形增力与制动倍率

单侧闸瓦制动单元应用了楔形增力原理,如图 2-8 所示。

制动时,空气压力推动制动活塞向下运动,通过制动活塞上的楔块作用,推动齿形传动套,带动整个调整机构向前运动,实现制动过程。只要改变制动活塞的楔块角度,就可以获得不同的制动倍率,从而得到需要的制动压力。

2. 闸瓦磨耗自动补偿原理

单侧闸瓦制动单元的核心部件是闸瓦磨耗自动补偿装置。当制动单元处于缓解状态时,闸瓦与车轮踏面的间隙等于制动单元的额定闸瓦间隙 A,如图 2-9 所示。

开始制动时,在制动螺杆的带动下,闸瓦和后调整齿座均向前移动了距离 A,如图 2-10 所示,此时,额定闸瓦间隙 A 已消除,闸瓦与车轮踏面刚好接触,尚无制动力输出。

当制动螺杆继续移动,就会产生一定的制动力,在制动力作用下车轮会产生弹性位移 e,并压缩制动盘弹簧,直至将制动盘夹紧,此时制动单元制动到位,如图 2-11 所示。制动中闸瓦会出现磨耗,制动螺杆会在风压作用下加大行程,维持制动过程。

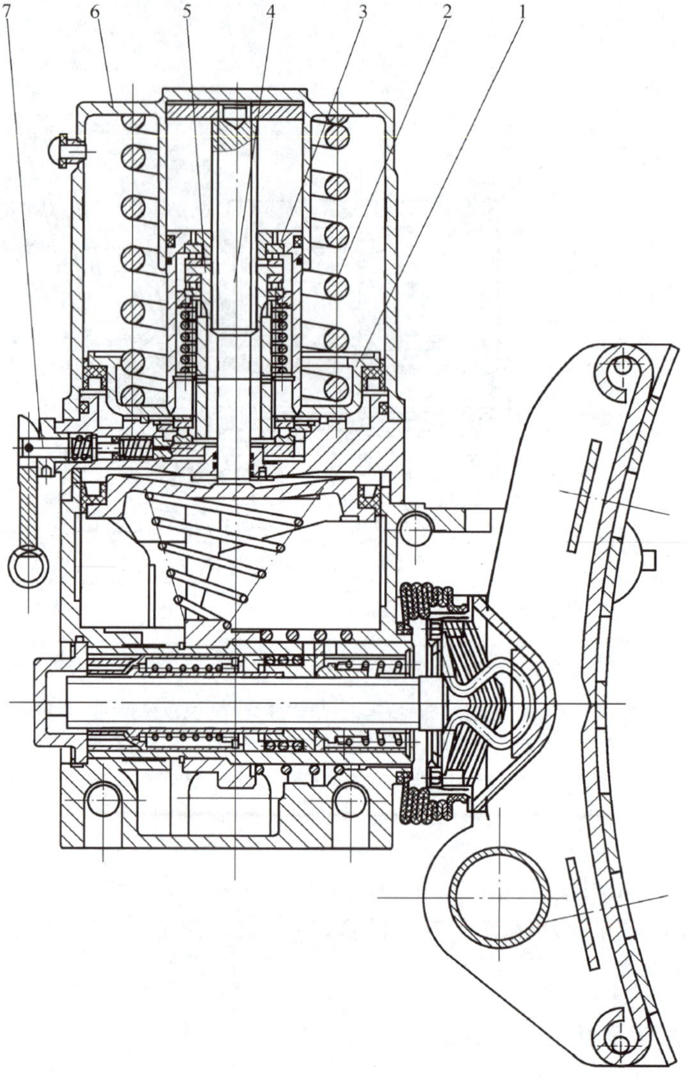

1—活塞；2—停车制动弹簧；3—轴承；4—调整螺杆；5—螺母；6—弹簧缸体；7—手动缓解装置。

图 2-7　DZD-2 型单侧闸瓦制动单元结构

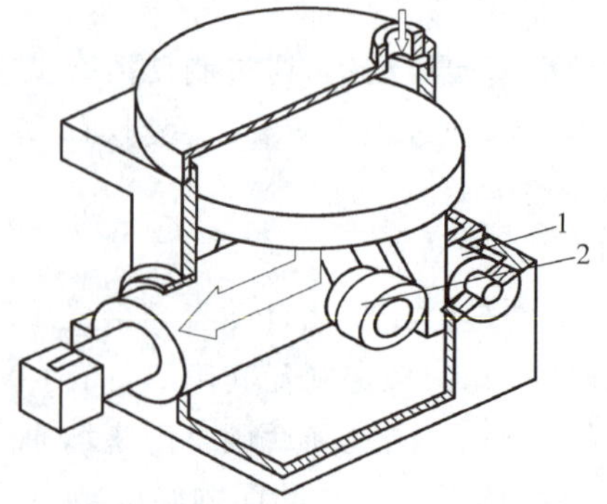

1—固定轴承；2—滑动轴承。

图 2-8　单侧闸瓦制动单元基本原理

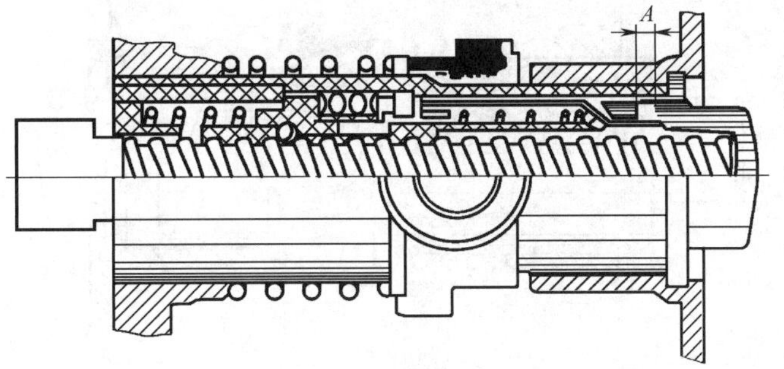

图 2-9　缓解位置

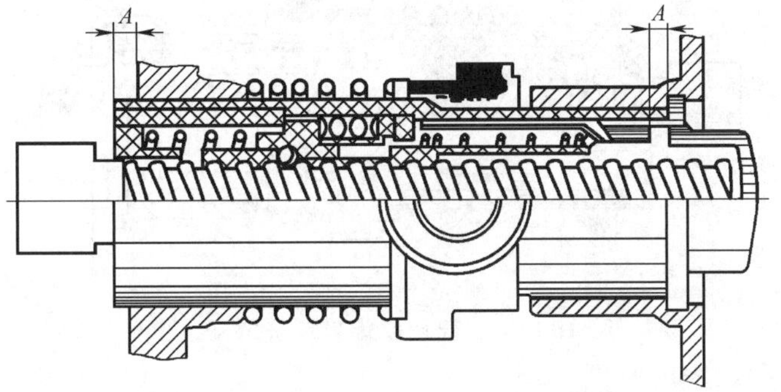

图 2-10　缓解—制动临界位置

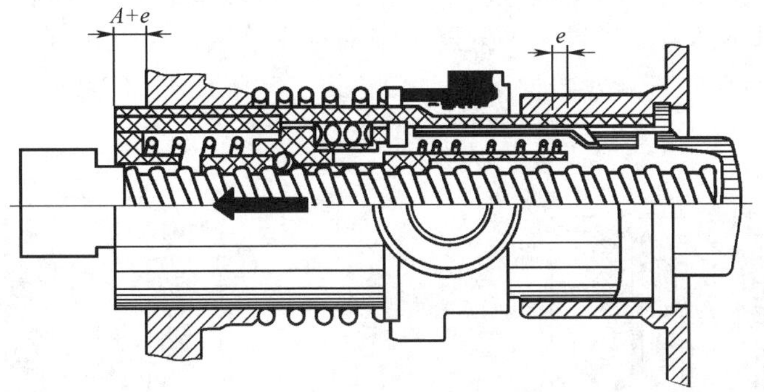

图 2-11　制动位置

缓解时，制动螺杆在复位弹簧作用下快速后退，因弹性位移消除，制动盘和后调整螺母先回退了距离 e，但由于闸瓦磨耗，此时后调整螺母并未回退到位，而与后调整齿座有一段距离——本次制动闸瓦磨耗量，如图 2-12 所示。在后调整弹簧力作用下，后调整螺母会沿制动螺杆旋转后退，直至其端面齿与后调整齿座接触并啮合。此时后调整螺母与制动螺杆相对移动的距离刚好等于闸瓦磨耗量。

继续缓解，当后调整齿座与调整后盖接触时，后调整螺母复位，而前调整螺母因随制动螺杆向前移动了与闸瓦磨耗量相同的距离，致使前调整螺母与前离合器齿圈脱开。在前调整弹簧力作用下，前调整螺母也会沿制动螺杆旋转后退，直至其端面齿与前离合器齿圈接触并啮合，如图 2-13 所示。此时制动螺杆相对制动单元伸长了与闸瓦磨耗量相同的距离 $C \sim D$，至此完成了一次制动——缓解过程。尽管制动中车轮有弹性位移，闸瓦有磨耗，但缓解后的闸瓦间隙仍保持额定值，达到了自动补偿闸瓦磨耗而不补偿系统弹性位移的目的。

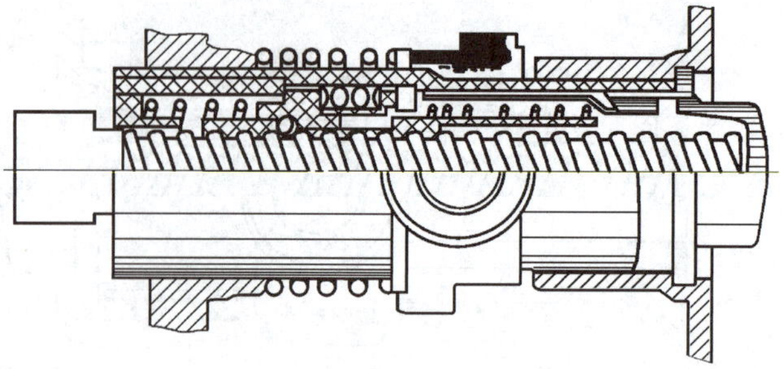

图 2-12　后调整螺母调整位置

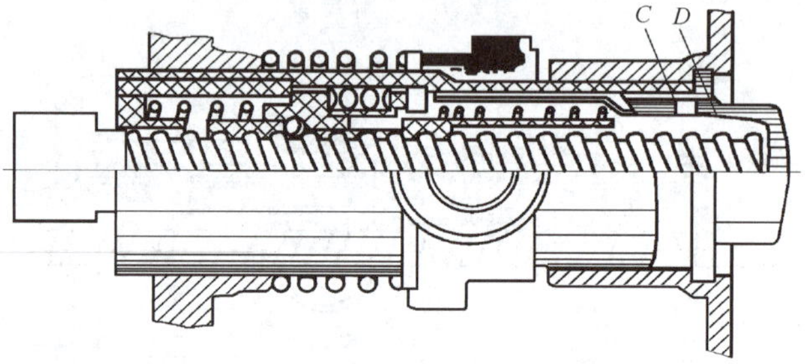

图 2-13　前调整螺母调整位置

3. 停车制动及手动缓解原理

DZD-2 型单侧闸瓦制动单元具有停车制动功能。正常行车时，弹簧停车制动缸中的活塞在风压作用下，将停车制动弹簧压缩，使弹簧停车制动装置处于缓解状态，如图 2-14 所示。

停车时，当司机室弹簧停车操纵手柄置于制动位或总风缸排风后，在停车制动弹簧的作用下，活塞带动轴承、调整螺杆和螺母向下运动，如图 2-15 所示，推动制动缸内的制动活塞，实现停车制动。

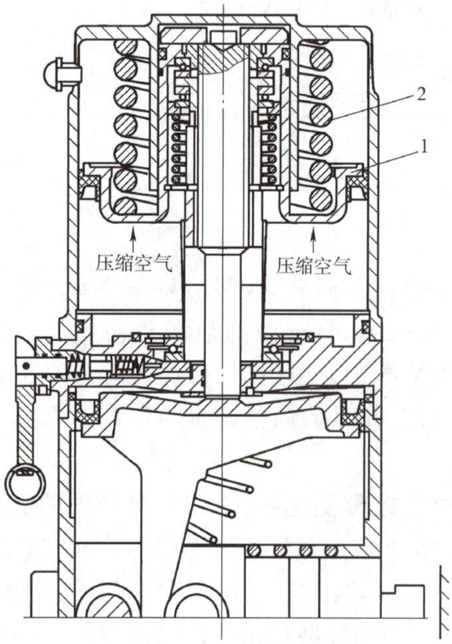

1—活塞；2—停车制动弹簧。

图 2-14　缓解位置

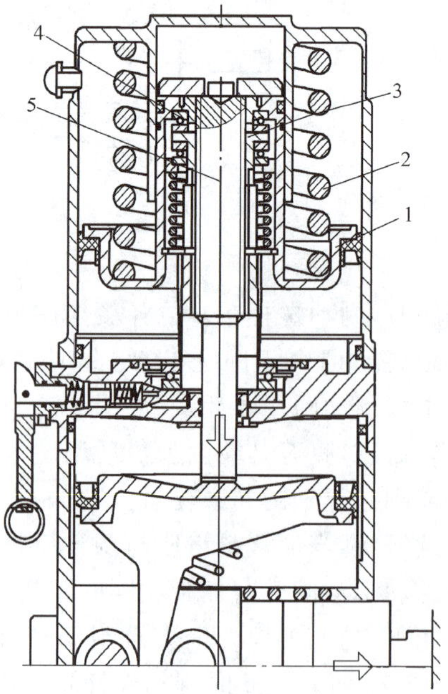

1—活塞；2—停车制动弹簧；3—螺母；4—轴承；5—调整螺杆。

图 2-15　制动位置

停车制动后若需动车，必须先缓解。总风缸有风时可将司机室弹簧停车操纵手柄置于缓解位，风压会使弹簧停车制动装置缓解。否则应逐一拉动弹簧停车制动装置的手动缓解机构进行手动缓解。

当拉动手动缓解装置时，棘轮机构脱开，螺母在停车制动弹簧的作用下带着棘轮一同绕调整螺杆旋转，使活塞快速下落。活塞碰到中间体后不再下移，残余的弹簧力使螺母绕调整螺杆继续旋转，调整螺杆上移，制动活塞复位，实现了手动缓解，如图 2-16 所示。

当再次向弹簧停车制动缸充气时，由于棘轮机构只能单向锁紧，螺母与活塞可绕调整螺杆反向旋转上移，压缩停车制动弹簧，使弹簧停车制动装置重新处于缓解状态。

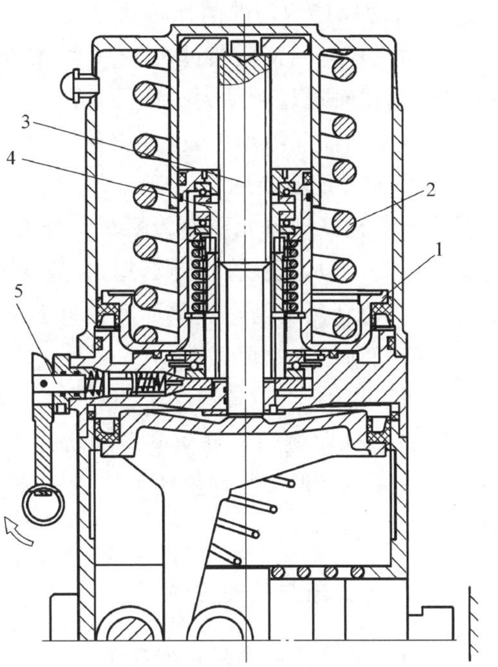

1—活塞；2—停车制动弹簧；
3—调整螺杆；4—螺母；5—手动缓解装置。

图 2-16　手动缓解位置

四、性能特点

1. 自动补偿闸瓦磨耗

单侧闸瓦制动单元内装封闭的闸瓦磨耗补偿装置，该装置可自动探测因闸瓦和车轮踏面磨损而引起的闸瓦间隙变化，并实时进行补偿，以保证恒定的闸瓦间隙。该装置动作灵敏、准确，可实现无级补偿，一次最大补偿量可达 10 mm，最大补偿能力为 120 mm。

2. 自动识别系统的弹性位移

单侧闸瓦制动单元具有自动识别系统的弹性位移功能，制动中当制动力通过闸瓦传递到车轮踏面时，由于轮对纵向定位是弹性的，轮对会发生弹性位移，制动单元中弹性位移识别装置会准确判断系统的弹性位移量和闸瓦与车轮的磨耗量，以确保只补偿闸瓦与车轮的磨耗量，而忽略系统的弹性位移量，避免将系统的弹性位移当作磨耗补偿而造成抱闸。最大识别弹性位移能力为 8.5 mm。

3. 自动实现停车制动

DZD-2 型单侧闸瓦制动单元在 DZD-1 型基础上集成了一套弹簧停车制动装置。正常行车时靠压缩空气平衡弹簧停车制动装置的弹簧力，行车制动部分执行正常的制动任务。机车停机无风时，弹簧停车制动装置中的弹簧力会自动实现停车制动。此时若需无动力动车，可通过手动缓解机构方便地进行缓解。

4. 输出制动力范围广

单侧闸瓦制动单元的制动倍率可在 1.6～5.2 范围内任选，从而得到不同大小的制动力。没有特殊要求时，制动单元的缺省制动倍率为 4.5，可获得最大闸瓦制动压力为 58 kN。

5. 自动保持均匀的闸瓦间隙

制动螺杆与闸瓦托通过 V 形弹簧、Ω 形弹簧和调整滑块组成一个既可滑动又可转动的铰接机构，制动时通过制动力的作用，可自动纠正因闸瓦不均匀磨损引起的闸瓦间隙变化，保证闸瓦与车轮踏面间隙均匀，也可避免弯曲载荷和行车振动作用到制动单元的内部组件上。

6. 可方便地更换闸瓦

单侧闸瓦制动单元更换新闸瓦十分方便，只需用专用的内六角扳手(随车工具)拧动闸瓦托复位装置，闸瓦托就会快速后退，以腾出更换闸瓦需要的空间。换完新闸瓦后，再反向拧动复位装置，使新闸瓦与车轮踏面间的间隙不小于 8 mm，经过一、两次制动、缓解后，闸瓦间隙将自动恢复到额定数值。

7. 小巧轻便，安装简单

DZD 系列单侧闸瓦制动单元制动缸内壁采用不锈钢冲压结构，重量轻，动作灵敏。整个制动单元只需 3 根安装螺栓即可完成安装，不需要任何调整，操作十分方便，大大节省了安装调试成本。

五、故障诊断与处理方法

(一)制动单元本身发生空气泄漏

1. 原因分析

(1)如果压缩空气是在行车缸缸盖或弹簧停车缸的中间体处发生泄漏，则是由于行车缸薄壁套上的 O 形圈或弹簧停车缸中间体上的 O 形圈失效所至。

(2)如果压缩空气是在行车缸上或弹簧停车缸上的排气防尘器中泄漏，则是由于行车缸制动活塞或弹簧停车缸中的缓解活塞导向圈或皮碗磨损而发生泄漏。

2. 处理方法

(1)拆卸行车缸缸盖或弹簧缸中间体，更换薄壁套上或中间体上失效的 O 形密封圈。

(2)拆卸出停车缸中的制动活塞或弹簧停车缸中的缓解活塞，并更换破损或磨损的导向圈或皮碗(拆卸弹簧缸时，切记注意安全，必须按弹簧停车装置的拆解方法进行)。

(二)闸瓦与踏面间隙不均匀

1. 原因分析

(1)当闸瓦托中的 6 片 V 形板簧刚性过大，闸瓦托与制动螺杆组装后，由于其产生的弹性力太大，致使制动螺杆方头传递到调整滑块与闸瓦托圆弧面之间的压力过大，使它们之间的摩擦力大于由于闸瓦间隙不同制动时所产生的扭转力矩，闸瓦托与制动螺杆不能产生相对转动，从而无法对不均匀的闸瓦间隙进行调整。

(2)当 V 形板簧由于疲劳而产生部分塑性变形或发生断裂时，其弹性所产生的摩擦力矩不足以克服闸瓦托和闸瓦自重所产生的扭矩，缓解时闸瓦耷拉头，致使闸瓦磨轮。

2. 处理方法

(1)用专用扳手将闸瓦托退回一段距离，然后在瓦托中心部位靠闸瓦踏面间隙处垫一根 $\phi30 \sim \phi40$ mm 的铁棒，再进行制动，使制动力对闸瓦托产生的扭矩大于 V 形板簧弹性产生的摩擦力矩，从而使闸瓦托自动将间隙调整均匀。

(2)更换已经失效的 V 形板簧。

（三）闸瓦间隙正常，闸调器异常补偿

当闸瓦与踏面无磨损，间隙正常时，闸调器进行间隙补偿，使闸瓦间隙变小，甚至发生多次制动抱轮现象。

1. 原因分析

(1)后调整齿座和后调整螺母的啮合齿由于磨损而啮合不良，在正常间隙制动过程中，后调整螺母发生旋转而进行了间隙补偿。

(2)由于制动盘严重磨损，在制动过程中，夹持不住而产生打滑现象，从而将整个系统的弹性变形误作为闸瓦磨损而进行了间隙调整。

2. 处理方法

(1)及时更换已磨损的后调整齿座，或后调整螺母。

(2)及时更换磨损严重的制动盘。

（四）闸瓦间隙增大，闸调器不调整

1. 原因分析

(1)闸调器中的前后调整螺母上的轴承损坏，致使其无法转动，从而失去调整能力。

(2)制动螺杆发生弯曲变形，致使调整螺母无法转动。

(3)闸调器内前后离合器中的调整弹簧失效，使调整螺母无法转动。

2. 处理方法

(1)更换损坏的轴承。

(2)更换弯曲的制动螺杆。

(3)更换失效的弹簧。

（五）制动器制动无力

1. 原因分析

如果防尘套破裂，在机车运行当中，灰尘进入到闸调器中前或后离合器轴承内，卡住其中任何一个轴承，或其中任何一个轴承失效不能转动，从而使两调整螺母之间的实际距离超过设计距离，这样就会减小制动器的总行程(20 mm 左右)，经过几次制动，总行程就会由 20 mm 降为 6 mm 左右，从而使闸瓦看似压在踏面上，而实际却没有力量。

2. 处理方法

(1)清洗被污物卡住的轴承。

(2)更换损坏的轴承。

（六）制动器不制动

1. 原因分析

齿形传动套滚针轴承破碎，使制动活塞下行时无法推动其前行，从而造成制动器不制动。

2. 处理方法

更换破损的滚针轴承。

（七）制动器不缓解或缓解不到位

1. 原因分析

(1)塔式弹簧或复位弹簧失效，造成制动活塞不能复位或复位不到位。

(2)弹簧停车缸处于制动状态。

2. 处理方法

(1)更换失效的塔式弹簧或复位弹簧。

(2)扳动弹簧停车手动缓解机构的手动缓解把手,使弹簧停车处于缓解状态。

(八)弹簧停车手动缓解不缓解

1. 原因分析

(1)手动缓解机构出现故障。

(2)弹簧停车缓解螺母顶部的轴承损坏。

(3)弹簧停车缓解螺母严重磨损。

(4)棘轮中的轴承损坏。

2. 处理方法

(1)更换手动缓解机构。

(2)更换损坏的轴承。

(3)更换磨损的螺母。

第四节　盘形制动装置

盘形制动(摩擦式圆盘制动)是在车轴上或在车轮辐板侧面安装制动盘,一般为铸铁圆盘,通过制动夹钳使合成材料制成的两个闸片紧压制动盘侧面,经摩擦产生制动力,把列车动能转变成热能,消散于大气。盘形制动属于黏着制动,其结构如图 2-17 所示。

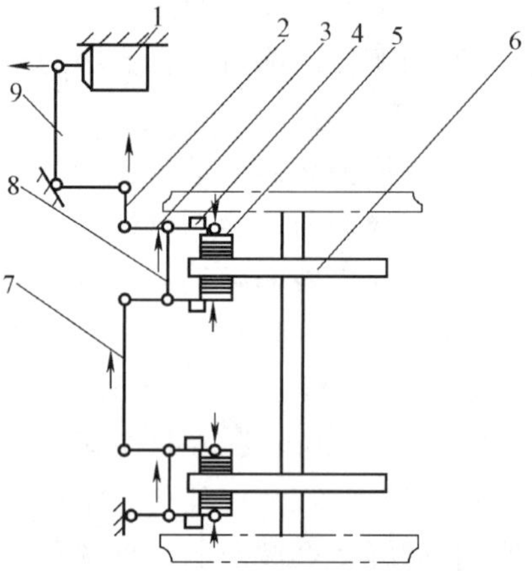

1—制动缸;2—拉杆;3—水平拉杆;4—缓解弹簧;5—制动块;6—制动盘;7—中间拉杆;8—水平杠杆拉杆;9—转臂。

图 2-17　盘形制动

一、盘形制动装置的特点

1. 可按制动要求选择最佳"摩擦副",盘形制动的制动盘可以设计成带散热筋的,旋转时它具有半强迫通风的作用,以提高散热性能,适宜于高速、重载列车。

2. 可以减轻车轮踏面的热负荷和机械磨耗。

3. 制动平稳,几乎没有噪声。

同时,盘形制动有以下不足:由于没有闸瓦对车轮踏面的磨刮,将恶化轮轨黏着状况;如果只是盘形制动,其制动距离比闸瓦制动距离要长。

二、制动盘的结构形式

按摩擦面的配置,制动盘可分为单摩擦面(单面盘)和双摩擦面(双面盘)两类;按盘本身结构可分为整体式和由两个"半圆盘"用螺栓组装而成的"对半式";按盘安装的位置可分为轴盘式和轮盘式,前者装在轴上,后者装在轮上。由于制动盘是一个既受力又受热的零部件,不宜采用过盈配合直接装在轴上,所以轴盘式通常要采用锻钢盘毂作为车轴与铸铁盘之间的过渡零件,而且在铸铁盘螺栓连接处要加装弹性套,如图 2-18、图 2-19 所示。我国设计的 25.5 m 的客车采用轴盘式盘形制动装置。

轮盘式的盘形制动装置一般在动车上,而且都是单摩擦面,因为动车的车轴上要安装驱动装置,没有安装制动盘的位置,制动盘只能安装在车轮的两侧。

图 2-20 为"盘形+闸瓦"的混合制动装置。闸瓦制动单元由一块闸瓦、一个制动缸、一根

制动杠杆和闸瓦间隙自动调节器组成。盘形制动的一个制动缸带动两个夹钳,一根车轴上安装两个轴盘式双摩擦面的制动盘。

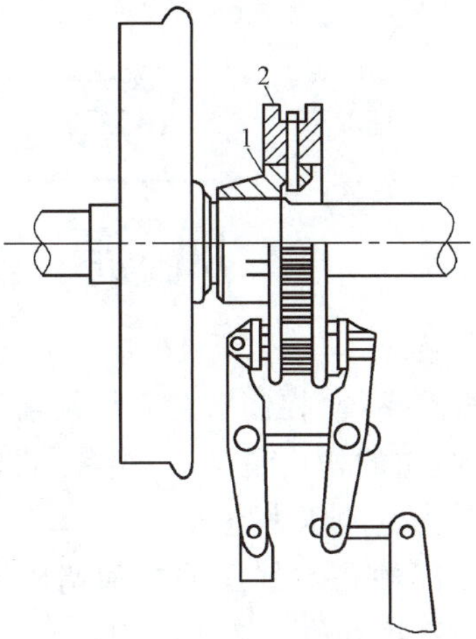

1—盘毂;2—制动盘。

图 2-18 双摩擦面、整体、轴盘式的盘形制动装置

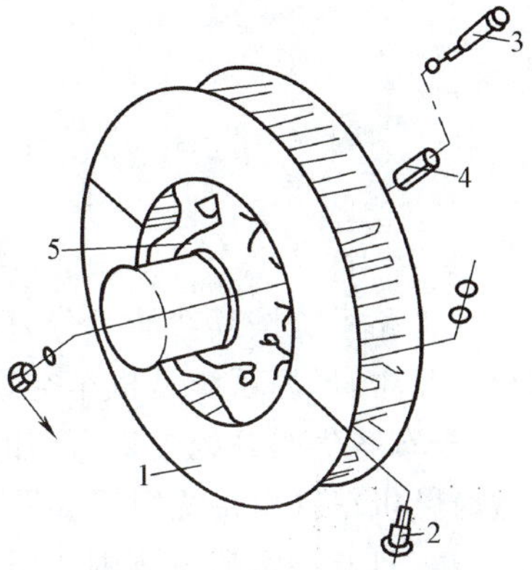

1—半圆盘;2、3—螺栓;4—弹性套;5—盘毂。

图 2-19 双摩擦面、对半、轴盘式的制动盘

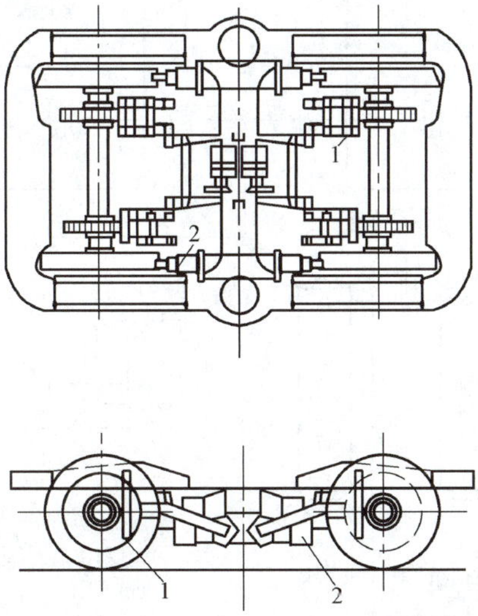

1—盘形制动装置;2—闸瓦制动装置。

图 2-20 “盘形+闸瓦”的混合制动装置

复习思考题

1. 试述制动缸的组成及作用。
2. 试述 DF_4 型内燃机车的基础制动装置由哪些部件组成。
3. 单侧闸瓦制动单元的主要特点是什么?
4. DZD-1 型单侧闸瓦制动单元在列车运行时如何实现制动作用?
5. 试述单向闸瓦间隙自动调节器的作用原理。

第三章

风 源 系 统

机车空气管路系统按其功能可分为风源系统、列车管路系统、控制管路系统及辅助管路系统四大部分。其中，风源系统是机车空气管路系统的基础，它的作用是生产、储备、调节控制压力空气，并向全车各气路系统提供所需的高质量的，洁净、稳定的压力空气。

DF_4 型内燃机车风源系统组成如图 3-1 所示，其核心部件是空气压缩机和调压器。其功用是：制造清洁、具有一定压力范围的压缩空气，以供制动系统和气动装置使用。

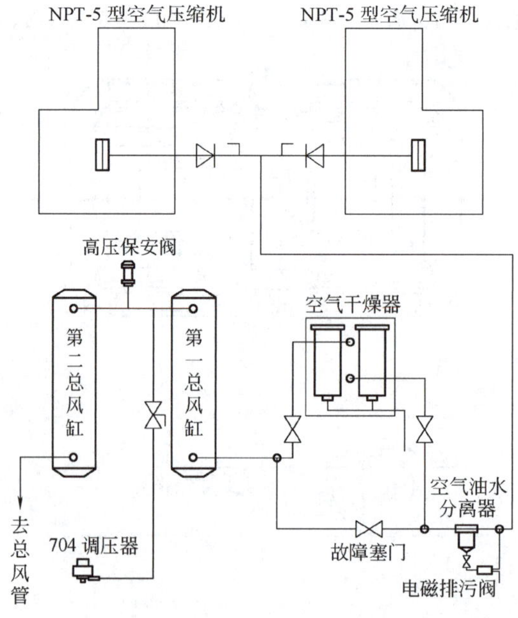

图 3-1　DF_4 型内燃机车风源系统组成

第一节　空气压缩机

一、NPT-5 型空气压缩机

空气压缩机种类很多，早期制造的 DF_4 型内燃机车上，采用两台构造相同的 NPT-5 型空气压缩机。随着技术的发展应用，现内燃机车上采用螺杆式空气压缩机取代活塞式压缩机。

NPT-5 型空气压缩机为立式、三缸、两级压缩、中间空气冷却、活塞往复式空气压缩机。驱动电机采用 Z_2-82 型直流电动机，额定电压为 110 V，额定电流为 238 A，额定功率为

22 kW，额定转速为 1 000 r/min，励磁方式为并励，由辅助发电机供电。其主要技术参数见表 3-1。

表 3-1　NPT-5 型空气压缩机主要技术参数

工作环境温度	−40 ～ +60 ℃
缸数(高压/低压)	1/2
高压活塞直径×行程	101.6 mm×130 mm
低压活塞直径×行程	125 mm×130 mm
最大排气压力	900 kPa
排气量	2.4 m^3/min
润滑油温度	≤80 ℃
润滑油压力	440×(1±10%) kPa
旋转方向(从油泵端观察)	逆时针
工作方式	间歇工作率 25%

(一)构造

NPT-5 型空气压缩机如图 3-2 所示，它由固定机构，运动机构，进、排气机构，冷却机构及润滑机构等部分组成，其结构如图 3-3 所示。

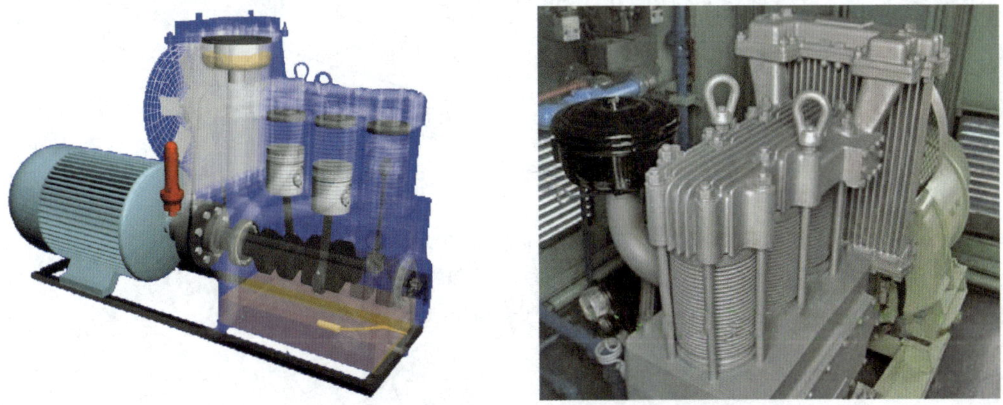

图 3-2　NPT-5 型空气压缩机外形

1. 固定机构

(1)机体

机体(又称曲轴箱)是各部件的安装主体。它是由铸铁铸造成的箱形体，上部设 3 个气缸的安装孔，三缸并列，共用一个气缸盖由长螺栓紧固于机体上。两端各有一个支撑曲轴的轴承座孔，孔的中心线与底面及顶面平行。下部为盛油槽，存放润滑油，在机体前端(即自由端)下部设一放油堵，在前盖的上部设一加油堵，两侧装有标明最高、最低油位线的透明油位标牌。机体右侧安装一个油压表，显示润滑油压力。

(2)气缸

气缸用稀土高强度铸铁铸造而成，具有较高的强度、刚度和耐磨性。缸体表面铸有散热筋，高、低压气缸在构造上完全相同，仅内径不同，高压气缸内径为 101.6 mm，低压气缸内径为 125 mm，其高度均为 257 mm，靠联轴器端(即输入端)安装的气缸为高压气缸。

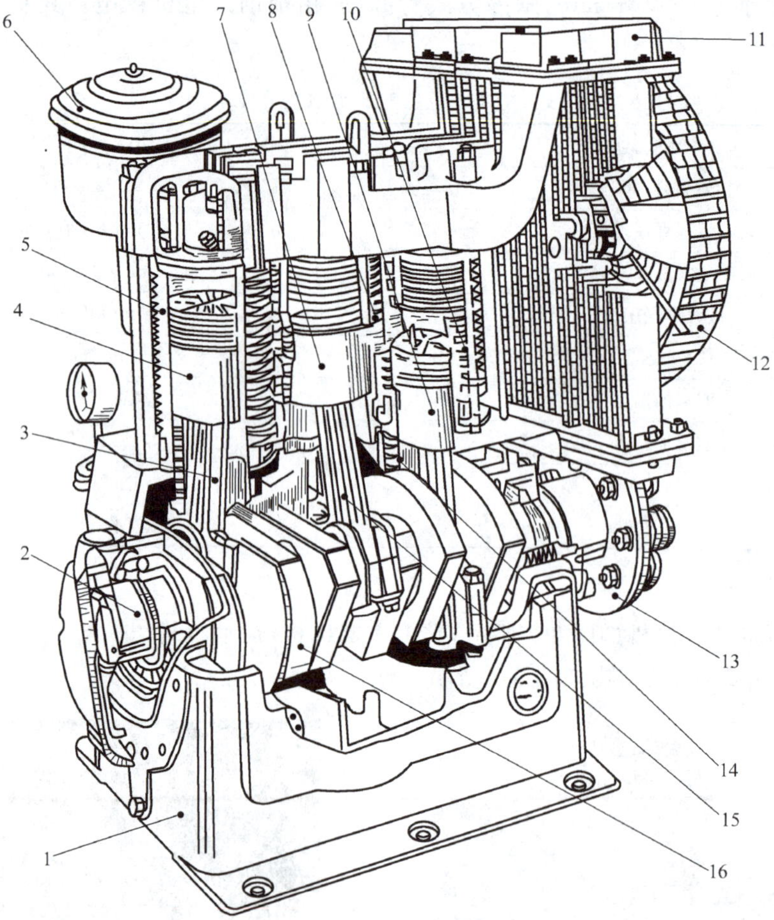

1—机体；2—油泵；3、15—低压连杆；4、7—低压活塞；5、8—低压气缸；6—空气滤清器；
9—高压活塞；10—高压气缸；11—中间冷却器；12—冷却风扇；13—弹性联轴器；14—高压连杆；16—曲轴。

图 3-3　NPT-5 型空气压缩机结构

2. 运动机构

(1)曲轴

曲轴由稀土球墨铸铁铸造而成，也有采用模锻成形的。曲轴上设 3 个曲轴颈(又称连杆轴颈)，在轴向平面内互成 120°夹角布置，直径均为 60 mm，平衡铁加工为一体式。输入端选用双列向心球面滚珠轴承，自由端选用单列向心圆柱轴承支撑。在曲轴本体中钻有直径为 6 mm 的油道，将润滑油自油泵输送到连杆轴瓦和活塞销处。

(2)连杆

连杆的作用是将曲轴的圆周运动变为活塞的往复运动，它采用模锻成形。大端为开式结构，通过可卸的两个半圆形挂耐磨合金的轴瓦与曲轴颈吻合，杆体与端盖用两个连杆螺栓紧固；小端为整体式结构，镶有铜套，并通过活塞销与活塞相连。连杆体断面呈工字形，连杆内部从大端至小端有直径为 6 mm 贯通的油道。

(3)活塞

活塞是采用铝合金铸造的筒形结构。中部设活塞销孔，通过活塞销与连杆小端相接。下部称裙部，承受侧压力和导向。上部安装 5 道活塞环，其中 4 道为气环，起密封作用，最下一道为油环，起布油、除油和导热的作用。活塞的外径与各自的高、低压气缸内径相对应。

3. 进、排气机构

(1)空气滤清器

采用油浴式空气滤清器，如图 3-4 所示。当压缩机工作时，空气以一定速度通过滤清器，其中较大的杂质在急转弯处被分离落入油中，细微的混杂物在通过滤网时，被油膜所吸附，从而达到净化空气的目的。

(2)气阀

气阀为组合式自动气阀，进、排气阀均为环状阀，外环是进气阀，内环是排气阀。气阀由阀座、阀盖、阀片及弹簧等组成，如图 3-5 所示。

阀座与阀盖均采用中碳钢精密铸造，其外径为 140 mm，厚度为 11 mm，钢丝弹簧直径为 0.5 mm。高、低压气缸气阀的结构完全相同，同一组合阀中各阀片的厚度应相同。气阀工作原理如图 3-6 所示。

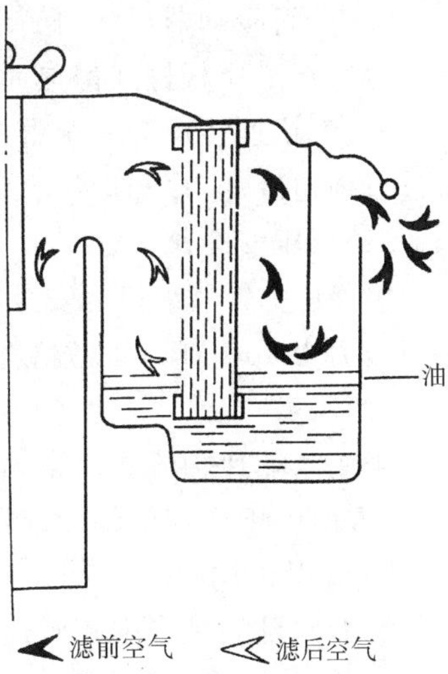

图 3-4 油浴式空气滤清器

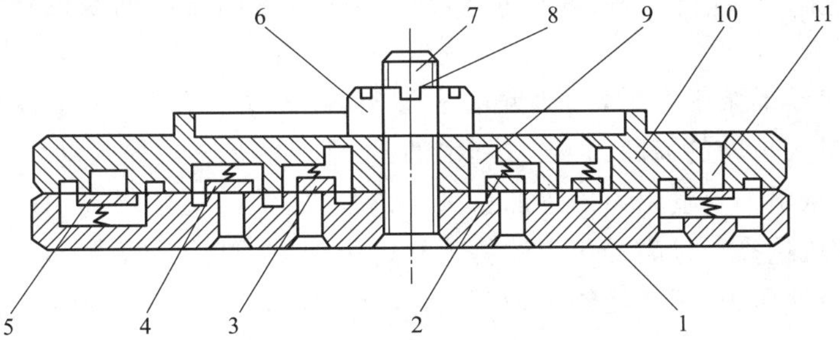

1—阀座；2—弹簧；3—排气阀小阀片；4—排气阀大阀片；5—进气阀片；
6—螺母；7—螺栓；8—开口销；9—排气孔；10—阀盖；11—进气孔。

图 3-5 气阀结构

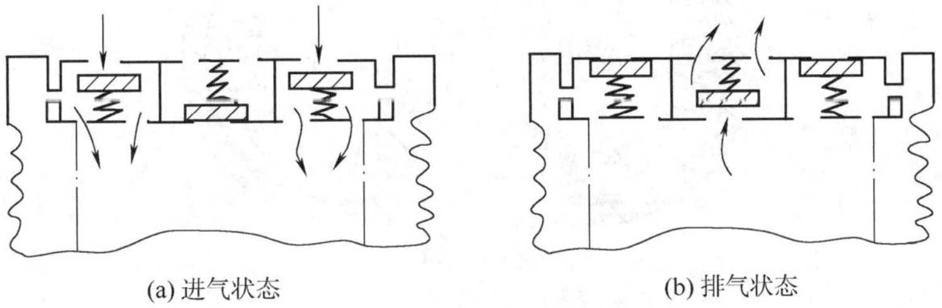

图 3-6 气阀工作原理

进气状态：活塞下行时，气缸上部形成低压，外界空气压力克服了进气阀片弹簧力的作用，开启进气阀，空气即进入气缸，此时大、小排气阀片被各自弹簧压紧而关闭。

排气状态：活塞上行时，进气阀片关闭，被压缩的压力空气顶开排气阀片而排出气缸。

(3)气缸盖

气缸盖是用铸铁制成，它起着气缸压盖的作用，并提供两级压缩空气的进、排气通道。三个气缸共用一个气缸盖，其外表面铸有散热筋。

4. 冷却机构

(1)中间冷却器

冷却器采用板翅式散热元件,应用焊接的方法,使其与上、下法兰相接,并通过螺栓分别与上、下集气箱连接成为一个整体,具有较高的传热效率,且结构紧凑、牢固。因是空气一级压缩后进行强迫冷却,冷却后压力空气再进行二级压缩,故称中间冷却。

(2)低压安全阀

为保证空气压缩机的安全,在中冷器下集气箱的一端装有低压安全阀,开启压力为 450 kPa,关闭压力为 400 kPa,正常情况下,安全阀是不动作的。

(3)风扇

采用六叶片轴流式风扇,它通过弹性联轴器上的皮带轮,由三角皮带驱动,它所产生的冷风,一方面用于冷却中间冷却器,另一方面用于冷却气缸和气缸盖。

5. 润滑机构

润滑的目的是减少相对运动部件的磨蚀和能耗,并能冷却运动机构的摩擦表面,密封气缸的工作容积,提高活塞密封性能,且可带走摩擦表面的污垢、微粒而起到清洗作用。

(1)油泵

油泵采用外啮合式齿轮结构,装于曲轴轴端,由前盖固定。油泵的结构及工作原理如图 3-7 所示。

当曲轴旋转带动油泵工作时,主动齿轮按图 3-7 所示方向旋转,从动齿轮则反方向旋转。润滑油经进油孔进入齿轮的齿隙,再被带到出油口,由于两齿轮的轮齿啮合,油不能返回,则在泵体内壁被挤压,从出油口输出。因进油量大于出油量,油压逐渐增高,直至平衡。泵内设有定压阀,以防止油压过高。过高的压力油将顶开定压阀(克服其弹簧力)而自动地泄入盛油槽。压力表可显示润滑油压力,正常运用中,其压力应在 440×(1±10%) kPa 范围内。

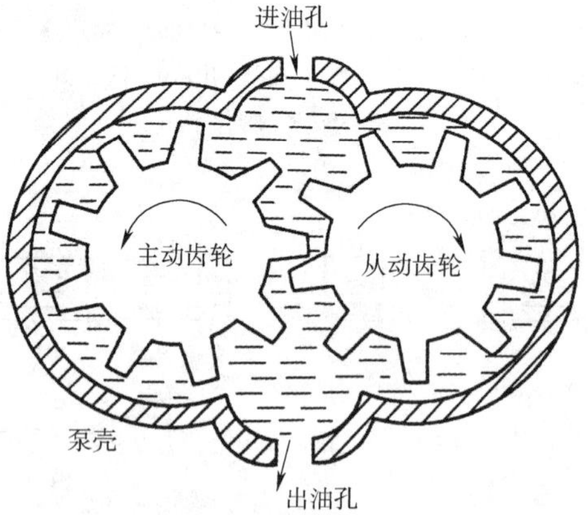

图 3-7　齿轮式油泵工作原理

(2)油路

润滑机构采用压力油润滑和飞溅润滑。压缩机工作时,润滑油通过滤油网、吸油管而进入油泵内。由油泵输出的压力油,除了经出油口进入曲轴外,还由泵盖通路作用在定压阀上,并由油管送入压力表中,如图 3-8 所示。

进入曲轴内的润滑油,通过曲轴内油道送到三个连杆轴颈中央,每个连杆轴颈处分为 3 条油路:一路润滑连杆轴颈及曲轴瓦;一路通过连杆体内油道送至连杆小端,用以润滑小端铜套

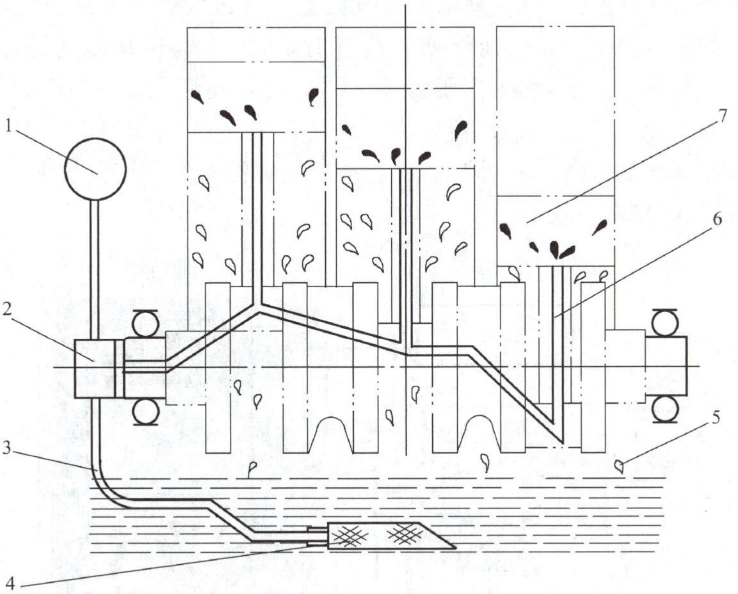

1—油压表；2—油泵；3—吸油管；4—滤油网；5—飞溅油滴；6—油路；7—压力油滴。

图 3-8　NPT-5 型空气压缩机润滑油路

及活塞销，并由间隙溢出润滑油，甩到活塞内起冷却作用；第三路是由连杆轴颈及曲轴瓦两侧间隙溢出润滑油，被甩到气缸壁上，用以润滑活塞环与气缸镜面。曲轴两端的轴承，则利用曲轴运转时飞溅的油滴进行润滑。

（二）作用原理

电动机驱动曲轴高速旋转，三个活塞分别作上、下往复运动，如图 3-9 所示。

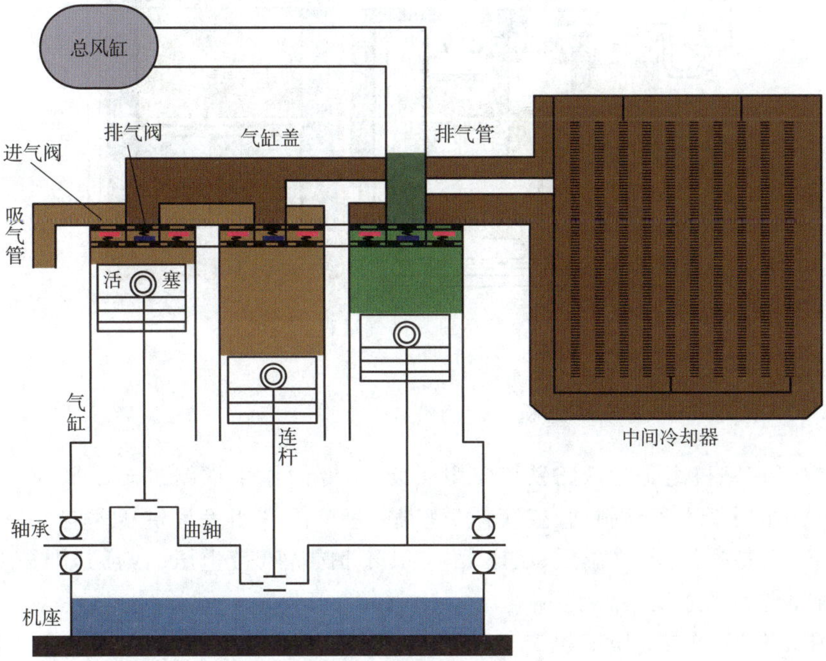

图 3-9　空气压缩机作用原理

低压活塞下行程时，外界空气经滤清器及气缸盖一级进气通道压开进气阀片（排气阀片被关闭）进入气缸，如图 3-10 所示；低压活塞上行程时，压缩空气顶开排气阀片（进气阀片被关闭），进入气缸盖一级排气通道，两个低压缸排出的低压空气汇集，一起进入中间冷却器，如图 3-11 所示。一级压缩空气在中间冷却器内作二次往复流动，被充分冷却后通过二级进气通道进入高压气缸作二级压缩（压缩原理同一级）。高压气缸排出的压缩空气由气缸盖二级排气通道输出，被送入总风缸储存备用。

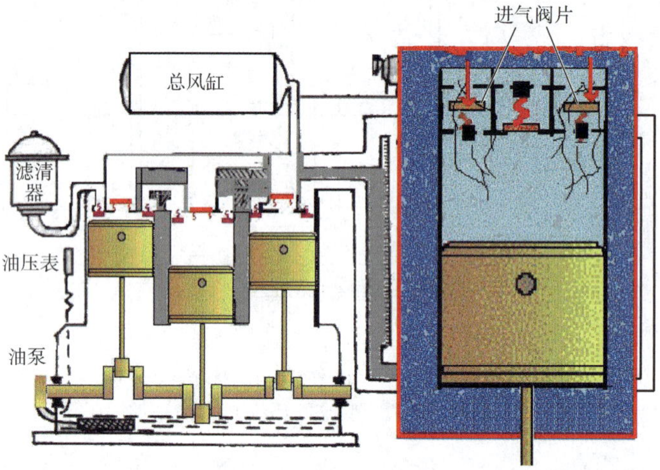

图 3-10　进气过程

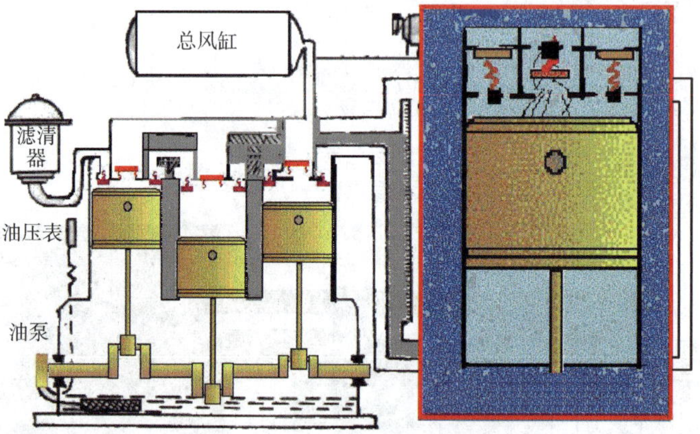

图 3-11　排气过程

二、TSA-330 型螺杆式空气压缩机

螺杆式空气压缩机组是为铁路系统应用而设计，专门用于铁路机车车辆的电动空气压缩机设备，其主要作用是为车辆制动、空气弹簧减振、塞拉门开闭等提供压缩空气。螺杆式空气压缩机结构简单、易损件少、排温低、压比大，尤其不怕带液、带尘压缩，且其维护费用低，运转稳定，在国内外得到飞速发展。

机车使用的螺杆式空气压缩机有三种类型：TSA-330 型、TSA-230 型、NPT-135 型，使用较多的是 TSA-330 型，下面以 TSA-330 型（图 3-12）为例进行详述。

图 3-12 TSA-330 型螺杆式空气压缩机

（一）构造

TSA-330 型螺杆式空气压缩机由四大主要部件构成，即驱动装置、空气压缩机体和风冷却装置、底座。它们用螺栓连接在一起，组成一个紧凑的底座支承的机组，由弹性减振器挠性地接到一个共用底座上，共用底座与机车用螺栓刚性连接紧固。TSA-330 型螺杆式空气压缩机组成如图 3-13 所示。

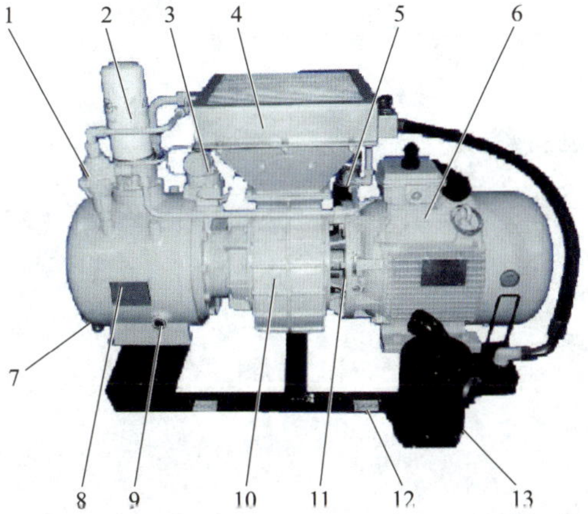

1—温控阀；2—油细分离器；3—进气阀；4—空—油冷却器；5—油过滤器；6—电机；
7—泄油阀；8—油气筒；9—视油镜；10—蜗壳；11—中托架；12—减振器；13—空气滤清器。

图 3-13 TSA-330 型螺杆式空气压缩机结构

1. 驱动装置

三相交流电动机法兰式安装。

2. 空气压缩机体

空气压缩机一对转子装配在机体中，组成空压机主机，主机再装入油气筒中。采用螺杆主机与油气筒一体的组合方式。油气筒组成上还装有油分离、过滤、控制元件。

3. 风冷冷却装置

离心式风扇装在电机端的联轴器上，蜗壳上部装有扩压器与冷却器相连接。冷却器分为前后两部分，前部分起冷却油的作用，后部分起冷却空气的作用。冷却器借助离心式风扇—叶轮供给的冷却空气来交换压缩过程所产生的热量。

4. 底座

空气压缩机机体、驱动装置及冷却装置三大部件采用弹性减振器平稳地固定在一个钢制共用底座上，底座下方有 4 个安装孔与机车固定。

5. 其他控制部件

针对机车上的控制要求，螺杆式空气压缩机采用了压力开关、温度开关及安全阀等保护措施，保证了系统的运行安全。

（二）工作过程

1. 工作原理

TSA-330 型螺杆式空气压缩机工作时包括吸气过程、压缩过程、排气过程，其原理如图 3-14～图 3-16 所示。

(a) 吸气过程即将开始　(b) 吸气过程中　(c) 吸气过程结束

图 3-14　吸气过程

(a) 压缩过程即将开始　(b) 压缩过程中　(c) 压缩过程结束、排气过程

图 3-15　压缩过程

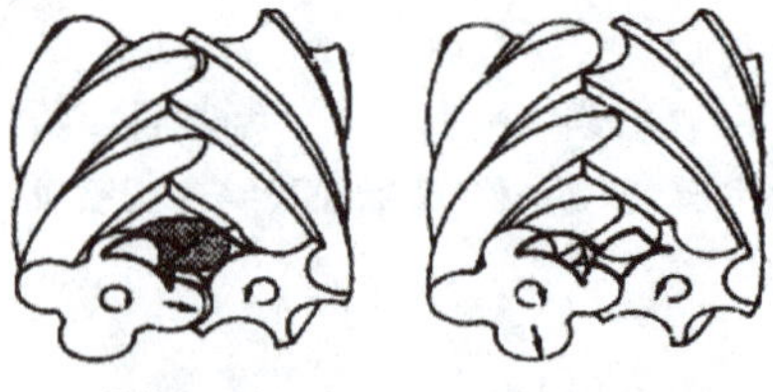

(a) 排气过程中　(b) 排气过程结束

图 3-16　排气过程

2. 主空压机工作过程

主空压机包括空气系统、润滑油系统和冷却系统，各系统工作过程（图 3-17）如下所述。

(1)空气系统

开机时空气由空气滤清器吸入，经由进气阀进入主机，在主机压缩腔压缩，经润滑油冷却后排入油气室，这种含油空气在油气室内经撞击进行第一次气、液粗分，再经由油细分离器进行第二次气、液精分，当油气室压力达到输出压力后，被压缩的空气通过最小压力阀排出，经后冷却器冷却，提供给用户。

停机时，最小压力阀止回，切断后部高压气路，阻止高压气返回主机系统。同时进气阀中的进气止回阀关闭，主机压缩腔的高压气体返至低压腔迫使进气阀中的泄压阀动作，将系统压缩空气与进气阀吸气口连通经由空气滤清器放入大气。

(2)润滑油系统

润滑油系统由温控阀、油过滤器、可视回油单向阀、油细分离器、油冷却器和油气室组成，包含有主回路与辅助回路两个回路。

主回路：空压机启动时，在最小压力阀作用下，优先建立起润滑油循环所需之压力，润滑油压入温控阀，经油冷却器冷却(或不经过油冷却器冷却)、油过滤器过滤，通过喷油口射入机体内，然后随压缩空气排到油气室进行粗分。

辅助回路：含油压缩空气经油气室粗分后，进入油细分离器进行细分，聚集在其底部的少许润滑油，经回油管、可视回油单向阀，进入机体，用以润滑排气端轴承继而返回油气室。

(3)冷却系统

冷却系统包括风机、冷却器，可降低排气温度和避免润滑油温度过高。

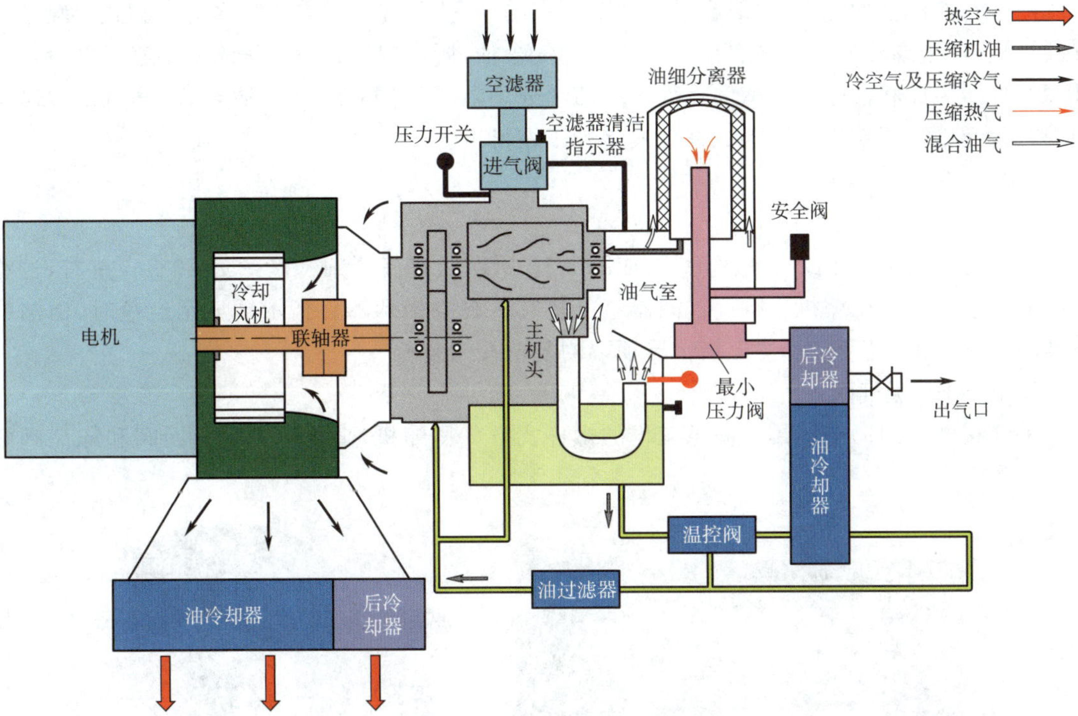

图 3-17　主空压机工作过程

(三)喷油特性

螺杆式空气压缩机由于喷油，使其性能大大改善。

1. 降温

螺杆式空气压缩机在压缩过程中不断向压缩室及轴承注入润滑油后，油可以吸收大量的压缩热并将其带出机头外，使其接近等温压缩，排气温度大大降低。转子与机壳之间不会因热膨胀系数不同而产生摩擦。

2. 密封

注入的润滑油可在转子之间形成油膜，其阴阳转子的齿面并不直接接触，阴转子可直接由阳转子带动，由于啮合运动中存在着一定间隙，间隙值的大小与啮合接触线长度的乘积称为泄漏面积。间隙值直接影响气体的泄漏量，因此它对容积效率有直接的关系。喷入润滑油后，油可以阻尼工质泄漏和充填间隙，起堵塞泄漏的作用，使转子之间、转子端面与端盖之间、转子与机壳之间产生油膜密封，以达到螺杆转子间的密封效果，减少压缩空气内泄漏。

3. 润滑

油对螺杆式空气压缩机的零件和运动副均有润滑作用，提高了螺杆零部件的使用寿命，达到长期经济运行的目的。

4. 降噪

喷入润滑油后，由于转子之间有油膜隔开，运转中无金属直接撞击和摩擦，并且油对声波有吸收和阻尼作用。螺杆式空压机喷油与不喷油，其噪声级别大不相同，一般喷油后可降低10～20 dB(A)。降低圆周线速度，使机器结构简化。

5. 冲洗尘埃杂质

喷油有如此多的优点，一般在没有特殊要求的情况下，螺杆式空压机多为喷油式。喷油螺杆的出现，带来螺杆的大发展。但由于压缩空气含油，所以螺杆式空气压缩机中必须增设油的处理元件。为此将油的处理辅助元件——油细分离器、油冷却器、油过滤器等与电机、控制保护等其他元件与压缩机共同组成螺杆式空气压缩机组。

(四)气路系统各组件功能

1. 空气滤清器

空气滤清器为一干式纸质过滤器，如图 3-18 所示。过滤纸细孔度约为 20 μm 左右，过滤后的洁净空气进入压缩机。空气过滤器座上装有一真空指示器。指示器显示红色时，清洁或更换滤清器。重新组装后，按下指示器顶端的复位按钮复位。

2. 进气阀(吸气阀)

进气阀(图 3-19)专门用于间歇工作的螺杆式空气压缩机，主要由进气止回阀和卸荷阀两部分组成。

图 3-18　空气滤清器滤芯

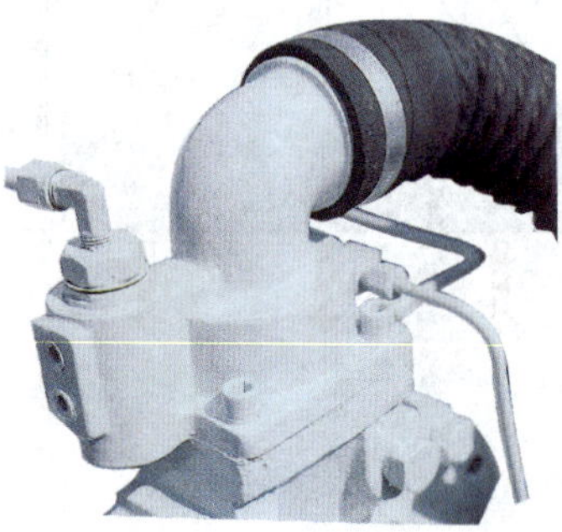

图 3-19　进气阀

(1)进气止回阀

当空压机开机时，在上下部压力差作用下，克服弹簧力，阀板开启，进气通道打开；当空压机停机时，在弹簧力及油气筒压力的作用下，阀板迅速动作关闭阀口，进气通道封闭，防止从油气筒回流至进气阀的含油空气排入大气。因为停车时，转子前后存在着压差，压差会使气体倒流而致使转子倒转，对转子齿形磨损极为严重。因此进气止回阀装在压缩机体的吸气口上，可最大限度地减少回流容积，使压差迅速得到平衡。

(2)卸荷阀

当停机后，在进气口中，该阀活塞在混合油气回流的压力下克服弹簧力下移，使卸荷阀通道开启，洁净空气经该通道并反吹空气过滤器后卸放至大气中，将油气筒内的压力在很短时间内卸至安全启动压力 0.3 MPa 以下，保证空压机在安全状态下再次启动，有利于电机长期正常地工作。

3. 温度开关

设定值：105 ℃断开，90 ℃接通。

压缩机机头中气油混合物的温度由油气筒的温度开关探头监控，其目的是防止空压机超过它的停机温度，在失油、油量不足、冷却不良等情况下，均可能导致排气温度过高，当排气温度达到温度开关设定值 105 ℃时，则温度开关断开，切断电源而停机。当温度下降至温度开关设定值 90 ℃时，开关接通，空压机重新启动。

4. 油气筒

油气筒装有油位指示的视油镜，下方装有泄油阀。当油气混合气体从排气口进入油气筒时，空间突然增大，筒内挡板折流改变空气流动方向后，使油气的流速减小及方向改变，含油气体通过碰撞、拦截及重力作用，绝大部分油滴从空气中分离出来，沉降在油气筒底部，为第一次油气分离，此阶段能分离出 90%以上的油，剩余含油雾的压缩空气则通至油气筒上部的油细分离器进行再次分离。

5. 油细分离器(图 3-20)

分离精度：颗粒 0.1 μm，气体含油量≤5 mL/m^3。

油细分离器滤芯是用多层细密玻璃纤维制成，压缩空气经一次分离后所含雾状油气经过填充物后被精细过滤，使油再一次进行分离，压缩空气中雾状油气经过油细分离器第二次分离后油几乎可被完全滤去，油颗粒大小控制在 0.1 μm 以下，分离效果可达到排气含油量不大于 5 mL/m^3。气体流经滤芯的流速为 1～6 m/s 以下。

油细分离器滤下的油存于底座中央的小圆凹槽内，再用一根回油管引至机体进口侧，可避免已被过滤的润滑油再随空气排出。分离后的纯净空气经压力维持阀送至后冷却器。

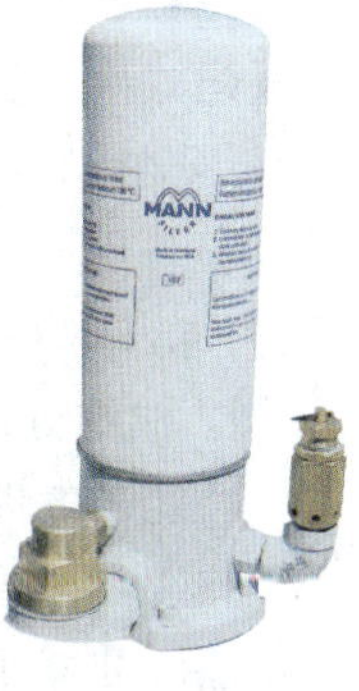

图 3-20 油细分离器

6. 安全阀

设定值：1.1 MPa。

当总风缸压力开关调节不当或失灵，致使油气筒内排气压力高达 1.1 MPa 以上时，安全阀内的空气克服弹簧压力顶起阀杆向外界泄压，使压力降至设定的安全排气压力以下。

7. 压力维持阀(图 3-21)

设定值：开启压力(0.6±0.05) MPa。

安装于油气筒上方的油细分离器出口处，其主要功能为：

(1)启动时，在短时间内建立起润滑油的循环压力，确保机器的润滑。

(2)压力超过 0.6 MPa 之后开启，可降低流过油细分离器的空气流速，除确保油细分离效果之外，还可保护油细分离器，避免因压差太大而受损。

(3)逆止功能。当停机后油气筒内压力下降时，防止总风缸内压缩空气倒流。

8. 压力开关(图 3-22)

设定值：0.4 MPa 电路断开，0.3 MPa 电路接通。

压力开关由进气阀阀座内压力控制，压缩机停机后，油气筒内压力立即传至进气阀阀座内，当压力超过 0.4 MPa 时，压力开关断开。随着油气筒内的压力被进气卸荷阀快速卸放，进气阀阀座内压力随之降低，当压力降至 0.3 MPa 时，压力开关恢复接通，此时压缩机才能再次启动，保证了电机在低负荷下安全启动。压缩机再次启动的时间≤14 s，压缩机运行时，进气阀腔内压力低于大气压力，压力开关处于接通状态。

图 3-21　压力维持阀

图 3-22　压力开关

9. 后冷却器

冷却器分为前后两部分，前部为油冷却器，后部为空气冷却器。空气冷却器采用轻便高效的板翅式冷却器，通过离心风扇抽入冷空气吹过冷却器的散热翅片，与压缩机排出的压缩空气进行热交换后冷却，冷却后，温度适宜的压缩空气进入机车空气干燥器进行干燥，再送入总风缸储存备用。

(五)油路各组件功能

1. 油细分离器

功能与气路系统组件中油细分离器功能相同。

2. 油冷却器

油冷却器采用板翅式铝合金结构，其冷却方式与空气冷却器相同，都是采用风冷方式。用同一冷却风扇进行冷却，其功能是降低润滑油的温度，保证机组的运转润滑可靠稳定。油经分离后集存于油气筒底部，油温接近排气温度，如此高温的油必须进入油冷却器冷却后才能再次循环使用，这就是设置油冷却器的目的。

螺杆式空气压缩机不但对油温有一定的要求，而且对油的黏度也有要求。油的黏度偏高，增加功率损失，黏度偏低时，密封效果变差，因此，必须控制喷油的温度，黏度适中。

3. 油过滤器(图 3-23)

过滤精度：颗粒大小 10 μm。

油过滤器是一种纸质的过滤器，其功能是除去油中杂质如金属微粒，保护轴承及转子，减少转子磨损，延长机器使用寿命。是否更换油过滤器可由其压差指示器来判断，如果压差指示红色，表示油过滤器阻塞，必须更换。更换滤芯后指示器自动复位。若不及时更换，则可导致进油量不足,排气高温跳机,同时因油量不足会影响到轴承寿命。

4. 温控阀

设定值:66 ℃以上冷却通道开启,至 76 ℃以上全开。

油冷却器前装有一温控阀,其功能是维持排气温度在压力露点温度以上,避免空气中的水在油气筒内凝结而导致润滑油乳化。刚开机时,油温低,此时温控阀会自动开启通往机体的油路,润滑油不必经过冷却器而直接进入机体,若油温升高到 66 ℃以上,温控阀逐渐打开通往油冷却器的通路,温度升至 76 ℃以上时,直接通往机体的通路关闭,润滑油全部经过油冷却器,冷却降温后再进入机体循环。

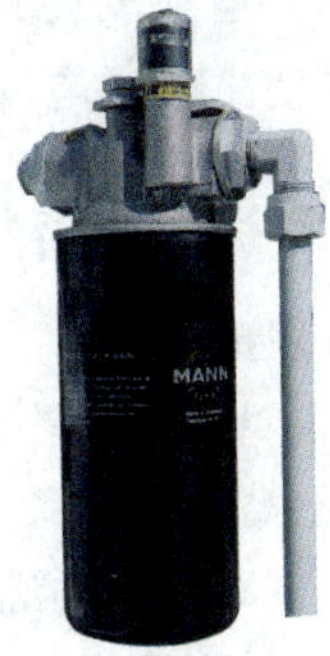

图 3-23　油过滤器

(六)安全操作运用

在安装和运行空压机之前,工作人员须先熟悉使用维护说明书中的内容,并且要遵守操作及安全使用规则。

1. 开机前的准备

(1)检查各零部件的连接,是否有因为装卸运输、安装等工序造成的有关部位松动、漏油、漏气等现象出现。如管路接头、电路和连线接头,各处连接螺栓,两端联轴器紧定螺钉和压盖紧定螺钉等,发现松动或脱落,需及时要求处理好。

(2)按要求接好输气管、电源线及地线(接地保护)。

(3)检查油气筒视油镜中的油位线,油位处于上、下刻线之间时,应为正常,否则需补油。添加润滑油时,必须加同一牌号的润滑油,不同厂家的润滑油不能混合使用,同一厂家不同系列不同牌号的润滑油也不能混用。

(4)若空压机库停时间超过六个月(含)才运用,开机前应拆下进气阀橡胶导管,从进气口加入 500 g 同一牌号润滑油后,点动电机后停机,确认无问题再启机。防止空压机因缺油造成突然启动烧坏,此时,切记不可让异物掉入压缩机内,以免损坏压缩机螺杆。

2. 空气压缩机的日常维护检查

(1)检查油位是否在视油镜正常位置。

(2)开机检查电机旋向,应和旋向标志相符。

(3)检查冷却器的风量和温度是否正常。

(4)检查进气阀开闭动作和卸荷功能是否正常。

(5)检查空气滤清器组成的真空指示器箭头指示位置,是否在正常位置。

(6)检查机组是否有异音或振动。

(7)检查各油路管接头是否渗油。

(8)检查各部位紧固件是否有松动迹象。

第二节　704 型调压器及风源净化系统

一、704 型调压器

为自动控制空气压缩机的运转,使总风缸的压力值保持在规定的压力范围内[(750±20)～(900±20) kPa],在总风缸输出管路上装设有 704 型调压器,如图 3-24 所示。当总风缸的压力达到最高值(900 kPa)时,通过调压器的作用来切断空压机电机电源,使空气压缩机停止运转。当总风缸的压力降到最低值(750 kPa)时，调压器又使之接通电源，使空气压缩机恢复运转。

(一)构造

704 型调压器结构如图 3-25 所示，它由以下几部分组成：

1. 高压调整部。由调节手轮、锁紧螺母、调整螺杆、高压调整弹簧、指示针以及传动板等组成。

2. 低压调整部。由下堵、防缓螺母、调整螺栓、低压顶杆、低压调整弹簧、低压调整螺母堵及上堵等组成。

3. 双断点微动开关。由防缓螺母、调整螺钉、微动开关、下静触头、动触头、上静触头及微动开关弹簧等组成。

4. 空气部。由底座、顶杆、导套及膜板等组成。

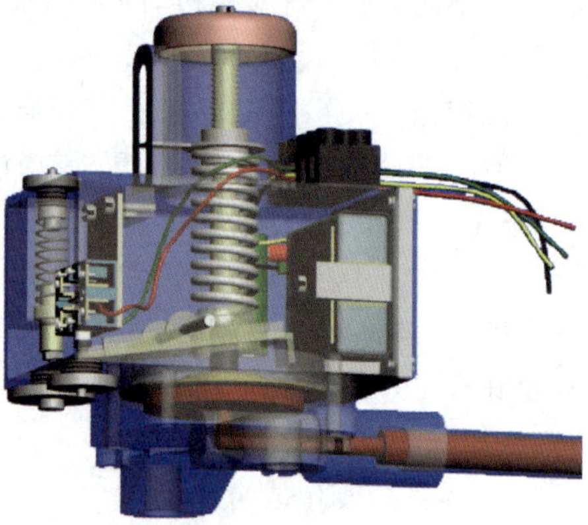

图 3-24 704 型调压器

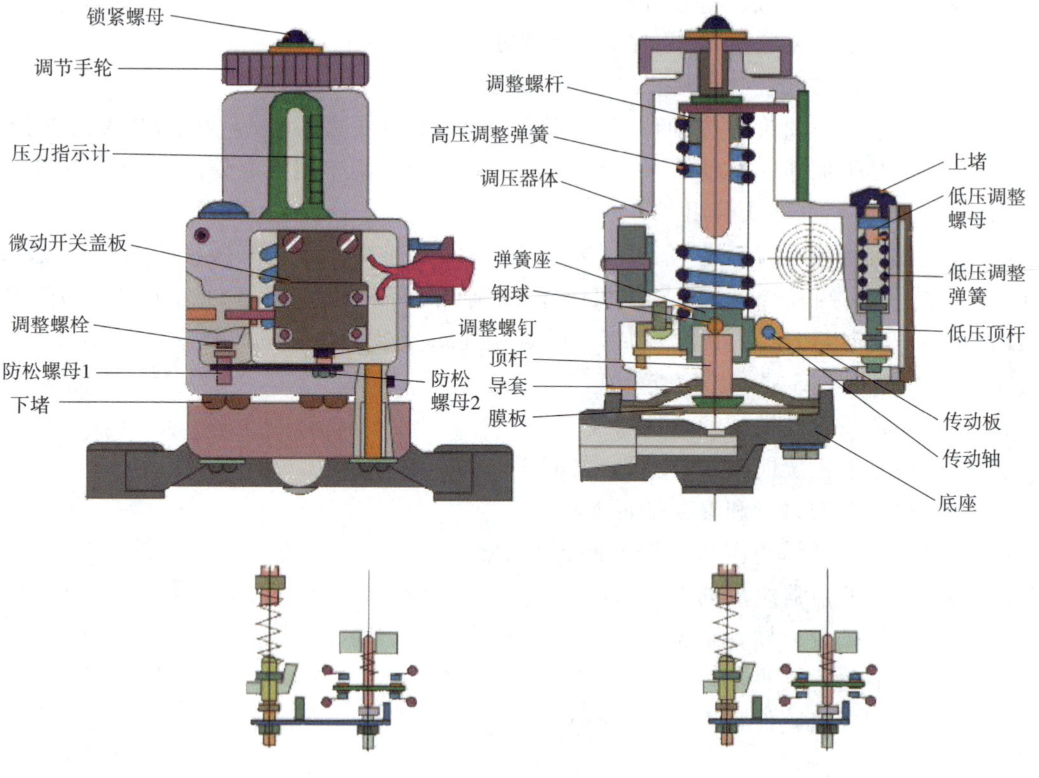

图 3-25 704 型调压器结构

(二)作用

总风缸高压空气进入膜板下方空腔，当其压力低于下限值(750 kPa)时，高压弹簧伸张，促使传动板右侧向上运动，带动调整螺钉上移，使微动开关常开触头闭合，接通空气压缩机驱动电机的控制电路，空气压缩机投入运转。当总风缸压力上升到足以克服高压弹簧力(即达到其上限值 900 kPa)时，膜板向上鼓动，高压顶杆及钢球上移，带动传动板左侧向上，右侧向下运动，调整螺钉随之下移而离开微动开关，微动开关在其弹簧的作用下使常开联锁断开，从而切断空气压缩机驱动电机的控制电路，使空气压缩机停止运转。随着总风缸内压力的变化，空气压缩机将进行间歇工作。

（三）调整方法

1. 调高压（决定上限值）

松开锁紧螺母，当需要提高总风缸压力时，应顺时针方向旋转调节手轮；若需降低总风缸压力时，则反时针方向旋转调节手轮。调整好后，拧紧锁紧螺母。

2. 调低压（决定下限值）

松开上堵，若总风缸压力低于规定值时，应反时针方向旋转低压调整螺母；若总风缸压力高于规定值，则顺时针方向旋转低压调整螺母。调整好后，拧紧上堵。

3. 补偿调节

（1）若高压调不到所需压力时，可将下堵卸下，松开防松螺母 1，当总风缸压力达不到上限值时，应反时针方向旋转调整螺栓，总风缸压力超过上限值时，则顺时针方向旋转调整螺栓。调整好后，拧紧防松螺母 1，装好下堵。

（2）若低压调不到所需压力时，卸下微动开关下堵；松开防松螺母 2。若总风缸压力低于下限值时，应顺时针方向旋转调整螺钉，若总风缸压力高于下限值时，则反时针方向旋转调整螺钉。调整好后，拧紧防松螺母 2，紧固下堵。

二、风源净化系统

（一）概述

风源净化系统是由 JKG_1 型空气干燥器与 JKF_1 型油水分离器、电磁排污阀和各种阀等组成，如图 3-26 所示。

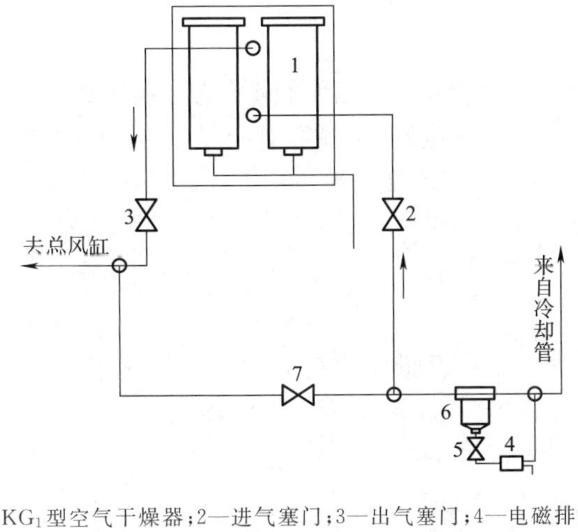

1—JKG_1 型空气干燥器；2—进气塞门；3—出气塞门；4—电磁排污阀；
5—排污塞门；6—JKG_1 型油水分离器；7—旁通（故障）塞门。

图 3-26　风源净化系统示意图

JKG_1 型空气干燥器是一种无热再生双塔式可连续工作的压缩空气除湿装置。由干燥塔、进气阀、排气阀、电控器、电空阀等主要部件组成。空气干燥器的工作是与空气压缩机的工况相联系的。当空气压缩机启动时，电控器同时得到通电信号，电控器使一个电空阀处于得电供气状态，另一电空阀处于失电排气状态。从空气压缩机来的压缩空气经散热器冷却后，由油水分离器分离出其中的液态颗粒，然后进入干燥塔。当空气压缩机工作到干燥器转换周期时，在控制器的控制下自动转换为另一个干燥塔工作，如此两塔交替进行干燥。每次空气压缩机停机时，电磁排污阀能自动将油水分离器中的压缩空气及油分和水分予以排出，从而达到净化机车风源的目的。

JKG_1型空气干燥器是风源净化系统中重要的净化部件。以该部件为核心，与其他辅助设备，如油水分离器、电磁排污阀等构成机车风源净化装置，用以清除压缩空气中的油分、水分、沙尘、飘尘等有害杂质。经处理后的压缩空气，可达到下述净化指标：

(1)空气的相对湿度 RH≤35%。

(2)含尘埃颗粒不大于 10 μm。

(3)含油率不超过 10 mL/m^3。

经过净化的空气，可避免机车车辆空气管系产生冷凝水而发生冻结和锈蚀现象，消除压力空气的输送和阀类卡死等故障，亦可防止因空气中的杂质引起制动失灵。因此，采用该装置对保证行车安全、延长制动机检修周期和使用寿命，将获得良好的效果。

JKG_1型空气干燥器在工作中具有“定时转换”“时间累计”和“状态记忆”等多种功能，可适应机车空气压缩机各种工况。同时，两塔在交替工作过程中，具有“柔性转换”的特性，可减少气流对干燥剂的冲击和避免粉末进入管系。此装置的结构参数和工作参数选配合理，在机车各种环境和工况条件下，均能输出符合湿度标准的净化干燥空气。

(二)主要技术参数

处理空气量	5～6 m^3/min
相对湿度	≤35%
工作压力	500～1 000 kPa
进气温度	5～55 ℃
环境温度	－20～＋40 ℃
工作方式	双塔交替，可间歇或连续工作
控制方式	电器、机械联合自动控制
控制电压	DC 110 V
再生方式	无热、常压
再生耗气率	15×(1±3%)
干燥剂	
材质	高效耐水硅胶或活性氧化铝
规格	ϕ3～ϕ7 mm 球形颗粒
颗粒强度	≥80 N/粒
装机质量	122 kg/台
外形尺寸(长×宽×高)	930 mm×474 mm×338 mm
整机质量	125 kg

(三)结构

JKG_1型空气干燥器将高效油水分离器独立设置。

干燥器的总体结构如图 3-27 所示。它由干燥器主体、进气阀、排气阀、出气止回阀、电控器、电空阀等主要部件组成。

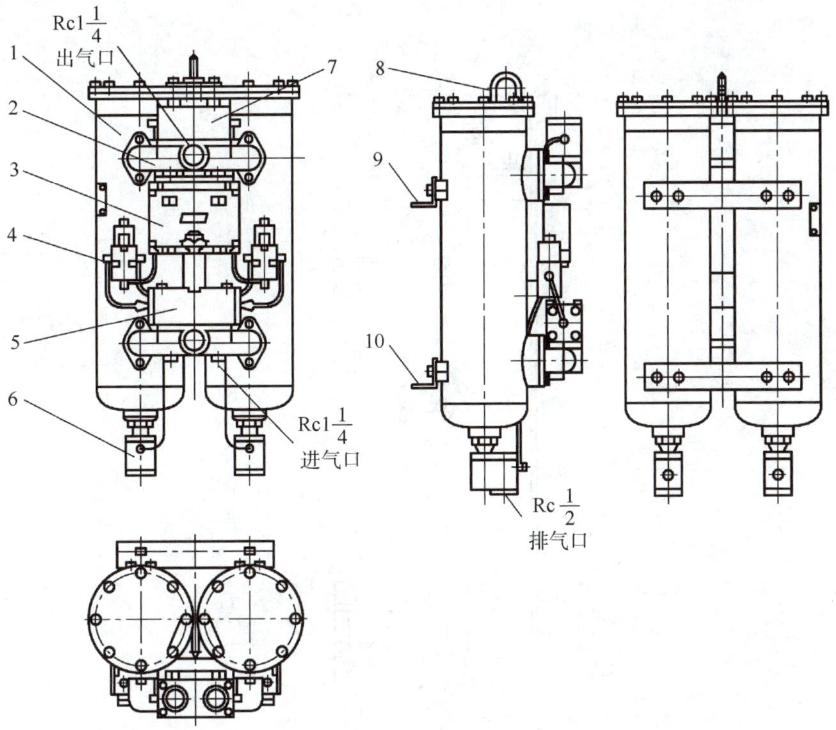

1—干燥器主体；2—连接体；3—电控器；4—电空阀；5—进气阀；
6—排气阀；7—出气止回阀；8—吊环；9—安装横梁(上)；10—安装横梁(下)。

图 3-27　JKG_1型空气干燥器

1. 干燥器主体

干燥器主体由两个结构完全相同的干燥塔组成，所以称之为“双塔式”。

干燥塔是构成 JKG_1 型空气干燥器的主体，其结构如图 3-28 所示。干燥塔为一圆筒钢瓶式结构，上部为塔盖，中部为筒体，下部为封头。

干燥塔上设有 3 个对外通道口，其中，进气法兰口连接空气压缩机，受进气阀控制；出气法兰口通往总风缸，受出气止回阀控制；接头体通大气，受排气阀控制。

干燥塔的背面设有安装座，并通过安装横梁将干燥器安装于机车上。干燥塔内部装有干燥剂，用压紧弹簧通过盘状出气滤网将其压实，以防止干燥剂在气流作用下颗粒之间自由摩擦形成粉末。向塔内填装或添加干燥剂时，打开干燥塔盖，取出压紧弹簧和出气滤网，方可将干燥剂由筒口加入。取出干燥剂时，可从干燥塔下部拆下接头体，抽出进气滤筒，干燥剂颗粒便可自动流出。

干燥塔拆装时应注意：

(1)进气筒是焊接在法兰上的，解体时不可拆卸。

(2)接头体与进气滤筒用黏结剂粘成一体，装入干燥塔时，应检查确认进气滤筒的头部是否进入弯头口。

2. 进气阀

进气阀是控制两干燥塔进气的机构，安装于两干燥塔的进气连接体上，其结构如图 3-29 所示。

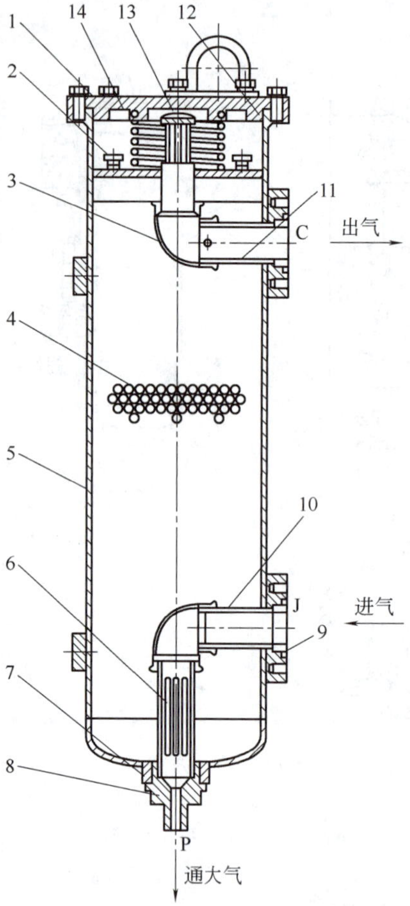

1—干燥塔盖；2—出气滤网；3—出气管弯头；4—干燥剂；5—干燥器筒体；6—进气滤筒；7、9、12—O形密封圈；8—接头体；10—进气管；11—出气管；13—出气滤筒；14—压紧弹簧。

图 3-28　干燥塔

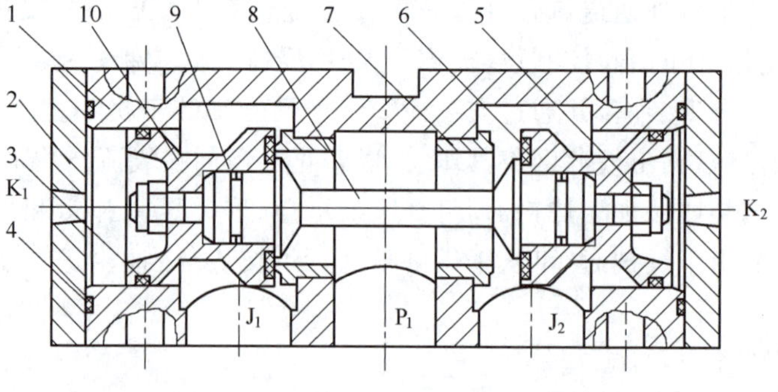

1—阀体；2—阀盖；3、4、9—O形密封圈；5—防松螺母；6—阀；7—阀座；8—阀杆；10—阀。

图 3-29　进气阀

进气阀阀体的安装面上有3个通道口，与连接体阀座面上的三个通道口相吻合。其中J_1、J_2通左、右干燥塔；P_1由连接体中部的Rc1$\frac{1}{2}$管锥口与来自空气压缩机的主管连接。

阀体内部装有一个“连动式”活塞阀，控制着这三条通道。

阀体两端部的阀盖上，设有 $Rc\frac{1}{8}$管锥口 K_1、K_2。连接来自电空阀的控制风管。当控制风无论从哪端进入阀体时，均会推动活塞向另一端移动，并使该端的进气阀口关闭，切断该干燥塔的进气通路。同时，另一端的阀口打开，开通进入另一干燥塔的进气通道。由于两干燥塔的进气口受活塞阀的联锁控制，故不可能同时进入吸附状态。（注：阀口开启者为吸附状态）

3. 排气阀

排气阀是控制干燥塔“再生”排气的机构，安装于干燥塔底部的接头体上，其结构如图 3-30 所示。

阀体内设有一个受电空阀控制的活塞阀。上盖设有 $Rc\frac{3}{4}$管口 T 通过接头体通往干燥塔。管座设有 $Rc\frac{1}{2}$管口 P 是排气阀的排泄口，可安装消声器或排气管道。

排气阀的开启与关闭受来自电空阀的控制风操纵。当电空阀得电供气时，控制风由阀体上的进气口 K 进入活塞的下方，将活塞连同阀抬起，开启排气阀口，使干燥塔通大气并进入再生状态。当电空阀失电时，活塞下方的控制风经电空阀排出，活塞受弹簧的作用下移，关闭排气阀口，切断干燥塔到大气通路，使干燥塔进入吸附状态。

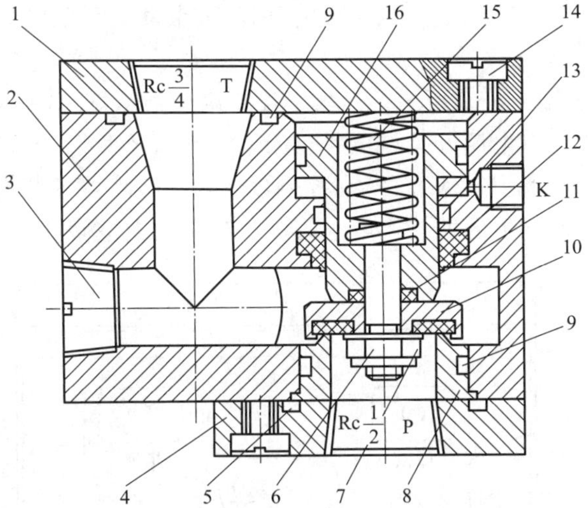

1—阀盖；2—阀体；3—螺堵；4—管座；5、9、11、13—O 形密封圈；6—螺母；7—阀垫；8—阀座；10—阀；12—防尘圈；14—螺钉；15—弹簧；16—活塞。

图 3-30 排气阀

4. 出气止回阀

出气止回阀是防止总风缸压力空气向干燥塔倒流的机构，安装于干燥器的出气连接体上，其结构如图 3-31 所示。

在阀体内装有两个结构完全相同的止回阀，分别控制着两个干燥塔的出气口 C_1、C_2。干燥塔在吸附状态时，塔内压力高于总风压力，止回阀被顶起，干燥空气经阀口流入总风缸 P_2。干燥塔在再生状态时，因塔内为大气压力，止回阀关闭，阻止总风向干燥塔倒流。

在阀体的安装面上，设有一条通气沟槽，沟通两干燥塔的再生孔 Z，构成一条常通的“再生气路”。在工作中，吸附塔的干燥空气一小部分将由此通道流入再生塔，对干燥剂进行再生，再生空气的流量受再生孔 Z 的控制。

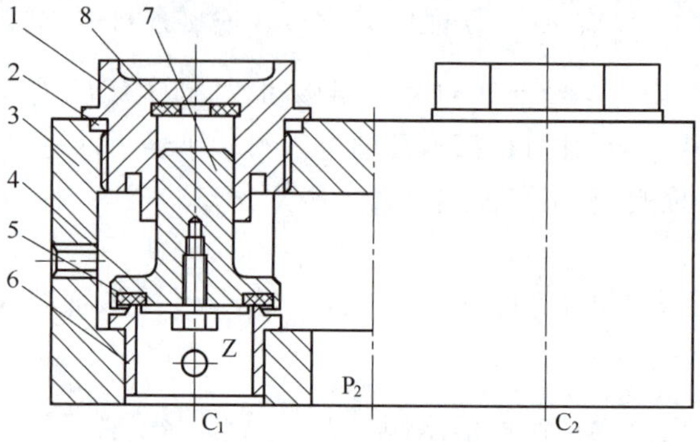

1—阀盖；2—O 形密封圈；3—阀体；4—垫圈；5—阀垫；6—阀座；7—阀；8—缓冲垫。

图 3-31　出气止回阀

5. 电控器

电控器(或称时间控制器)是控制双塔式空气干燥器交替工作的核心。它根据机车空气压缩机的工况信号，转变控制执行机构动作的"指令"，使两干燥塔按一定的程序交替工作。

(1)结构

电控器由"机芯"和"机盒"组成。机芯由电路板、安装板、面板组成一体，可从框式机盒内整体取出。

电控器的外部结构如图 3-32 所示。面板上设有两个指示灯，分别显示转换电空阀的得电或失电状态。盒体下方设有电源开关、电源插头、熔断器以及两组(每组两根)输出线。电源插头外接 DC 110 V 正、负电源线＋V、－V 和控制线 VK。熔断器内装有 0.5 A 管式熔丝。两组输出线则分别连接干燥器上的两转换电空阀(电空阀Ⅰ、电空阀Ⅱ)。

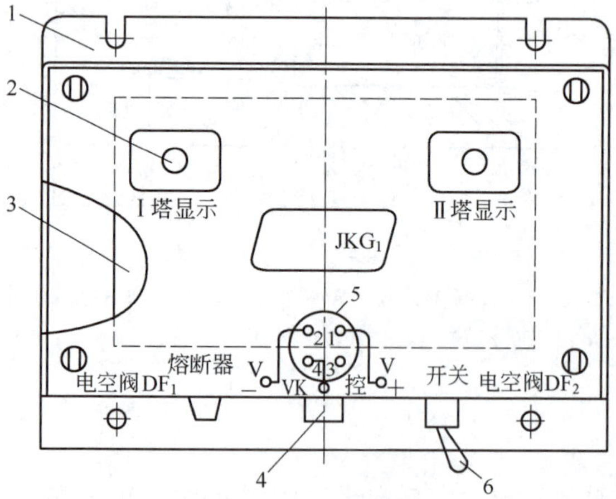

1—电控器盒；2—发光二极管；3—印制板装配；4—熔断器；5—四芯航空插座；6—开关。

图 3-32　电控器组成

(2)功能

机车空气压缩机的工况是随机变化的，当这些工况以电信号(通电、断电)的形式由控制线 VK 输入电控器后，经过电控器的逻辑处理，将电信号变成有规律的"指令"输出，并通过电空阀来操纵干燥器上的机械阀动作，构成"电气—机械"控制系统，使两干燥塔按一定的程序交替工作，并具有以下几种功能。

①定时转换

当电控器接通电源而无控制信号输入时，电控器亦无动作指令输出，而是处于“待命”状态。只有当控制线 VK 有“通电”信号输入时，电控器才开始计时工作，并按一定的时间周期(T)分别对两电空阀“通电”和“断电”。其中得电的电空阀将控制干燥塔进入“再生”状态，而失电的电空阀则使干燥塔处于“吸附”状态。

②提前失电

电控器在同一工作周期(T)内，对两电空阀的“通电”和“断电”是相互制约的，但时间并不相等，而是保持一个差值(T_2)，使两电空阀 DF_1、DF_2 有一个“失电”重叠时间。如图 3-33 所示，以图中左边的工作周期为例，相对于转换点 0 来说，DF_1 在工作周期(T)内分两个阶段。第一阶段(T_1)得电，第二阶段(T_2)失电，用 $T_1+T_2=T$。相对于失电的 DF_2 来说，T_2 即为两电空阀的失电重叠时间。

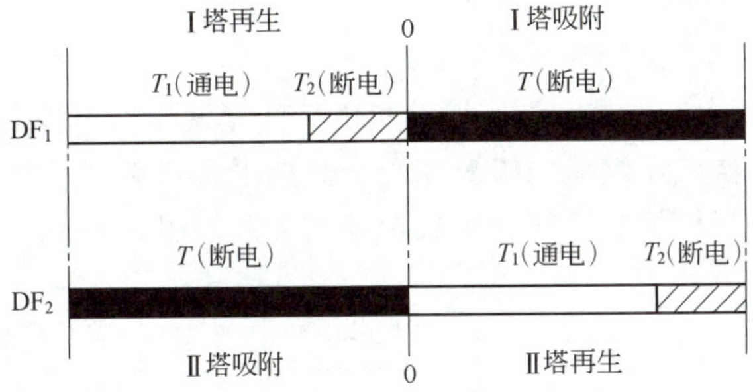

图 3-33 电控器工作周期图示

在两电空阀失电重叠时间内，由于两塔受进气阀的联锁控制，不可能同时进入吸附状态。因此虽然 DF_1 停止了Ⅰ塔的再生，即排气阀关闭，但只要 DF_2 不得电，进气阀便不能动作，Ⅰ塔也就不能进入吸附状态。而Ⅱ塔仍将保持吸附状态，直到 DF_2 得电后，两塔才开始转换。电控器的这一功能，使干燥器获得“柔性转换”特性，故又称“柔性转换功能”。

③时间累计

当一个工作周期还未完成而控制电源 VK 断电时，电控器也立即中断工作，停止计时。当 VK 线再次通电时，计时将在原工作时间上累计，直至完成这一工作周期才进行转换。

④状态记忆

工作周期中断时，电控器将其工作状态记存下来，待下次工作时，仍按原状态继续。即原得电的电空阀仍得电，原失电的电空阀继续失电，直至这一工作周期的完成。

(3)电控器控制干燥器工作信号与时间关系

电控器是以输出电信号(通电、断电)的时间来控制干燥器工作的。其通电、断电的电信号与时间变化关系见表 3-2。

表 3-2 电控器通、断电信号与时间关系

转换周期(T)	90 s
再生时间(T_1)	72 s
充气时间(T_2)	18 s

6. 电空阀

电空阀是电控器的执行机构，电控器以“供电”和“断电”来控制其工作。同时，电空阀又以“充入”或“排出”控制风来操纵各机械阀动作。当电空阀得电时，下阀口开启，控制风进入各机械阀。当电空阀失电时，下阀口关闭，切断控制风源。同时上阀口开启，将原进入各机械阀的控制风释放大气。

DKF_1 型及 DKF_2 型电空阀是为 JKG_1 型干燥器设计的专用电空阀。其中 DKF_1 用于干燥器的转换；DKF_2 用于电磁排污阀的控制。这两种电空阀的内部结构及主要技术参数完全相同，只是在接管和安装方式上有所差别。

电空阀的主要技术参数如下：

额定电压	DC 110×(1±10%) V
功率	14 W
工作压力	1 000 kPa
接管通径	Dg3

(四)工作原理

JKG_1 型空气干燥器的工作是由空气压缩机的 704 型调压器来控制的。因此，干燥器的各种功能与工作状态均与空气压缩机的工况相配合。故干燥器对机车的各种工况具有较好的适应性。干燥器“电气—机械”控制系统的组成及控制关系如图 3-34 所示。

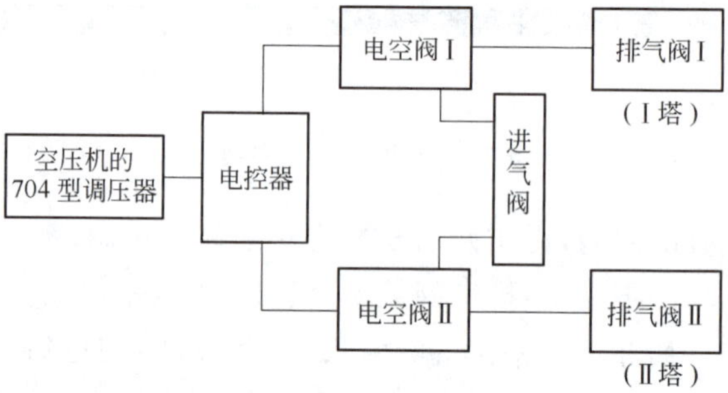

图 3-34　干燥器“电气—机械”控制系统图示

704 型调压器是机车总风缸压力转变为电控信号的装置。当总风缸压力低于(750±20) kPa 时，调压器发出“通电”信号；当总风缸压力上升至(900±20) kPa 时，调压器发出“断电”信号。调压器以这两种信号，一方面通过机车上的电控系统来控制空气压缩机的启动与停止。另一方面通过干燥器的“电气—机械”控制系统来操纵干燥器的工作。

电控器在接收 704 型调压器的信号后，转而输出控制电空阀的电信号，并通过电空阀来操纵各机械阀(进气阀、排气阀)的动作。干燥塔根据其进气和排气阀所处的作用位，将形成以下几种状态。

(1)停机状态：排气阀关，排气阀随机位。

(2)吸附状态：排气阀关，进气阀开。

(3)再生状态：排气阀开，进气阀关。

(4)充气状态：排气阀关，进气阀关。

JKG_1 型空气干燥器的工作原理如图 3-35 所示。

在空压机 704 型调压器的控制下，干燥器的工作程序如下：

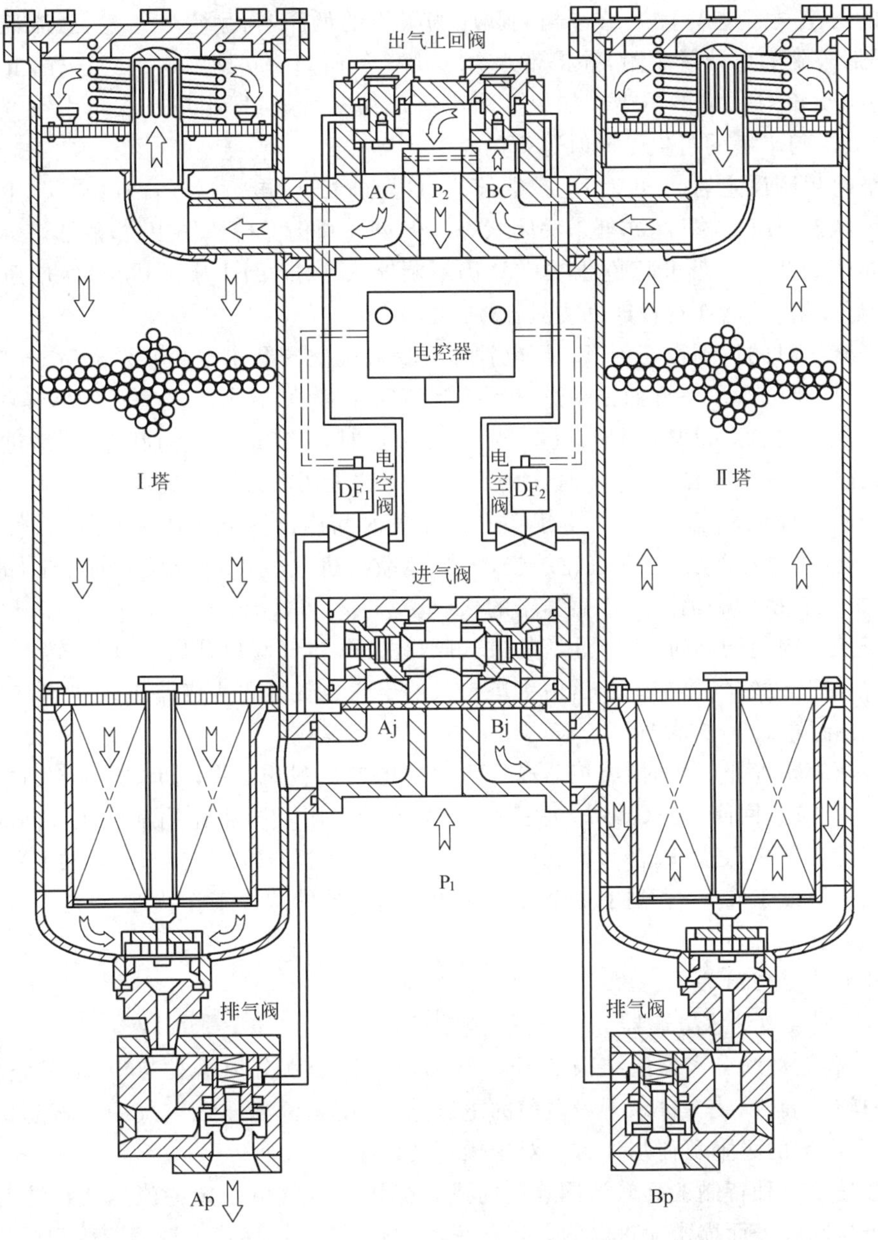

P_1—进气管(自空气压缩机来);P_2—出气管(到总风缸去);Ap、Bp—排气阀口(排大气)。

图 3-35 JKG_1型空气干燥器的工作原理

在电机驱动风泵启动时,电控器同时得到“通电”信号。电控器使一个电空阀处于“得电供气”状态,另一电空阀处于“失电排气”状态,并以此操纵各自的进、排气阀动作。当电空阀Ⅰ处于得电供气状态,电空阀Ⅱ处于失电排气状态;进气阀的控制活塞右移,阀口 Aj 关闭,Bj 开启;排气阀口 Ap 开启,Bp 关闭。

此时,Ⅰ塔进入再生状态,Ⅱ塔进入吸附状态。来自空气压缩机的高温、高湿度的压缩空气,经冷却和油水分离器分离油水粒子后,由进气阀口 Bj 进入Ⅱ塔。当气流通过干燥剂床时,空气中的水分子被干燥剂吸附而降低了相对湿度,成为“干燥空气”。干燥空气由Ⅱ塔出来后,受出气止回阀的控制分为两路：其中大部分经止回阀口 BC 进入总风缸；一小部分（约占 15%）经阀体上的再生气路进入Ⅰ塔，在Ⅰ塔内膨胀为极干的低压“再生空气”。然后流经干燥剂床时，将干燥剂吸附的水分子脱附，并携带水分子由排气阀口 Ap 排到大气。这样，Ⅱ塔在吸附的同时，还担负着对Ⅰ塔的再生。如果Ⅱ塔没有压缩空气通过，Ⅰ塔亦无再生空气排出。所以，Ⅱ塔的吸附与Ⅰ塔的再生是同时进行的。

当Ⅰ塔再生到设定时间 T_1 时，电控器停止对电空阀Ⅰ供电。这样，两电空阀（Ⅰ、Ⅱ）均处于失电关闭状态，使两排气阀亦处于关闭状态。但进气阀仍保持原作用位，故Ⅱ塔继续吸附而Ⅰ塔却停止了再生。虽然Ⅱ塔的干燥空气仍不断充入Ⅰ塔，因Ⅰ塔无排出，致使压力逐渐上升，直至接近Ⅱ塔，Ⅰ塔在这段时间内处于“充气状态”。

当Ⅰ塔充气时间达到设定值 T_2 时，电控器开始向电空阀Ⅱ供电。Ⅱ得电后，开启阀口，将控制风充入进、排气阀。一方面推动进气阀控制活塞左移，开启Ⅰ塔进气阀口 Aj，关闭Ⅱ塔进气阀口 Bj。另一方面将Ⅱ塔的排气阀口 Bp 开启。这时，Ⅰ塔进入吸附状态，Ⅱ塔进入再生状态，干燥器完成了一个工作周期 T，且 $T=T_1+T_2$。这里还需说明的是：

在Ⅰ塔转入吸附状态的瞬间，由于在Ⅰ塔充气时间内已充满了压缩空气，致使进气阀口 Aj 开启时，里、外压差很小，进气流速缓慢，大大地减少进气气流对干燥剂的冲击，故称为“柔性转换”。柔性转换彻底消除了产生粉末的根源。

在Ⅰ塔转入吸附的同时，由于Ⅱ塔的进气阀口关闭，排气阀口开启，Ⅱ塔即转入再生状态。首先，将塔内的压缩空气排空。然后由Ⅰ塔出来的干燥空气经再生气路进入Ⅱ塔，对干燥剂进行脱附，并经排气口 Bp 排大气。

当空气压缩机停止工作时，电控器亦停止对两电空阀供电，使Ⅰ、Ⅱ均处于失电状态。排气阀口 Ap、Bp 及止回阀口 AC、BC 均关闭。干燥器的吸附和再生作用都停止。同时，电控器将工作时间记存下来，进气阀将其状态保持下来。当干燥器再次工作时，仍将按原状态和在原时间的基础上继续工作，一直到下一个转换周期。干燥器的这一工作特性，称之为“时间累计”和“状态记忆”功能。

（五）辅助装置与附件

1. JKF_1 型高效油水分离器

JKF_1 型高效油水分离器的结构如图 3-36 所示。该油水分离器是与 JKG_1 型空气干燥器配套使用的辅助装置，装在进入干燥器前的主管路上，用于清除压缩空气中的液态（油、水）粒子，以减轻干燥剂的吸附负荷与油粒子对干燥剂的污染。

其滤芯是由一种特制的高效滤网卷制而成。当压缩空气以一定的流速通过滤芯时，其中的液态粒子与网丝表面撞击而被黏附。当积累到一定数量时，就形成液滴滴落到筒体底部，或用气流反吹将其清除。高效滤网是由不锈钢丝编织而成，须定期进行清洗，可反复使用。

2. DPW 型电磁排污阀

DPW 型电磁排污阀是与 JKF_1 型高效油水分离器配合使用的辅助装置，设置在油水分离器的排污管路上，用以自动排除油水分离器中积集的油、水和污物。

DPW 型电磁排污阀结构如图 3-37 所示，它由 DKF_2 型电空阀和排污阀组合而成，电空阀为控制机构，排污阀为执行机构，排污阀的工作与机车空气压缩机的工作密切配合，当空气压缩机工作时，排污阀为关闭状态，当空气压缩机停止工作时则为开启状态。因此，电空阀的控制电源，必须纳入机车风泵的电控系统中，才能与空气压缩机同步工作，一般接在空气压缩机的启动接触器或中间继电器“常闭”辅助触头上，排污阀的结构和工作原理与排气阀基本相同。

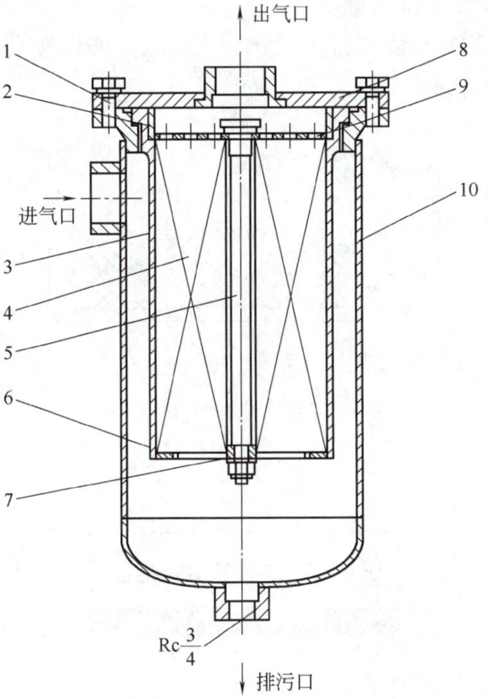

1—O 形密封圈；2—挡圈；3—滤芯筒；4—滤芯组成；5—芯轴组成；
6—下挡板；7—轴套；8—上盖组成；9—上挡板；10—筒体组成。

图 3-36　JKF_1 型高效油水分离器

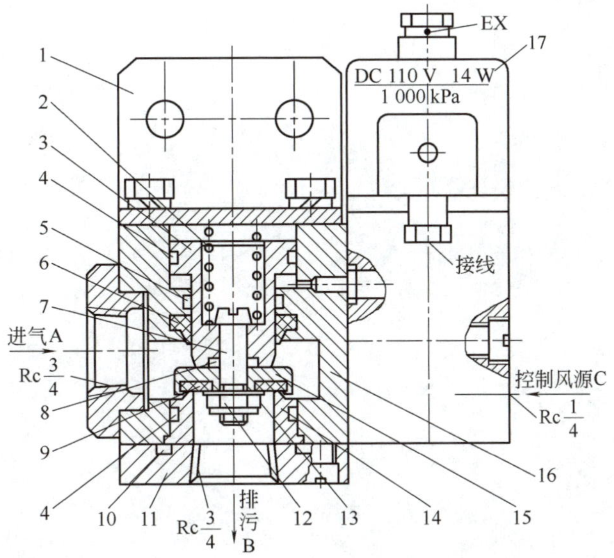

1—安装座；2—弹簧；3—活塞；4、5、8、10—O 形密封圈；6—防尘圈；7—螺杆；9—阀垫；
11—排污管座；12—防松螺母；13—垫圈；14—阀座；15—阀；16—排污阀体组成；17—DKF_2 型电空阀。

图 3-37　DPW 型电磁排污阀

3. 排气消声器

消声器的结构如图 3-38 所示。该器件是 JKG_1 型空气干燥器的附件，与干燥器上的排气阀配套使用，以降低干燥塔再生排气的噪声。

消声器通过专用接头直接安装在排气阀的排气口上，可以竖装或横装。横装时应注意排气方向，不可影响检修人员作业。

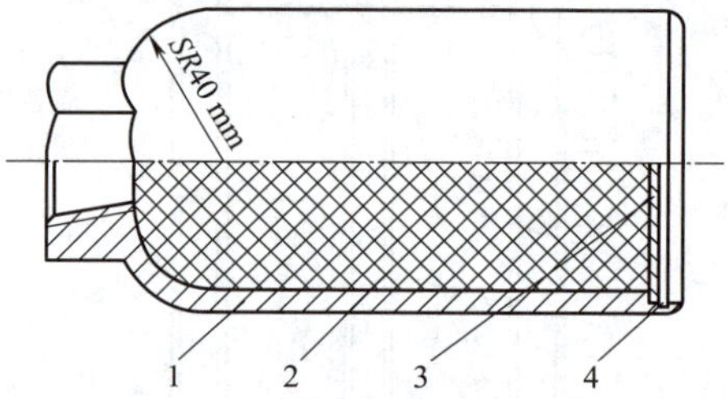

1—外壳；2—填料；3—穿孔板；4—挡圈。

图 3-38　消声器

复习思考题

1. 简述 DF 系列内燃机车风源系统的组成。
2. 画出 DF_4 型内燃机车风源系统管路原理图并写出风源系统工作通路。
3. 简述活塞式空气压缩机工作原理。
4. 简述螺杆式空气压缩机工作原理。
5. 简述空气干燥器工作原理。

第四章

JZ-7 型空气制动机

第一节　概　　述

JZ-7 型空气制动机广泛应用于国产 DF 系列内燃机车上，其基本作用原理为“列车管充风→制动机缓解，列车管排风→制动机制动”。

一、JZ-7 型空气制动机的特点

1. 客、货机车兼用

客车位和货车位的差别在于客车位能阶段缓解，货车位无阶段缓解，只能施行一次缓解。因此，客、货位的转换是根据被牵引的车辆制动机是否具有阶段缓解性能来确定的，只要转换客、货车转换阀的按钮就能达到要求。

2. 自动保压

将自动制动阀手柄移置需要的减压量位置上，待列车管减压到与手柄相对应的某一确定压力时，即自动保压。当列车管充至定压后，如果列车管产生泄漏，能对其补充。

3. 自动制动阀设有过量减压位

过量减压位比常用制动区有更大的减压量，这就解决了列车在长大下坡道地区当列车管及副风缸充气不足的情况下，仍能有效地进行制动作用。

4. 结构上采用橡胶膜板、柱塞阀、O 形密封圈、止阀等零部件

采用橡胶膜板、柱塞阀、O 形密封圈、止阀等零部件，不仅可以延长检修期限，而且使制造、运用和维修工作方便。

5. 采用二、三压力混合机构的分配阀

采用二、三压力混合机构的分配阀，既具有一次缓解作用，又具有阶段缓解作用。

6. 设有过充位

在长大货物列车上，过充位可以缩短向列车管、副风缸初充气和再充气的时间，且无过量供给之患，由于增大了列车管充气和排气通路的有效面积，故具有充气和排气快的特点。

7. 自动制动阀采用凸轮结构

手柄操纵时轻快、方便，不受气温高低的影响。

二、JZ-7 型空气制动机的组成

JZ-7 型空气制动机主要包括风源部、控制部、中继部及执行部。风源部为制动机提供高质量的并经常保持一定压力范围的压力空气以便使用，它由空气压缩机、总风缸、油水分离器、

空气干燥器、调压器等组成；控制部为制动机的操纵部件，包括自动制动阀、单独制动阀及紧急制动阀；中继部为控制指令的传递部件，包括中继阀、分配阀、变向阀、作用阀；执行部为制动机制动力的形成部件，包括制动缸、闸瓦及闸瓦间隙自动调节器。另外设有均衡风缸、过充风缸、降压风缸、工作风缸、紧急风缸、作用风缸及无动力回送装置、管道滤尘器、双针压力表、各种塞门和人力制动机、撒砂装置等部件。JZ-7 型空气制动机管路系统如图 4-1 所示。

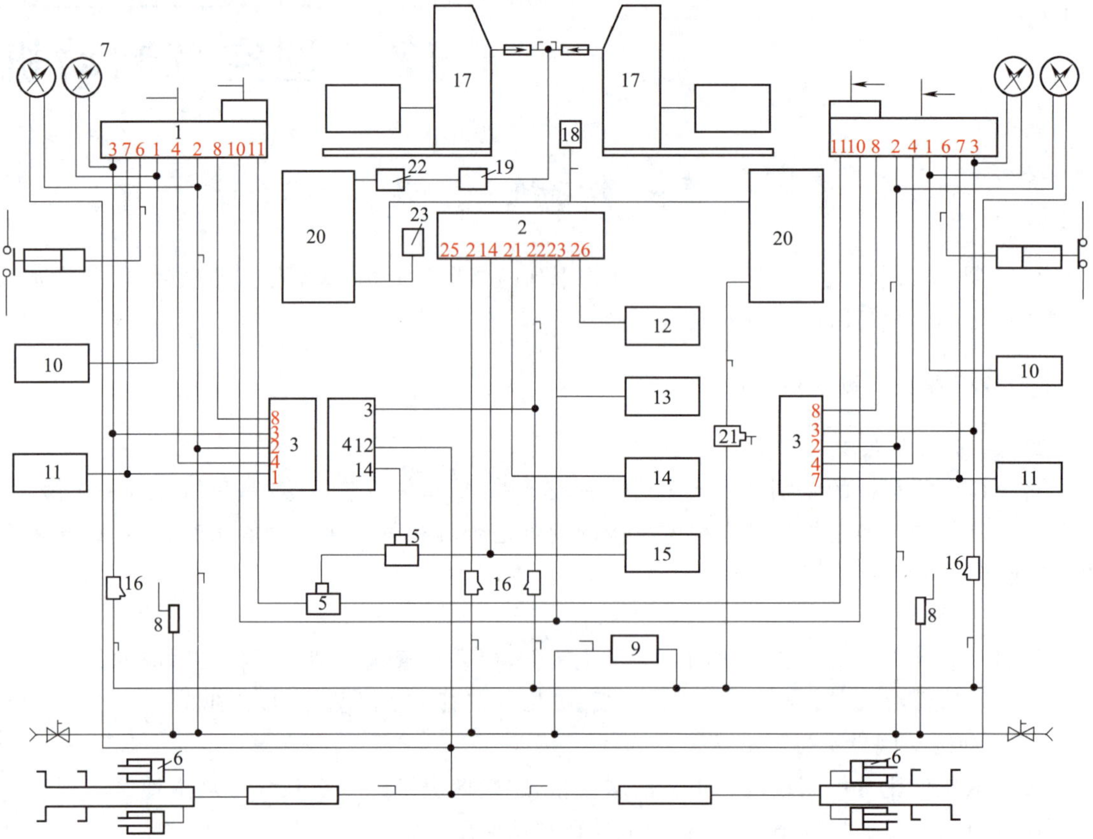

1—自动制动阀；2—分配阀；3—中继阀；4—作用阀；5—变向阀；6—制动缸；7—压力表；
8—紧急制动阀；9—无动力回送装置；10—均衡风缸；11—过充风缸；12—降压风缸；
13—工作风缸；14—紧急风缸；15—作用风缸；16—管道滤尘器；17—空气压缩机；
18—调压器；19—油水分离器；20—总风缸；21—远心集尘器；22—干燥器；23—安全阀。
管号（红色数字）：1—均衡风缸管；2—列车管；3—总风缸管；4—中均管；6—撒砂管；7—过充管；
8—总风遮断阀管；10—单独缓解管；11—单独作用管；12—制动缸管；14—作用风缸管；
21—紧急风缸管；22—分配阀总风管；23—工作风缸管；25—通大气；26—降压风缸管。

图 4-1　JZ-7 型空气制动机管路系统

三、JZ-7 型空气制动机各阀间的控制关系

1. 自动制动阀→均衡风缸→中继阀→列车管压力→车辆制动机。

↓

空气变化→机车分配阀→作用阀→制动缸。

2. 单独制动阀→作用阀→制动缸（机车单制）。
3. 单独制动阀→分配阀→作用阀→制动缸（机车单缓）。

第二节　自动制动阀

自动制动阀(简称自阀,俗称大闸)如图 4-2 所示,它是制动装置中的控制部分,乘务员通过对其手柄的操纵,可实现列车的制动、保压或缓解作用,并能完成制动机的各种性能及作用。

自动制动阀为自动保压式,设有过充位、运转位、最小减压位、最大减压位、过量减压位、手柄取出位、紧急制动位 7 个作用位置,最小减压位至最大减压位之间为常用制动区。手柄的 7 个作用位置如图 4-3 所示。

图 4-2　自动制动阀

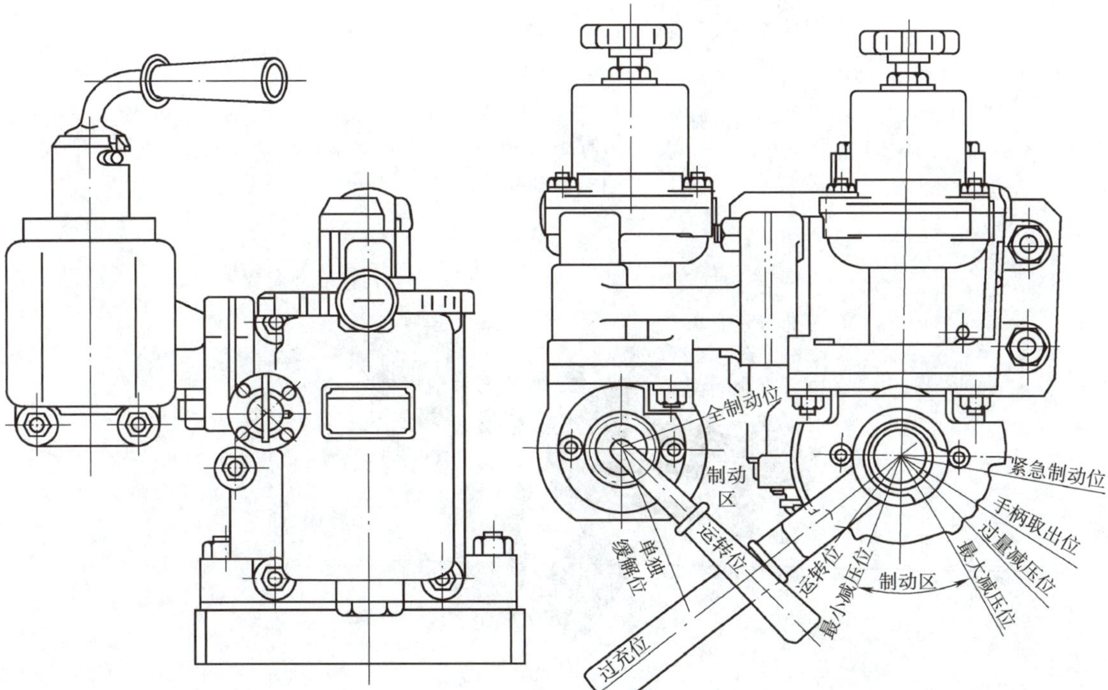

图 4-3　自动制动阀作用位置

自动制动阀由 7 个部分组成，即阀体与管座，手柄与凸轮，调整阀，放风阀，重联柱塞阀，缓解柱塞阀，客、货车转换阀。其结构如图 4-4、图 4-5 所示。

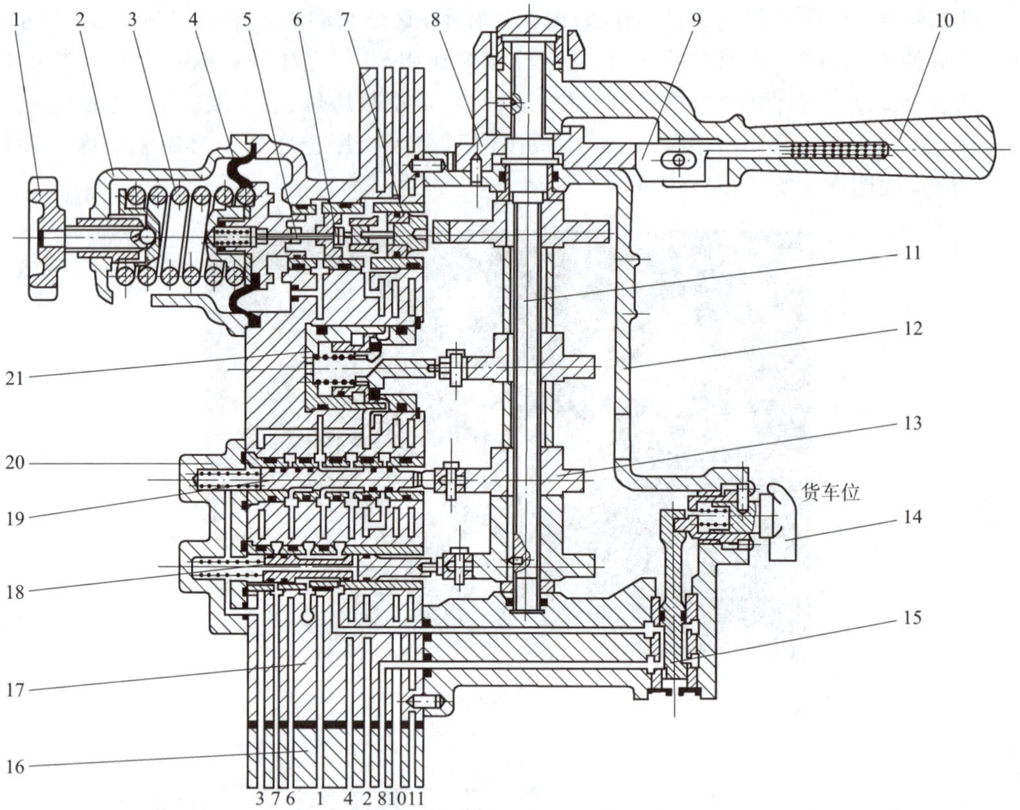

1—调整手轮；2—调整阀盖；3—调整弹簧；4—调整阀膜板；5—排气阀；6—供气阀；7—调整阀柱塞；8—盖；9—手柄定卡；10—手柄；11—手柄轴；12—凸轮盒；13—凸轮；14—转换按钮；15—客、货车转换阀；16—管座；17—阀体；18—缓解柱塞阀；19—重联柱塞阀；20—前盖；21—放风阀。

图 4-4　自动制动阀结构(一)

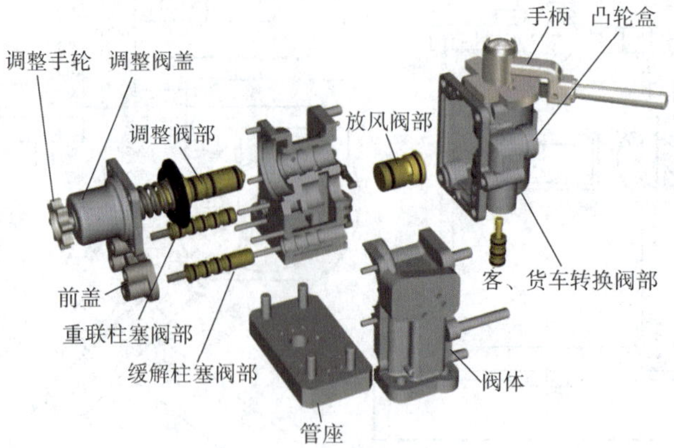

图 4-5　自动制动阀结构(二)

一、阀体与管座、手柄与凸轮

1. 阀体与管座

自动制动阀的阀体为连接各部件的主体，其上连接自动制动阀的凸轮盒、调整阀盖、单独制动阀及柱塞阀前盖等。

管座为自动制动阀的安装座，亦为管路的连接座，管座上设有 9 根管路，并设有管号，即总风缸管 3、过充管 7、撒砂管 6、均衡风缸管 1、中均管 4(即中继阀均衡风缸管)、列车管 2、总风遮断阀管 8、单独缓解管 10 和单独作用管 11。各管路在管座上的布置如图 4-6 所示。其中管 10 和管 11 是经自动制动阀阀体通往单独制动阀的，与自动制动阀不发生关系。

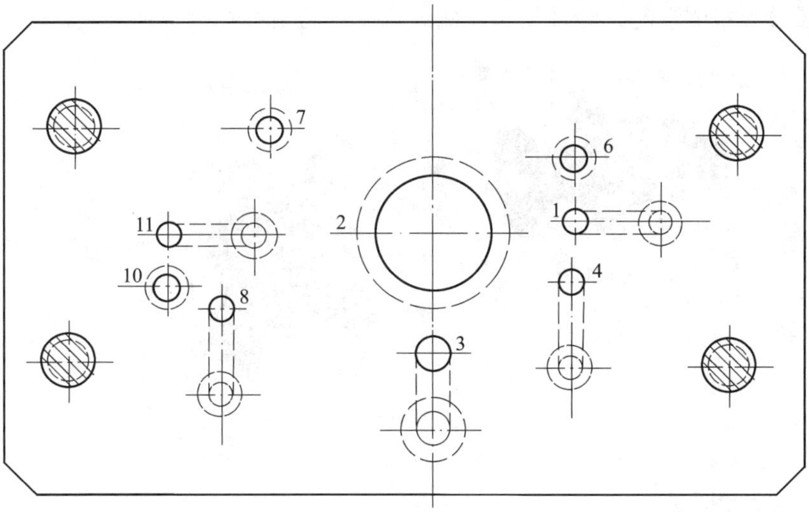

1—均衡风缸管；2—列车管；3—总风缸管；4—中均管(即中继阀均衡风缸管)；
6—撒砂管；7—过充管；8—总风遮断阀管；10—单独缓解管；11—单独作用管。

图 4-6　管座上管路布置

2. 手柄与凸轮

手柄与凸轮是自动制动阀的操纵机构。手柄通过设在盖板上的缺口(手柄取出位)套在凸轮轴上。凸轮轴上装有调整阀凸轮、放风阀凸轮、重联柱塞阀凸轮和缓解柱塞阀凸轮。凸轮盒上设定位盖板，盖板上设有 7 个凹槽，除用以定位外，在上部仅留有一个缺口，以限定手柄只有在手柄取出位方能取出或装入。凸轮盒体下部设一排气口，以排出漏入凸轮盒内的压力空气及紧急制动时排出列车管内压力空气，凸轮轴和凸轮均装在一个凸轮盒内。

自动制动阀七个位置的作用：由手柄来转动各凸轮，相应推动各阀柱塞按需要的规律左、右移动，开通或切断各管的通路，来完成所需要的各种作用。

在调整阀凸轮的圆周上，与手柄过充位和运转位相对应的曲线，是一条半径为 36.6 mm 的最大圆弧线，凸轮得到一个最大升程，推动调整阀柱塞左移至极端，均衡风缸得到规定压力(500 kPa 或 600 kPa)；与手柄最小减压位至最大减压位相对应的曲线，是一条半径为 36～34.3 mm 的阿基米德螺线(降压曲线)，其相应处有 12 个齿槽。手柄最小减压位时，均衡风缸减压量为 50 kPa，然后向制动区每转过一齿槽，均衡风缸的减压量增加约 10 kPa，手柄最大减压位时，均衡风缸减压量为 170 kPa；与手柄过量减压位、手柄取出位和紧急制动位相对应的曲线，是一条半径为 33.28 mm 的最小圆弧线，调整阀凸轮得到最大降程，调整阀柱塞在均衡风缸压力作用下右移至极端，均衡风缸减压量为 240～260 kPa。

二、调整阀

调整阀是列车制动、缓解的控制机构。用于控制机车均衡风缸的压力变化，并通过中继阀控制列车管的充气和排气，从而实现机车、车辆的制动或缓解。

（一）结构

调整阀采用了橡胶膜板密封和柱塞双向止阀结构，它由调整手轮、调整阀弹簧、排气阀、供气阀、调整阀座、调整阀膜板、柱塞及阀套等组成，如图 4-7 所示。

调整阀有 3 条通路：(1)供气阀右侧空间通总风缸管；(2)供气阀左侧空间通均衡风缸管并经缩口风堵通膜板右侧空间；(3)排气阀左侧经调整阀盖下方排气口通大气。

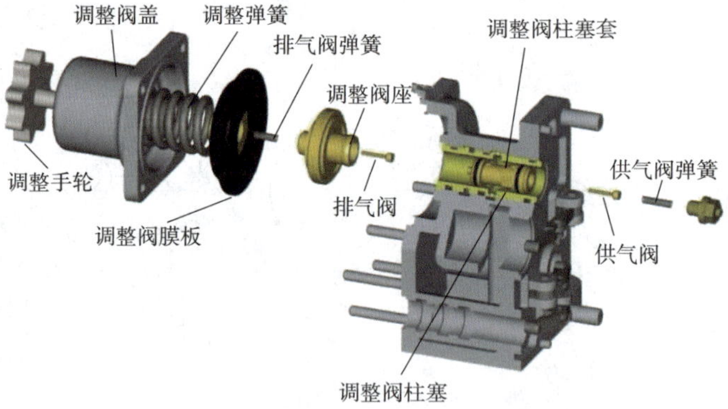

图 4-7　调整阀

（二）调整阀工作状态

1. 充气状态（图 4-8）

当自阀手柄由过量减压位或常用制动区移至运转位及过充位时，调整阀凸轮得到不同的升程，推动调整阀柱塞左移，压缩供气阀弹簧（供气阀弹簧比调整阀弹簧的作用力小得多），使调整阀膜板、调整阀座和排气阀保持不动，供气阀因被排气阀阻挡，也不能左移，所以仅有调整阀柱塞左移而开放供气阀口。在供气阀口右侧总风缸管内的总风缸压力空气由供气阀口进入调整阀座和调整阀柱塞之间的空腔，并经均衡风缸管向均衡风缸充气，同时经缩口向调整阀膜板右侧充气。

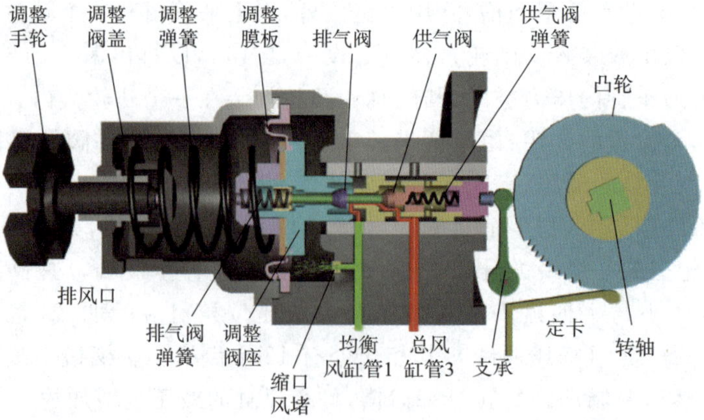

图 4-8　调整阀充气状态

2. 充气后的保压状态(图 4-9)

均衡风缸增压的同时,均衡风缸压力空气也经缩口使调整阀膜板右侧增压,调整阀弹簧被逐渐压缩,调整阀膜板和调整阀座相继左移,排气阀和供气阀受供气阀弹簧的作用也左移,故排气阀口不会打开,供气阀口开度逐渐减小。移动过程中,排气阀口不会开启。当供、排气阀及调整阀座左移的距离等于调整阀凸轮推动调整阀柱塞左移的距离(升程量)时,供气阀口关闭,切断了总风缸向均衡风缸充气的通路,均衡风缸内空气压力停止继续增加。

由充气状态向充气后保压状态的转换,是在调整阀内自动完成的,即调整阀凸轮得到一个升程时,初充气时调整阀呈充气状态,均衡风缸增压;当均衡风缸压力增至与调整阀凸轮升程所需要的增压量相适应时,调整阀自动呈充气后保压状态,均衡风缸停止增压。

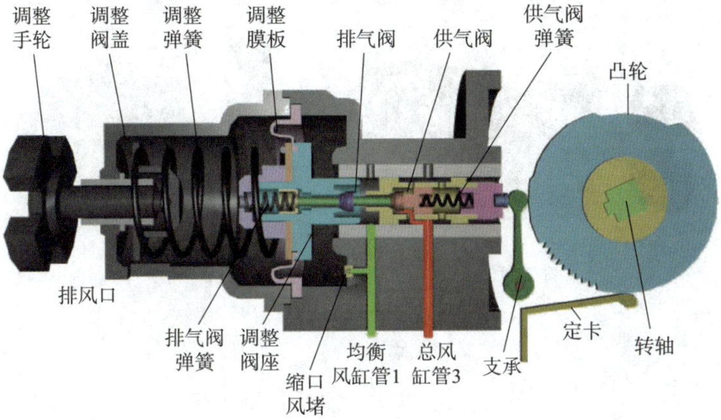

图 4-9 调整阀充气后保压状态

3. 制动状态(图 4-10)

当自阀手柄由过充位或运转位移至常用制动区或过量减压位时,调整阀凸轮得到不同的降程,调整阀柱塞和供气阀在其左侧均衡风缸的空气压力作用下,追随凸轮的降程向右侧移动,故供气阀口不会开启。初减压瞬间,因调整阀膜板两侧压力平衡,所以调整阀座不动,仅有排气阀在其弹簧力作用下追随供气阀右移,使排气阀口开启。均衡风缸及膜板右侧压力空气经排气阀口、调整阀压板螺母 $\phi 1.3$ mm 小孔,由调整阀盖下方缺口排向大气,均衡风缸内空气压力下降。

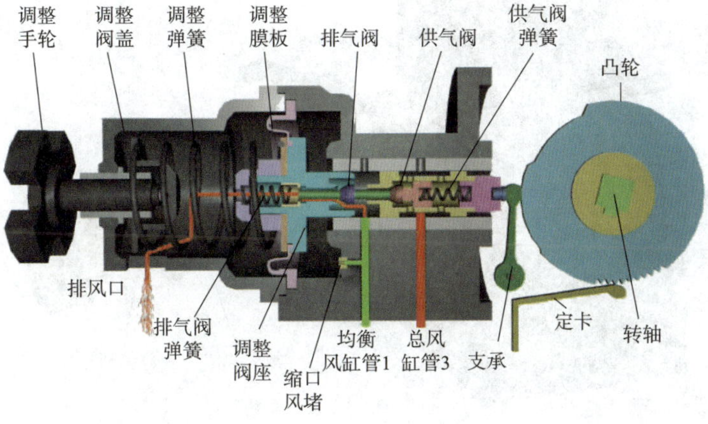

图 4-10 调整阀制动状态

4. 制动后的保压状态(图 4-11)

均衡风缸降压的同时,调整阀膜板右侧压力空气也经缩口排出而降压,膜板两侧产生压力差,调整阀膜板和调整阀座在调整阀弹簧力的作用下逐渐右移,排气阀口开度逐渐减小。当膜板和阀座向右移动的距离等于调整阀柱塞追随调整阀凸轮降程右移的距离时,排气阀口关闭,而供气阀口也未打开,切断均衡风缸排风的通路,均衡风缸内的空气压力停止继续下降。

由制动状态向制动后保压状态的转换,在调整阀内是自动完成的。即调整阀凸轮得到一个降程时,初减压时调整阀呈制动状态,均衡风缸降压;当均衡风缸压力降至与调整阀凸轮降程所需要的减压量相适应时,调整阀自动呈制动后保压状态,均衡风缸停止降压。

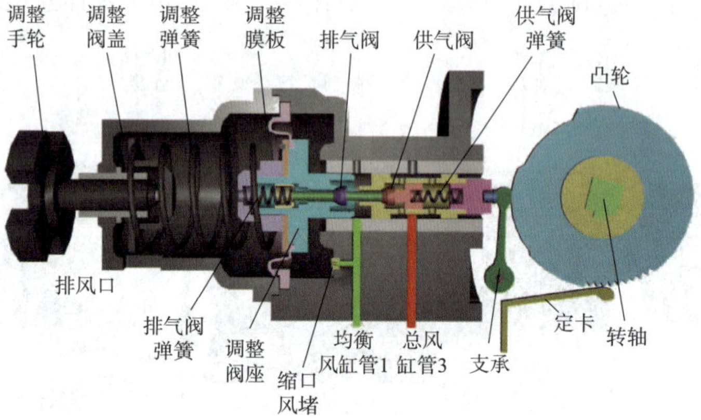

图 4-11 调整阀制动后保压状态

三、其他阀类

(一)放风阀

放风阀是专为列车施行紧急制动时,直接把列车管内压力迅速排到大气中去,达到快速制动的目的而设置的。

放风阀由放风阀座、放风阀杆、放风阀胶垫、放风阀弹簧及放风阀套等部件组成,如图 4-12 所示。

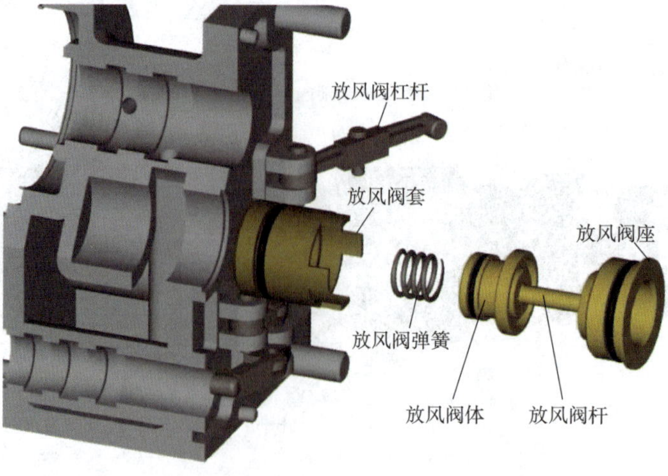

图 4-12

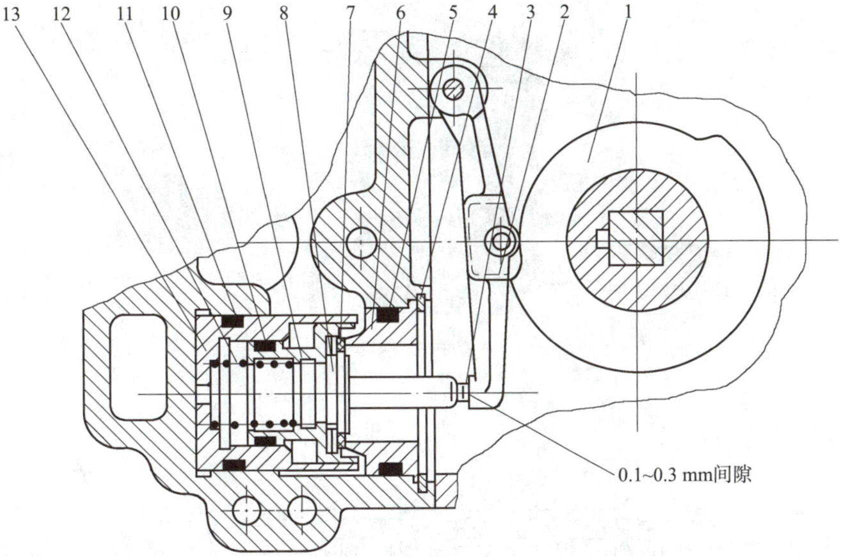

1—放风阀凸轮；2—放风阀杠杆；3—柱塞头；4—弹簧挡圈；5—放风阀座 O 形圈；6—放风阀座；7—放风阀胶垫；8—放风阀杆；9—放风阀；10、11—O 形圈；12—放风阀弹簧；13—放风阀套。

图 4-12　放风阀结构

自阀手柄在前 6 位移动时，放风阀凸轮既无升程，也无降程。此时，放风阀在其弹簧力的作用下，使放风阀口可靠关闭，防止影响制动机的正常作用。只有当自阀手柄置于紧急制动位时，如图 4-13 所示，放风阀凸轮得到一个固定的升程，通过放风阀杠杆推动放风阀杆，使放风阀口开启，列车管内的压力空气经阀口直接排向大气。该阀有效作用面积为 3.7 cm^2，全开行程为 5 mm。

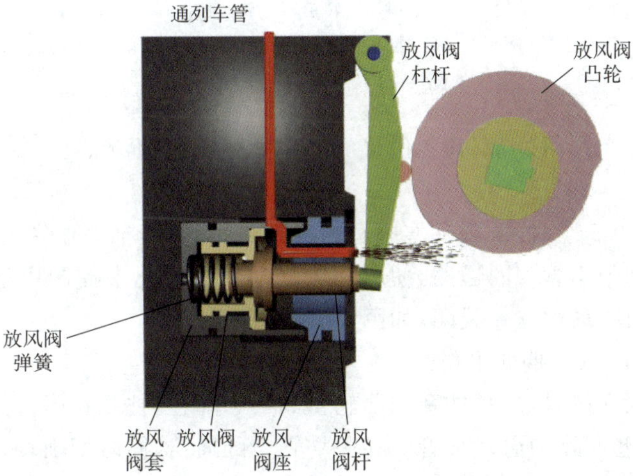

图 4-13　放风阀自阀手柄紧急制动位

（二）重联柱塞阀

重联柱塞阀的功用：(1)连通或切断均衡风缸管与中继阀的联系；(2)自阀手柄在紧急制动位时，使总风缸管与撒砂管连通，实现自动撒砂。

重联柱塞阀由重联柱塞阀柱塞、重联柱塞阀套、柱塞弹簧、O 形圈等组成，如图 4-14 所示。

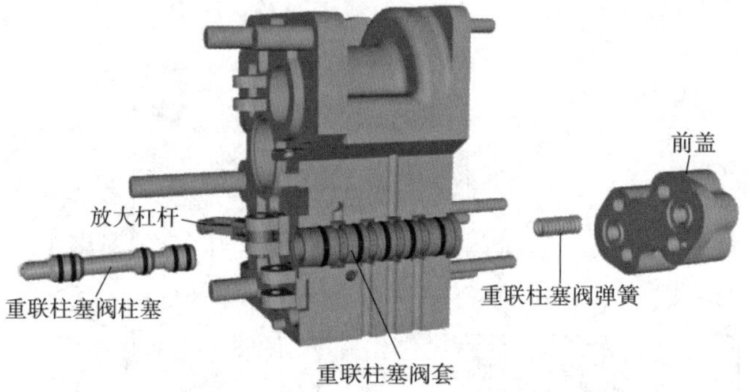

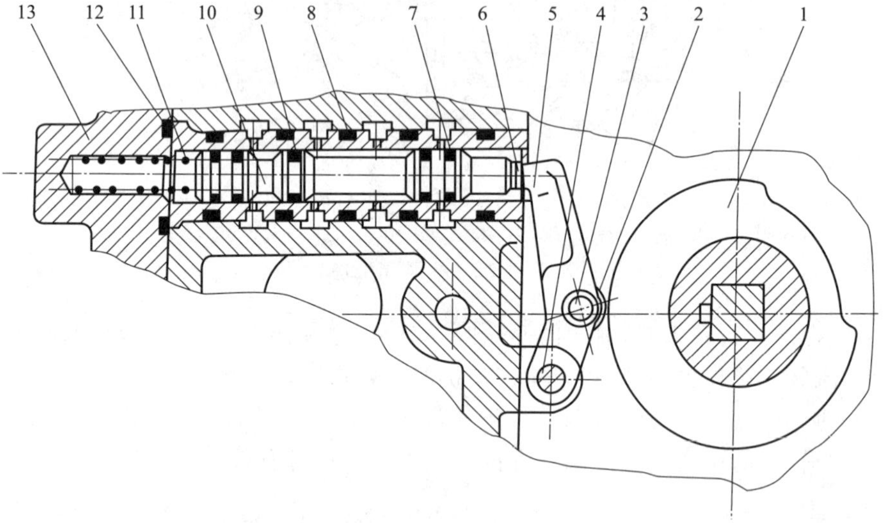

1—重联柱塞凸轮；2—滚轮；3—滚轮销；4—转销；5—放大杠杆；6—柱塞头；7、8、12—O形圈；
9—重联柱塞阀套；10—重联柱塞阀柱塞；11—柱塞弹簧；13—前盖。

图 4-14　重联柱塞阀结构

重联柱塞阀有 3 个作用位置，其各位置的通路如图 4-15 所示。

1. 自阀手柄在 1～5 位

当自阀手柄在 1～5 位时，重联柱塞阀凸轮得到最大升程，推动柱塞处于左极端，柱塞凹槽沟通均衡风缸管 1 和中均管 4 的通路，使均衡风缸的压力变化来控制中继阀的动作。而列车管 2 及撒砂管 6 的通路均被柱塞关闭，如图 4-15(a)所示。

2. 自阀手柄在 6 位(手柄取出位)

当自阀手柄移至 6 位时，重联柱塞阀凸轮得到一个降程，柱塞在弹簧力和总风缸压力的作用下向右侧移动，柱塞凹槽沟通列车管 2 和中均管 4 的通路，同时切断均衡风缸管 1 和中均管 4 的通路，这样，即使均衡风缸有压力变化，也不能控制中继阀的动作，况且由于列车管 2 和中均管 4 的通路被沟通，使中继阀膜板两侧压力相等，产生自锁作用。此时，均衡风缸管 1 及撒砂管 6 的通路均被关闭，如图 4-15(b)所示。

3. 自阀手柄在 7 位(紧急制动位)

当自阀手柄移至 7 位时，重联柱塞阀凸轮又得到一个更大降程，该阀柱塞在弹簧力和总风缸压力的作用下右移至极端，柱塞凹槽仍将列车管 2 与中均管 4 连通，使中继阀仍呈自锁状态，同时，柱塞尾部使总风缸管 3 与撒砂管 6 的通路被连通，可实现紧急制动时机车的自动撒砂，如图 4-15(c)所示。

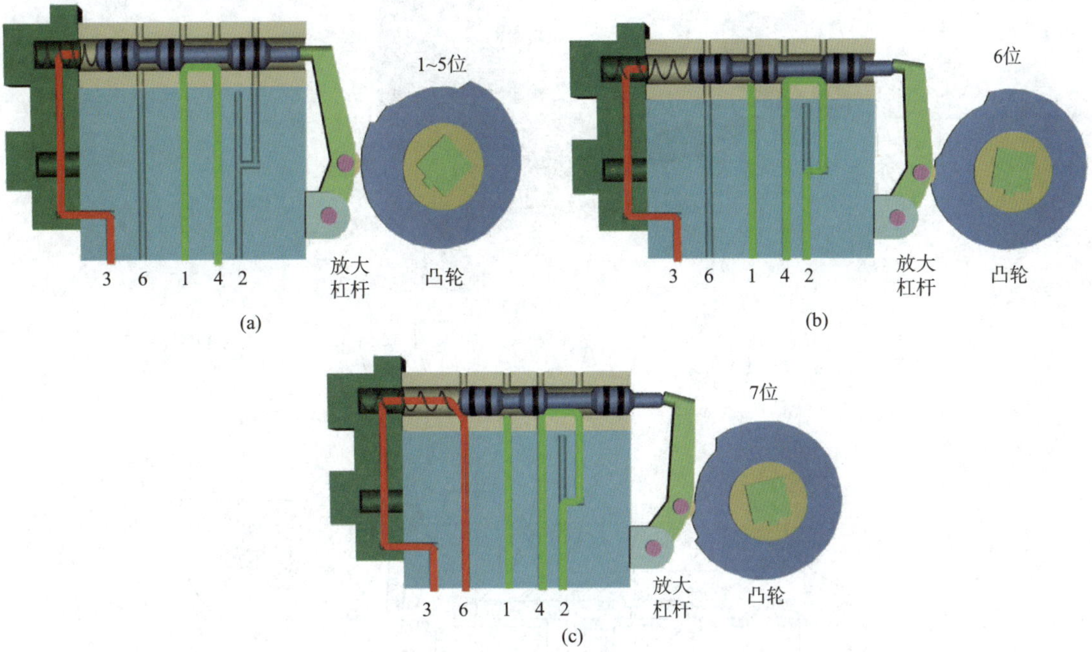

图 4-15 重联柱塞阀通路

(三)缓解柱塞阀

缓解柱塞阀的功用：(1)控制过充风缸的充风或排风；(2)控制总风遮断阀管通路 8a 的充、排风。

缓解柱塞阀主要由缓解柱塞阀柱塞、缓解柱塞阀套、柱塞弹簧、O 形圈等组成，如图 4-16 所示。

缓解柱塞阀有 3 个作用位置，其各位置的通路如图 4-17 所示。

1. 自阀手柄在 1 位(过充位)

当自阀手柄在 1 位时，缓解柱塞阀凸轮得到一个最大降程，柱塞在弹簧力和总风缸的压力作用下右移至极端。此时，柱塞尾端沟通总风缸管 3 与过充管 7 的通路，则总风经过充管 7 到过充风缸及中继阀过充柱塞，使列车管得到比原规定压力高 30～40 kPa 的过充压力。同时，柱塞凹槽将通路 8a 与大气沟通，使中继阀的总风遮断阀呈开启状态，如图 4-17(a)所示。

2. 自阀手柄在 2 位(运转位)

当自阀手柄由第 1 位移至第 2 位时，缓解柱塞阀凸轮得到一个升程，推动柱塞左移，使过充管 7 与总风缸的连通通路被柱塞切断，同时，柱塞继续保持通路 8a 与大气沟通。过充风缸内的空气压力由过充风缸自身的小孔(ϕ0.5 mm)缓慢地排向大气，所以使列车管的过充压力经中继阀的排气阀口能逐渐消除，则列车管保持原规定的压力，如图 4-17(b)所示。

3. 自阀手柄在后 5 位

自阀手柄在后 5 位时，缓解柱塞阀凸轮又得到一个升程，推动柱塞左移至极端，此时，总风经柱塞中心孔、侧孔流入通路 8a。若客、货车转换阀处于货车位时，总风经通路 8→8a，使总风遮断阀呈关闭状态。若客、货车转换阀处于客车位时，由于通路 8a 与遮断阀管 8 切断，故使总

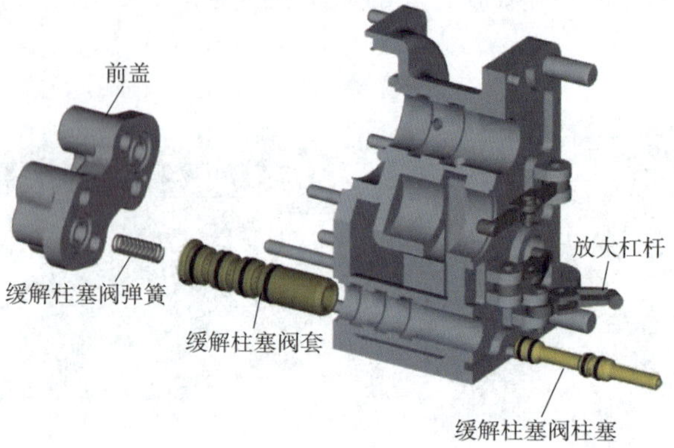

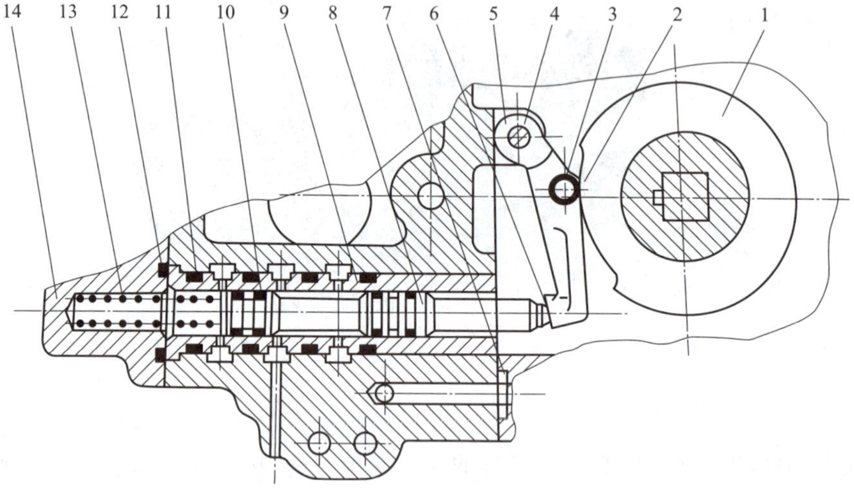

1—缓解柱塞阀凸轮；2—滚轮；3—滚轮销；4—转销；5—放大杠杆；6—柱塞头；7—胶垫；8—缓解柱塞阀柱塞；9—缓解柱塞阀套；10、11、12—O 形圈；13—柱塞弹簧；14—前盖。

图 4-16　缓解柱塞阀结构

风遮断阀处于开放状态。同时，柱塞凹槽使过充管 7 与大气沟通，以便把过充风缸内的压力空气能更快地排入大气，如图 4-17(c)所示。

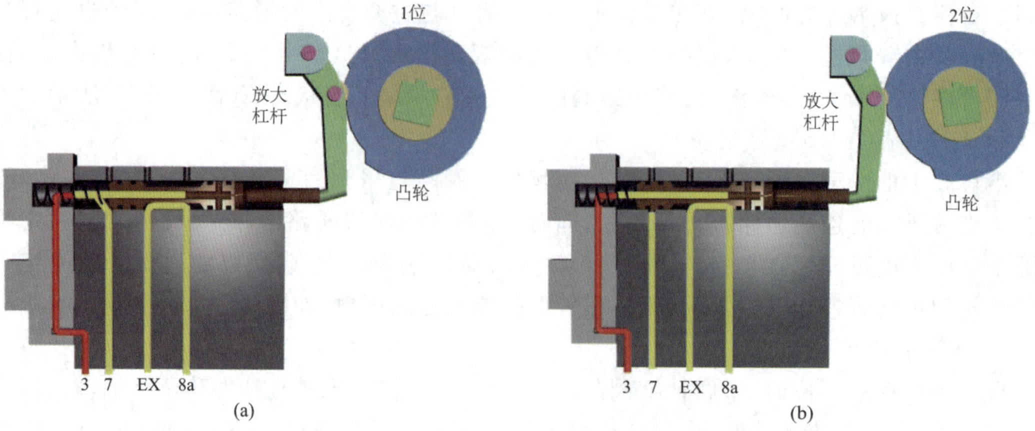

图　4-17

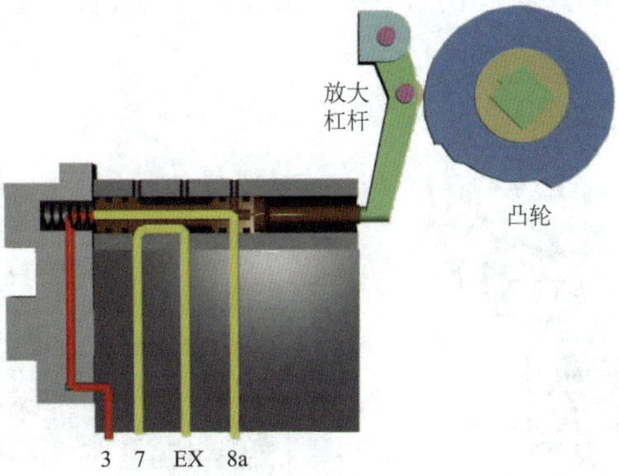

(c)

图 4-17　缓解柱塞阀通路

（四）客、货车转换阀

客、货车转换阀主要作用是关闭或开启中继阀的总风遮断阀。在“客车位”时，不论自阀手柄在何位置，总风遮断阀均呈开启状态。在“货车位”时，自阀手柄在 1～2 位，总风遮断阀呈开启状态；自阀手柄在 3～7 位，总风遮断阀呈关闭状态。

客、货车转换阀主要由偏心杆、手柄弹簧、转换按钮、指示牌、二位阀柱塞、阀套、O 形圈等组成，如图 4-18 所示。

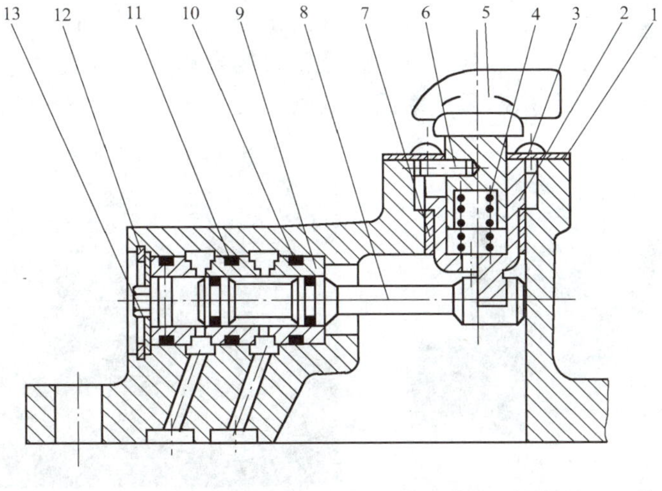

1—指示牌；2—偏心杆；3—半沉头螺钉；4—手柄弹簧；5—转换按钮；6—销；
7—手柄套；8—二位阀柱塞；9—阀套；10、11—O 形圈；12—弹性挡圈；13—挡盖。

图 4-18　客、货车转换阀结构

客、货车转换阀有 2 个作用位置，其各位置的通路如图 4-19 所示。

1. 客车位

当转换按钮置于“客车位”时，二位阀柱塞处于上端位置。此时，二位阀柱塞尾端将总风遮断阀管 8 与大气沟通。因此，不论自阀手柄在何位置，总风遮断阀始终呈开启状态。

2. 货车位

当转换按钮置于“货车位”时，二位阀柱塞处于下端位置。此时，二位阀柱塞凹槽将总风遮断阀管 8 与通路 8a 连通，使中继阀的总风遮断阀受 8a 的控制。而通路 8a 内压力变化由自阀手柄位置来控制。所以,总风遮断阀的开、关状态决定于客、货转换阀的作用位和自阀的手柄位置。

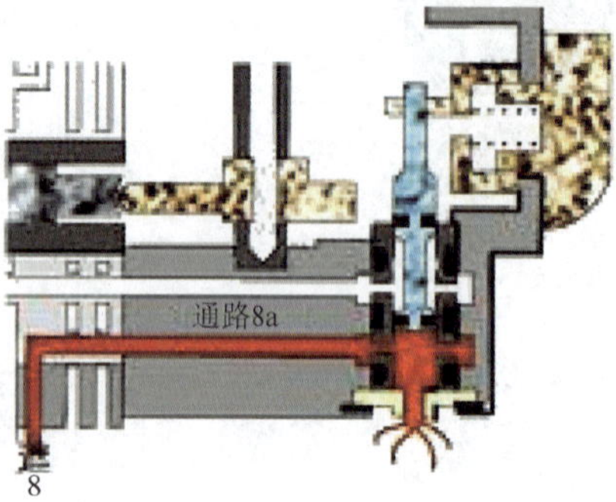

(a) 客车位

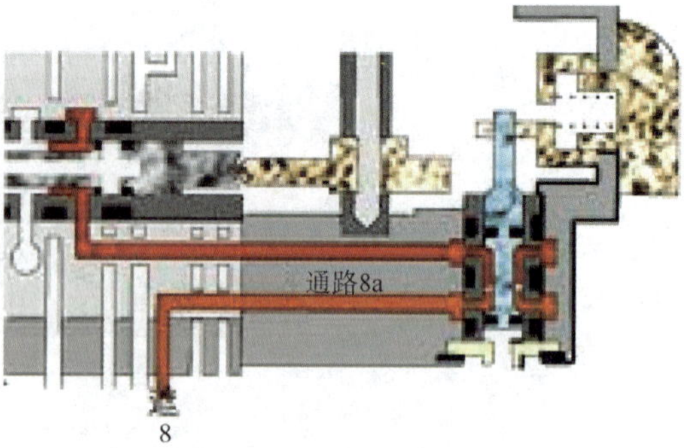

(b) 货车位

图 4-19　客、货车转换阀作用位置

第三节　中继阀

中继阀(图 4-20)的主要作用是根据中均管内压力变化,直接控制列车管的充气或排气,从而使列车产生制动、保压或缓解。其最大的特点是:当自动制动阀手柄置于过充位时,可使列车管压力得到超过规定压力 30～40 kPa 的过充压力,从而缩短列车初充气和再充气时间。而当手柄由过充位移到运转位后,列车管的过充压力能自动缓慢地消除,且不会引起机车、车辆的自然制动。中继阀由管座、总风遮断阀和双阀口式中继阀三部分组成,如图 4-21 所示。

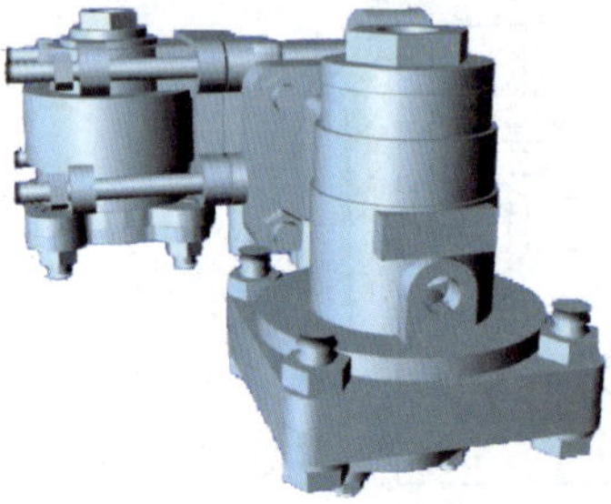

图 4-20　中继阀

管座是中继阀的安装座,也是管路的连接座。管座上共接有 5 根配管:总风遮断阀管 8、总风缸管 3、列车管 2、中均管 4 和过充管 7。其中总风遮断阀管 8 和中均管 4 与自动制动阀管座连通,接受自动制动阀的控制;过充管 7 与自动制动阀管座和过充风缸连通,同时接受自动制动阀和过充风缸的控制。

一、总风遮断阀

总风遮断阀安装在中继阀的管座上,由阀体、遮断阀、阀座、阀套及弹簧等组成,如图 4-22 所示。

图 4-21　中继阀组成

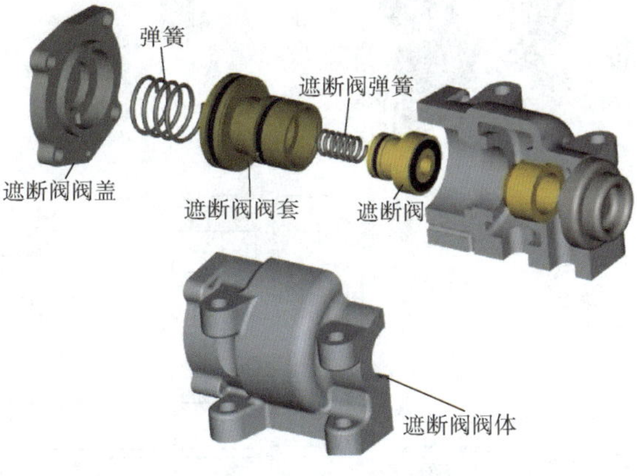

图 4-22　总风遮断阀结构

总风遮断阀的作用是根据总风遮断阀管 8 的压力变化，来控制遮断阀口的开启或关闭。

当总风遮断阀管 8 通大气时，遮断阀在其右侧总风缸压力作用下左移，遮断阀呈开启状态，总风缸的压力空气经遮断阀口进入双阀口式中继阀的供气阀室，如图 4-23 所示。

当总风缸压力空气进入总风遮断阀管 8 时，遮断阀在其左侧总风缸压力和弹簧力的作用下右移，遮断阀呈关闭状态，切断了向双阀口式中继阀供气室供气的总风源，如图 4-24 所示。

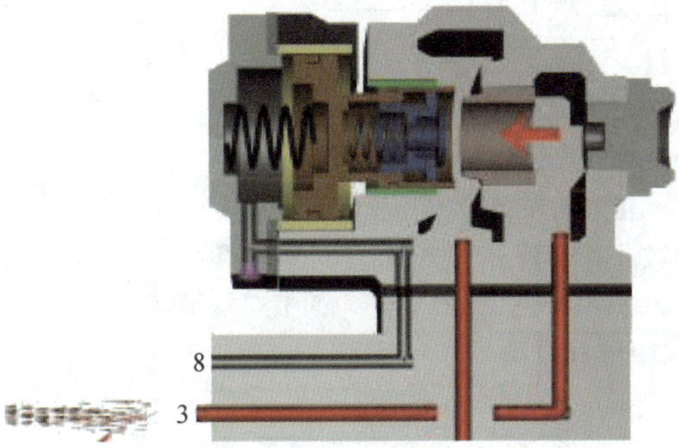

图 4-23　总风遮断阀阀口开启

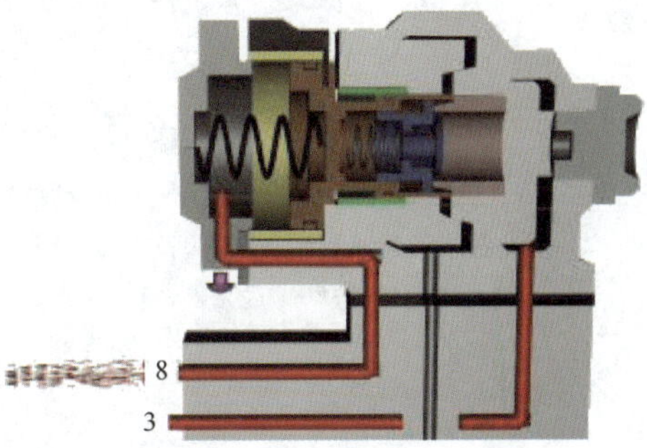

图 4-24　总风遮断阀阀口关闭

联系自阀作用通路及客货车转换阀位置,可得出:当客、货车转换阀置于“客车位”时,不论自阀手柄在何位置,总风遮断阀总是开启的。当客、货车转换阀置于“货车位”,自阀手柄在前两位时,总风遮断阀开启。而手柄在后五位时,则总风遮断阀关闭。

二、双阀口式中继阀

(一)结构

双阀口式中继阀由膜板活塞、膜板、排气阀、供气阀、阀座、阀体、过充盖、过充柱塞、顶杆及各作用弹簧等组成,如图 4-25 所示。

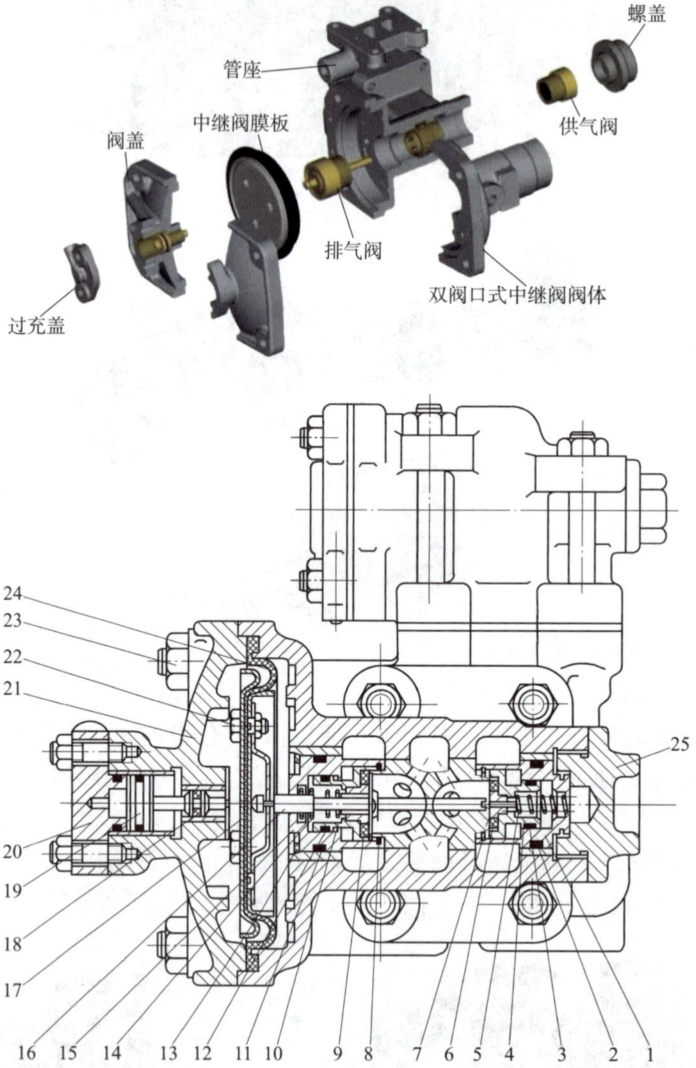

1—供气阀套;2、3、11、12、18—O 形圈;4—供气阀;5—供气阀弹簧;6、15—胶垫螺帽;7、8—挡圈;9—排气阀胶垫;10—排气阀;13—定位挡圈;14—排气阀弹簧;16—顶杆(中心杆);17—膜板活塞;19—过充柱塞;20—过充盖;21—中继阀盖;22—紧固螺栓;23—六角螺母;24—膜板;25—螺盖。

图 4-25 双阀口式中继阀结构

膜板活塞左侧为中均室，与中均管 4 连通。膜板活塞的右侧经直径为 1 mm 的缩孔与列车管 2 相通。排气阀室与大气相通，供气阀室与总风缸相通，两个阀座的中间与列车管相通。膜板活塞通过顶杆与排气阀或供气阀联动。在过充盖内有一个过充柱塞，它的左侧与过充管 7 和过充风缸相连，右侧为中均室，与中均管 4 相通，中间有与大气相通的释压小孔。

（二）作用原理

双阀口式中继阀有 5 个作用位置。

1. 充气缓解位

当自阀手柄置于运转位时，总风缸的压力空气经调整阀调为规定压力后充入均衡风缸，并经中均管进入中继阀左侧中均室。在中均室的空气压力作用下，膜板活塞带动顶杆右移，顶杆顶开供气阀，总风缸压力空气经供气阀口向列车管充气，同时经缩口向膜板活塞右侧充气，如图 4-26 所示。当自阀手柄在过充位时，过充柱塞左侧充风，使过充柱塞右移，其端部顶在膜板活塞上，相当于中均室压力增加了 30～40 kPa，因此延长了供气阀口的开启时间。这样，列车管就得到比规定压力高 30～40 kPa 的过充压力，实现向列车管的快速充气，如图 4-27 所示。过充压力的消除：当自阀手柄由过充位移至运转位时，过充风缸内的压力经阀体上的 ϕ0.5 mm 的小孔缓慢排向大气，使过充柱塞作用于膜板活塞上的附加力逐渐消失，列车管内的过充压力经排气阀逐渐排除，并且不会引起机车、车辆的自然制动。

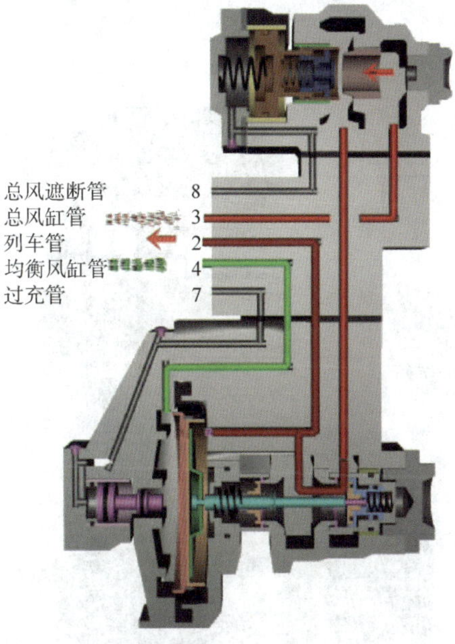

图 4-26　中继阀充气缓解位（自阀运转位）

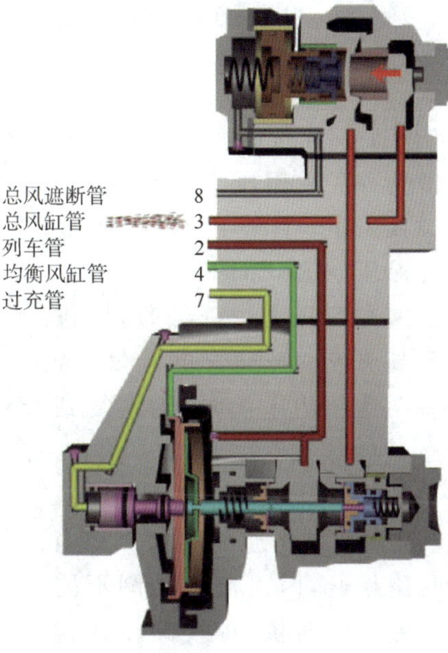

图 4-27　中继阀充气缓解位（自阀过充位）

2. 缓解后保压位

当膜板活塞两侧压力平衡时，供气阀在其弹簧作用下，关闭供气阀口，列车管停止增压，形成缓解后的保压位，如图 4-28 所示。若列车管有漏泄时，膜板活塞两侧压力失去平衡，活塞右移，重新开启供气阀，向列车管补风，直至定压后关闭供气阀再保压。

3. 制动位

当膜板活塞左侧中均室压力降低时，右侧列车管压力推动活塞左移，使顶杆带动排气阀离开阀座，此时列车管的压力空气经排气阀口排向大气，同时膜板活塞右侧压力空气也经缩口随同列车管一起降压，如图 4-29 所示。

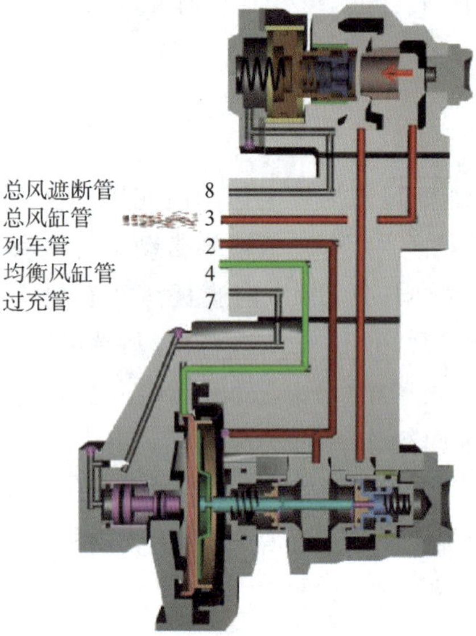

图 4-28　中继阀缓解后保压位

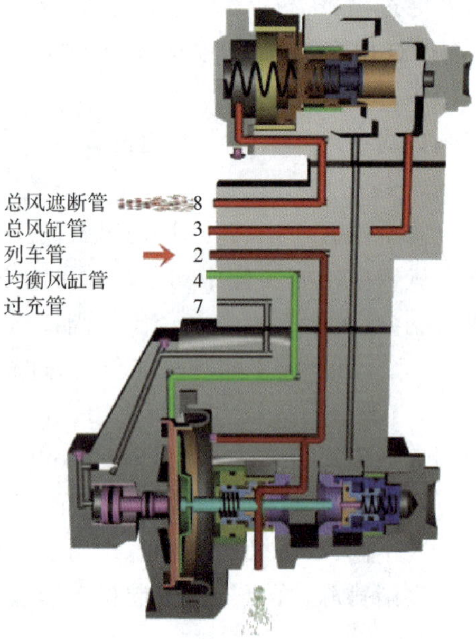

图 4-29　中继阀制动位

4. 制动后保压位

当膜板活塞两侧压力平衡时，排气阀口关闭，列车管停止减压，形成制动后的保压状态，如图 4-30 所示。若膜板活塞左侧压力再降低时，则排气阀口重新开启，列车管再排气，待膜板活塞两侧压力平衡时，仍恢复到保压状态。

5. 自锁位（也称自锁状态）

当重联柱塞阀沟通 2→4 时，相当于膜板两侧相通，因而模板两侧不能产生压力差。此时供、排气阀在各自弹簧力作用下均关闭，这种状态称为自锁。

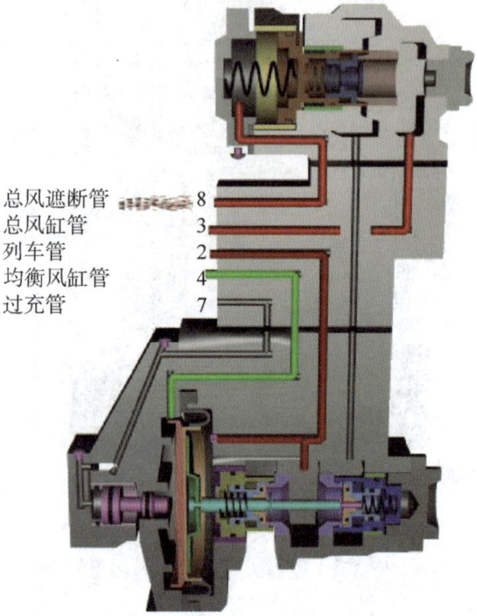

图 4-30　中继阀制动后保压位

第四节　分配阀

分配阀是机车空气制动机的重要部件，如图 4-31 所示。它根据列车管内的压力变化来控制作用风缸的充气和排气，并通过变向阀、作用阀的作用来实现机车的制动、保压或缓解。

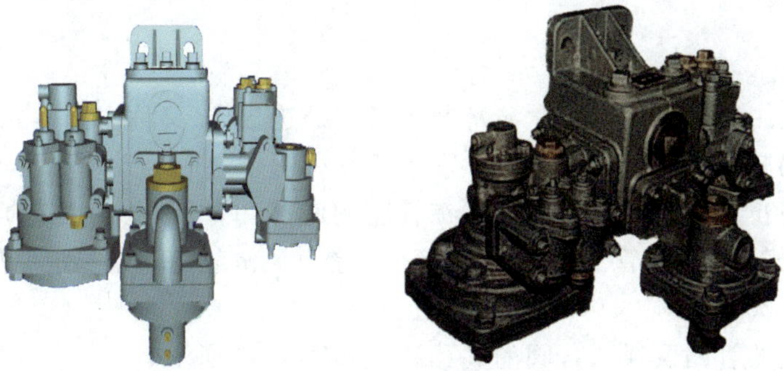

图 4-31　分配阀

分配阀的种类和形式按其基本原理，可分为二压力机构和三压力机构及二、三压力混合机构这三种形式。JZ-7 型空气制动机的分配阀，其基本作用原理属于二、三压力混合机构，它能根据不同的需要进行阶段缓解或一次缓解，这种分配阀是性能比较完善的一种分配阀，但其结构比较复杂。

分配阀由管座（中间体）、主阀部、副阀部和紧急部（即紧急放风阀）几大主要部分组成，如图 4-32 所示。另外还附设有 4 个风缸，其中，工作风缸用来控制主阀的动作；降压风缸用来控制副阀的动作；紧急风缸用来控制紧急放风阀的动作；作用风缸用来控制主阀和作用阀的动作。

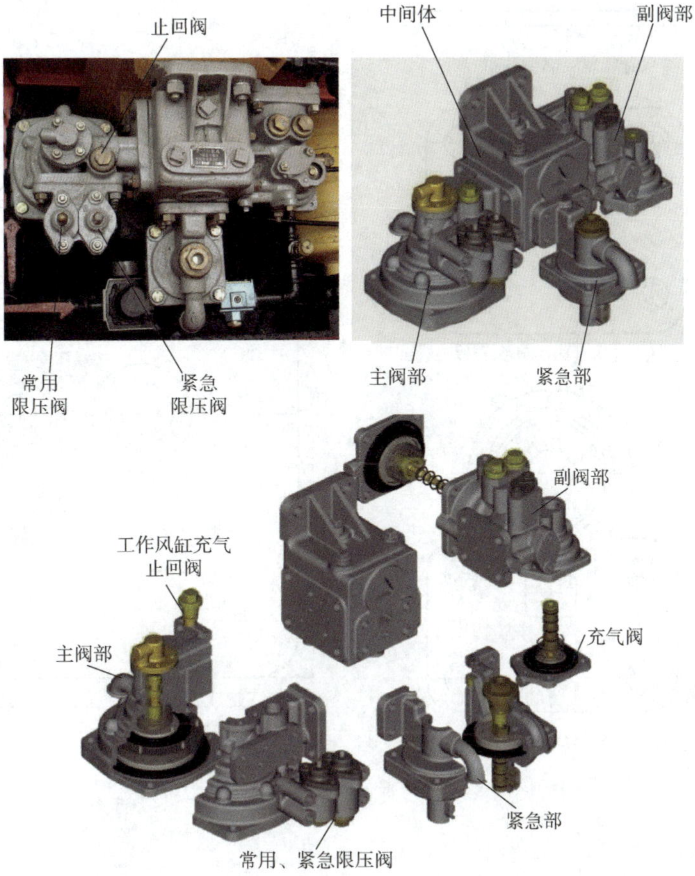

图 4-32　分配阀结构

一、管座

分配阀管座是主阀部、副阀部、紧急部及各管路的连接体(又称中间体)。在管座内设有一个空腔为列车管局减室,其容积为 1.2 L,另外还设有一个空腔为装有滤尘网的滤尘室,与列车管直接相通以防止污物杂质进入体内。在管座的底部和背面,共连接有通往各阀的 7 根管路。它们是:通大气 25;列车管 2;作用风缸管 14;紧急风缸管 21;分配阀总风管 22;工作风缸管 23;降压风缸管 26。

分配阀管座上的管路及通入各阀的气孔布置如图 4-33 所示。

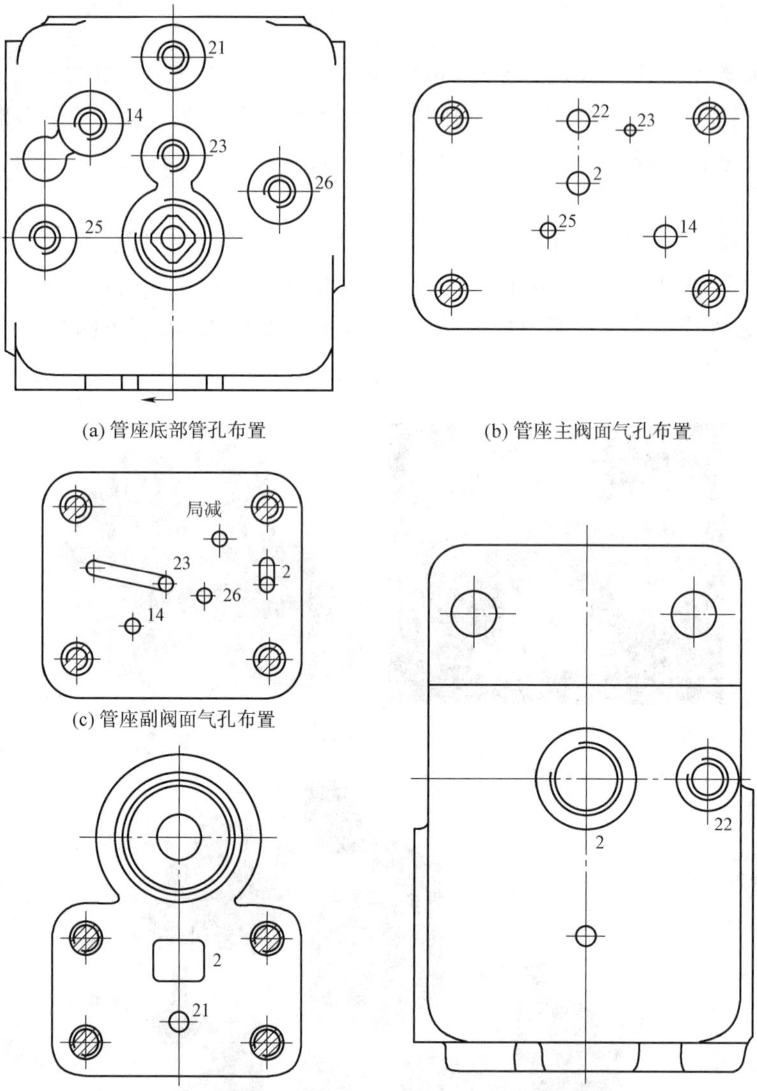

(a) 管座底部管孔布置　(b) 管座主阀面气孔布置
(c) 管座副阀面气孔布置
(d) 管座紧急部面气孔布置　(e) 管座背面管孔布置

图 4-33　分配阀管座上的管路及气孔布置

二、主阀部

主阀部是分配阀的基本组成部分,分配阀的主要作用即靠主阀部完成。主阀部由主阀、工作风缸充气止回阀、常用限压阀和紧急限压阀组成。

（一）主阀

主阀用于机车本身的制动、保压与缓解作用，主要由大膜板活塞、小膜板活塞、空心阀杆及供气阀等部件组成，如图 4-34 所示。

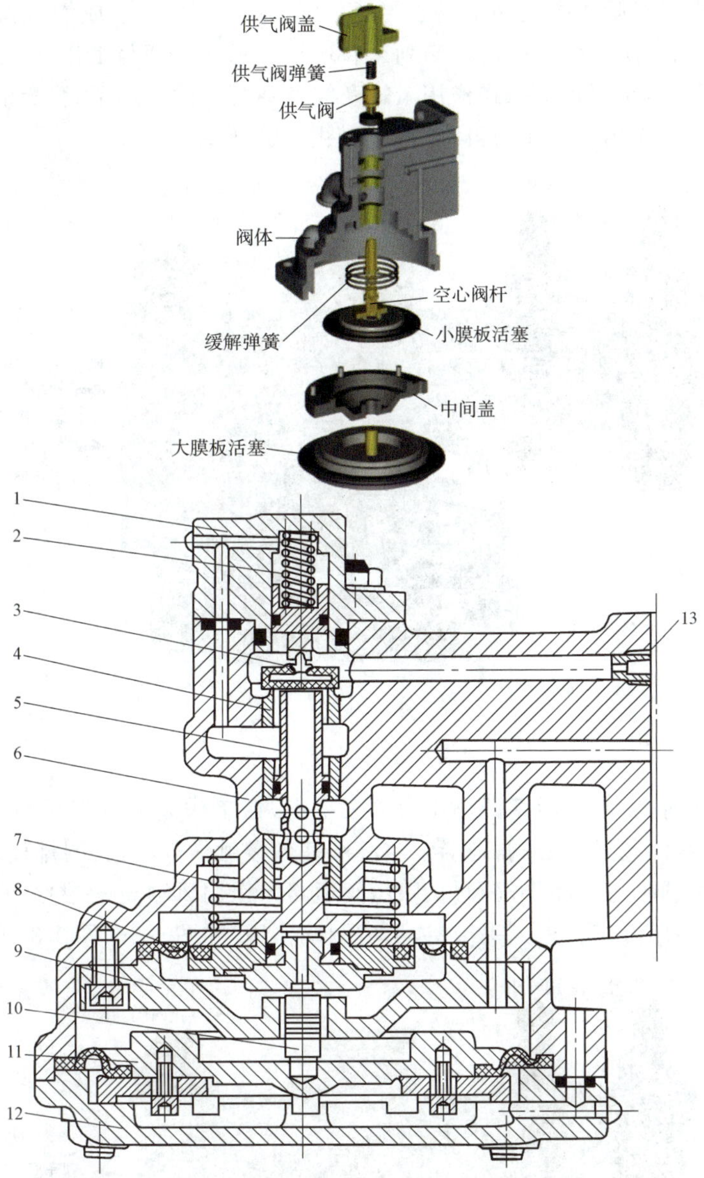

1—供气阀盖；2—供气阀弹簧；3—供气阀；4—供气阀座；5—空心阀杆；6—主阀体；
7—缓解弹簧；8—小膜板活塞；9—中间盖；10—顶杆；11—大膜板活塞；12—下盖；13—充气限制堵。

图 4-34 主阀结构

主阀属于三压力机构阀，大膜板活塞上方是列车管压力，下方是工作风缸压力，小膜板活塞上方是作用风缸压力，小膜板活塞下方通大气，主阀各运动部件是受这三者压力差的控制而产生联动的。总风通供气阀室，在制动时向作用风缸充气。两个膜板活塞的有效面积比是 2.7∶1。

根据列车管的压力变化，主阀有 3 个作用位置。

1. 缓解位

当列车管增压时，大膜板活塞上侧压力增高而促使大膜板向下移动，小膜板活塞在作用风缸压力及缓解弹簧力的作用下带动空心阀杆一起下移，使空心阀杆脱离供气阀，开启排气口。作用风缸的压力空气经限压阀通路至空心阀杆排气口排向大气，形成缓解作用。若列车管阶段增压，作用风缸则可阶段排气降压。当列车管增至规定压力即与工作风缸压力相等时，大膜板活塞上下压力平衡，小膜板活塞在作用风缸及缓解弹簧力的作用下，膜板活塞处于下极端位置，排气口始终开放，作用风缸压力可降至 0，如图 4-35 所示。

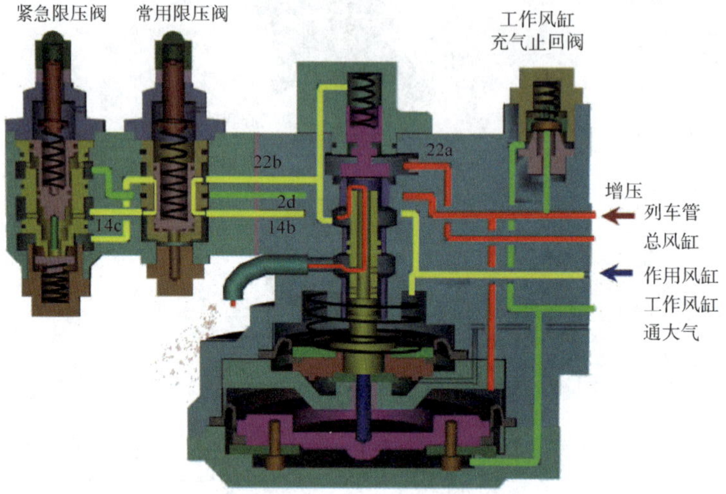

图 4-35　主阀缓解位

2. 制动位

当列车管减压时，大膜板活塞两侧压力失去平衡，在工作风缸空气压力作用下，大膜板活塞推动顶杆、小膜板活塞及空心阀杆上移，空心阀杆先接触供气阀，关闭排气口，继而克服供气阀弹簧力，顶开供气阀，总风经供气阀口、限压阀通路向作用风缸充气，并经缩口风堵向小膜板活塞上侧充气，另一路经暗道进入平衡室，形成制动作用，如图 4-36、图 4-37 所示。

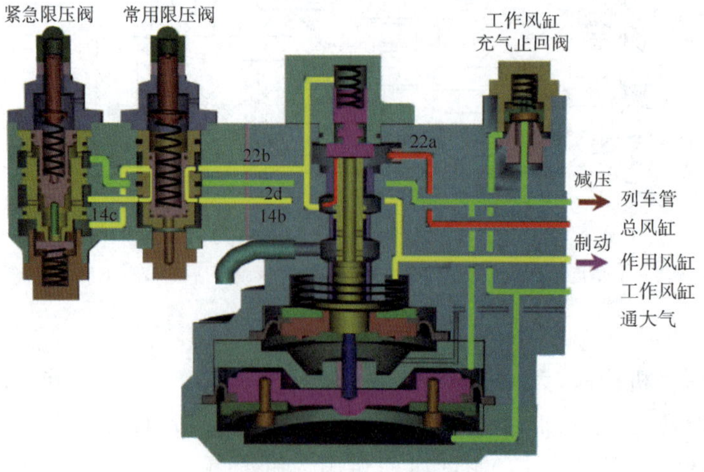

图 4-36　主阀制动位

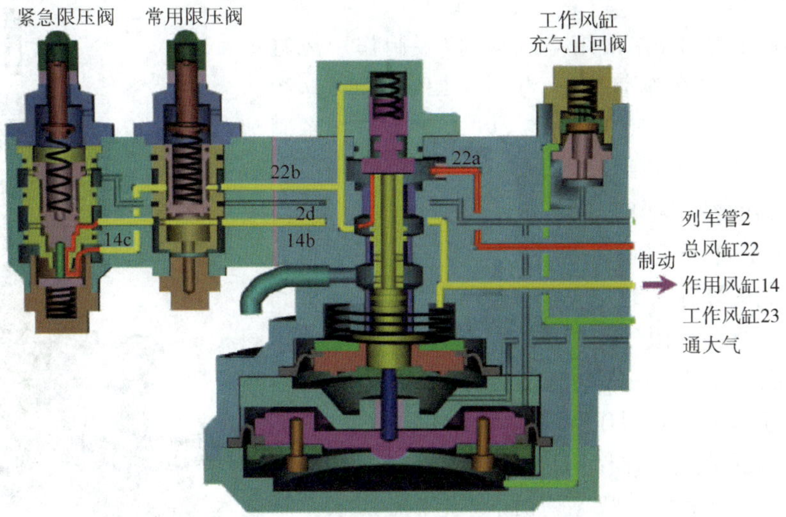

图 4-37 主阀制动位（制动缸压力达到限压值）

3. 保压位

作用风缸增压的同时，小膜板活塞上方也同时增压。当作用风缸压力增至与列车管减压量相适应时，即大膜板活塞上方压力及小膜板活塞上方压力共同作用使膜板活塞向下的力，与大膜板活塞下方压力作用使膜板活塞向上的力平衡时，供气阀在其弹簧力作用下，使空心阀杆及膜板活塞下移，关闭供气阀口，而空心阀杆仍与供气阀接触，即排气口仍关闭，呈制动后保压状态。

（二）工作风缸充气止回阀

工作风缸充气止回阀由弹簧、止回阀、止回阀座及风堵等组成，如图 4-38 所示。其功用是：控制列车管向工作风缸单向充气。当缓解充气时，列车管内压力空气经止回阀向工作风缸充气；当列车管减压时，能防止工作风缸内压力空气向列车管逆流，以避免产生不制动或制动力不成比例的现象。

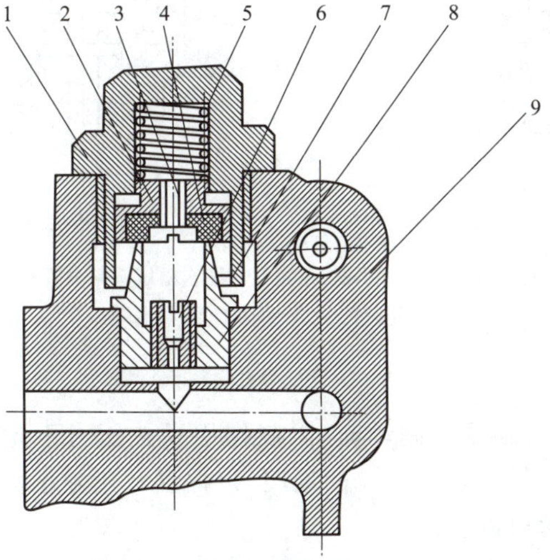

1—螺盖；2—止回阀；3—螺钉；4—胶垫；
5—弹簧；6—风堵；7—弹簧挡圈；8—止回阀座；9—主阀体。

图 4-38 工作风缸充气止回阀结构

（三）常用限压阀

常用限压阀的功用：在常用全制动时，限制作用风缸压力在 340～360 kPa（列车管定压为 500 kPa 时）或 420～450 kPa（列车管定压为 600 kPa 时），以达到限制机车制动缸压力的目的。

常用限压阀的结构如图 4-39 所示。它由调整螺钉、限压弹簧、柱塞限压阀、限压阀套等组成。

常用限压阀的作用原理：当常用全制动时，来自主阀供气阀口的总风通过柱塞限压阀凹槽，进入作用风缸和限压阀下部，此时常用限压阀呈正常状态，如图 4-40(a)所示；当作用风缸的空气压力上升到限压弹簧所调定的压力值时，柱塞限压阀上移。切断总风通往作用风缸通路，作用风缸压力停止上升，常用限压阀呈限压状态，如图 4-40(b)所示。限制的压力值可通过螺钉调节。

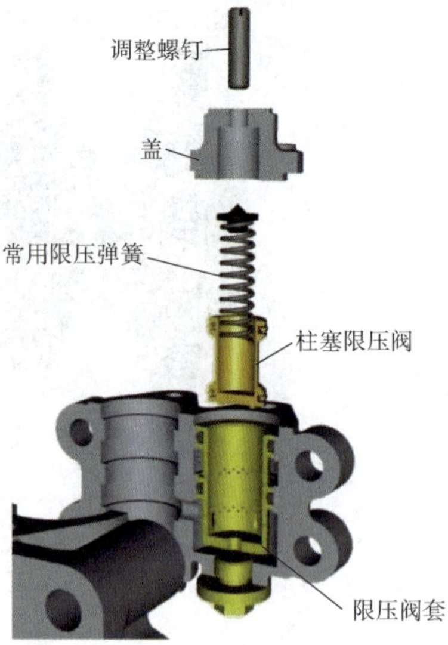

图 4-39 常用限压阀结构

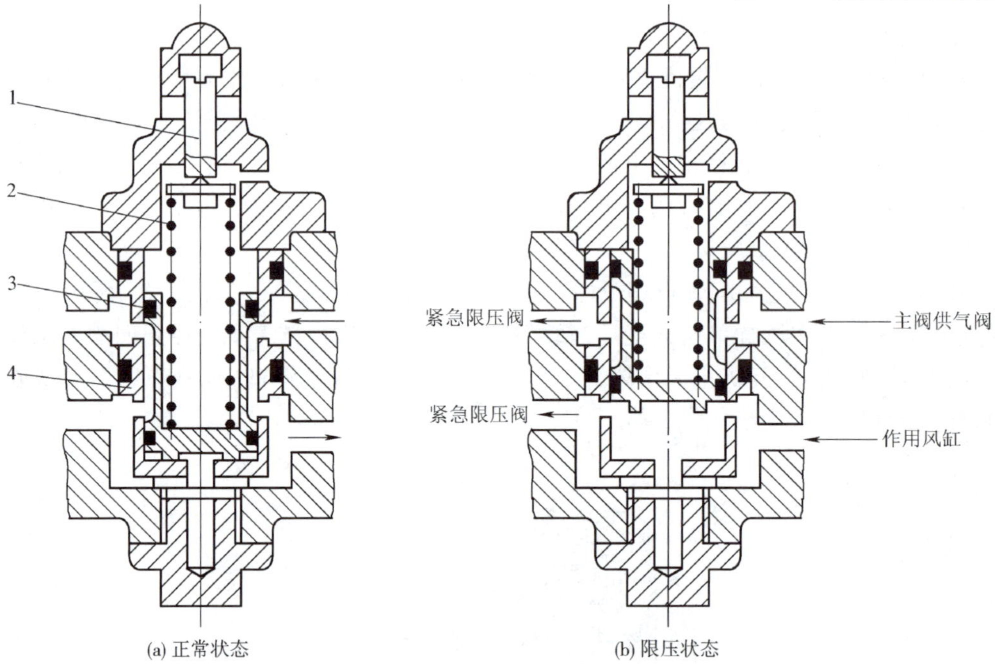

1—调整螺钉；2—常用限压弹簧；3—柱塞限压阀；4—限压阀套。

图 4-40 常用限压阀结构

（四）紧急限压阀

紧急限压阀的功用：(1)在紧急制动时，限制作用风缸压力不超过 450 kPa；(2)主阀形成缓解位时，首先提供一条使作用风缸排风的通路，以保证常用限压阀由限压状态自动转换为正常状态，使作用风缸的缓解得以实现。

紧急限压阀主要由调整螺钉、紧急限压弹簧、柱塞活塞、阀套、顶杆、止阀等组成，如图 4-41 所示。柱塞活塞大直径下部通列车管，小直径下部通作用风缸，限压阀套下端及止阀周围通主阀供气阀上、下侧或主阀排气口。

紧急限压阀有 4 个作用状态。

1. 制动状态

当施行紧急制动时，柱塞活塞大直径下部的列车管空气压力迅速降低，柱塞活塞在限压弹簧力的作用下迅速下移，柱塞活塞顶杆顶开止阀，开放阀口。从主阀供气阀口来的总风经由止阀口向作用风缸充气，呈制动状态，如图 4-42(a)所示。

2. 限压状态

当作用风缸的压力上升到紧急制动所限定的压力 450 kPa 时，在作用风缸空气压力作用下，柱塞活塞克服了限压弹簧力而上移，顶杆脱离止阀，止阀在下部弹簧力的推动下上移，阀口关闭，总风停止向作用风缸充气，呈限压状态，如图 4-42(b)所示。

3. 正在缓解状态(缓解进行状态)

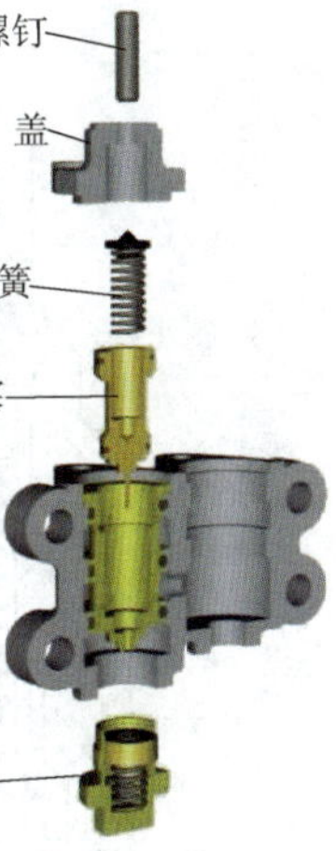

图 4-41　紧急限压阀结构

当紧急制动后缓解时，主阀排气口开启。由于常用限压阀已呈限压状态，作用风缸的压力空气不能直接经常用限压阀通往主阀空心阀杆排气口排向大气。此时紧急限压阀套下部及止阀周围已不是总风，是由于主阀呈缓解位而与大气相通。因此止阀上方的作用风缸的空气压力“吹”开止阀，使作用风缸内的压力空气经止阀口至主阀空心阀杆排气口通大气，为作用风缸压力空气排向大气提供了通路而呈正在缓解状态，如图 4-42(c)所示。当作用风缸压力下降至低于常用限压阀所限制的压力时，常用限压阀便由限压状态自动转换为正常状态，作用风缸压力空气可同时经常用限压阀柱塞凹槽的连通，由主阀空心阀杆排气口排向大气。

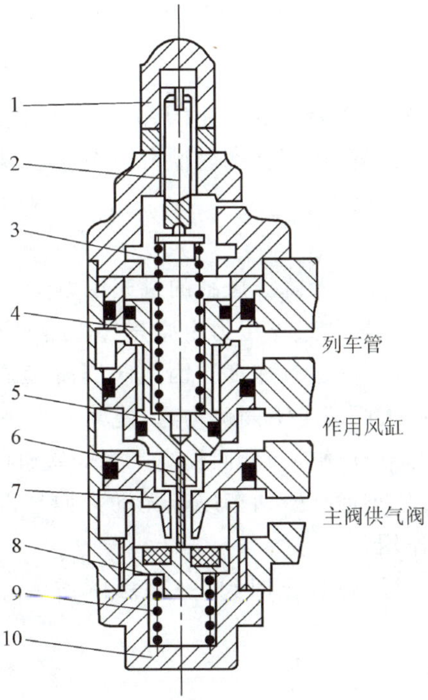

(a) 制动状态

图　4-42

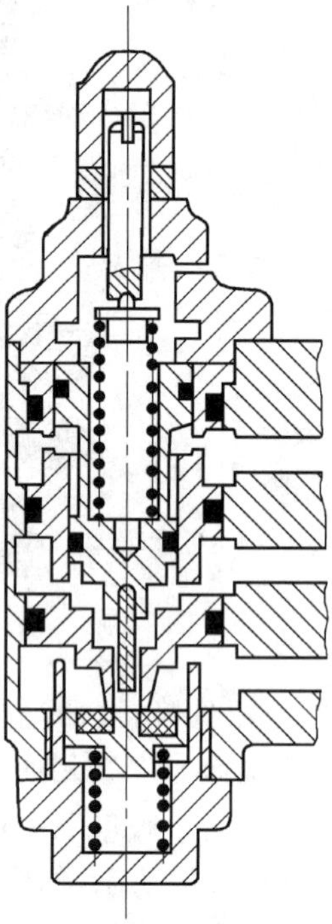

(b) 限压状态（缓解状态）

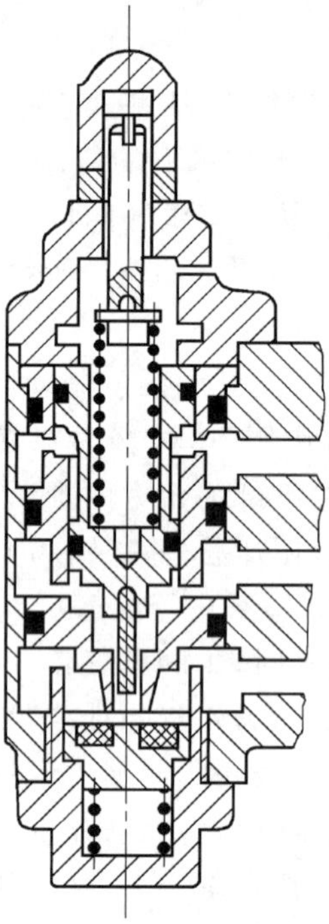

(c) 正在缓解状态

1—螺帽；2—调整螺钉；3—紧急限压弹簧；4—柱塞活塞(大直径)；5—柱塞活塞(小直径)；
6—柱塞活塞顶杆；7—紧急限压阀套；8—止阀；9—止阀弹簧；10—下盖。

图 4-42　紧急限压阀工作状态

4. 缓解状态

紧急限压阀止阀直到作用风缸压力降至低于止阀弹簧力时，止阀口才关闭，呈缓解状态。而作用风缸剩余压力空气只能经常用限压阀柱塞凹槽由主阀空心阀杆排气口排向大气。

三、副阀部

副阀部主要功用：(1)消除工作风缸及降压风缸的过充压力。当自动制动阀手柄由过充位移回运转位后，使工作风缸及降压风缸的过充压力由原充气通路回流到列车管，随列车管过充压力一起缓慢自动消除；(2)能加快主阀缓解速度。因主阀属阶段缓解型的三压力机构，要使机车完全缓解，通过副阀部将主阀大膜板上下两侧沟通，使其成为一次缓解型，在阶段缓解时，使工作风缸压力空气降一部分到降压风缸去，从而提高了主阀缓解的灵敏度；(3)初制动时，能使列车管起局部减压作用。即使机车连挂于列车尾部无动力回送以及后部的车辆，在本务机车施行小量减压时，均能起制动作用。

副阀部由副阀、充气阀、保持阀、局减止回阀、一次缓解逆流止回阀及转换盖板等部件组成。

(一)副阀

副阀属于二压力机构阀，由膜板活塞、柱塞、柱塞套、稳定弹簧、阀盖等组成，如图 4-43 所示，另外还设一个降压风缸。

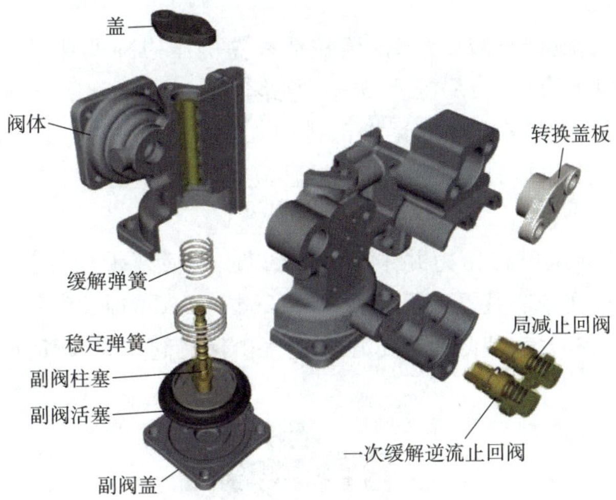

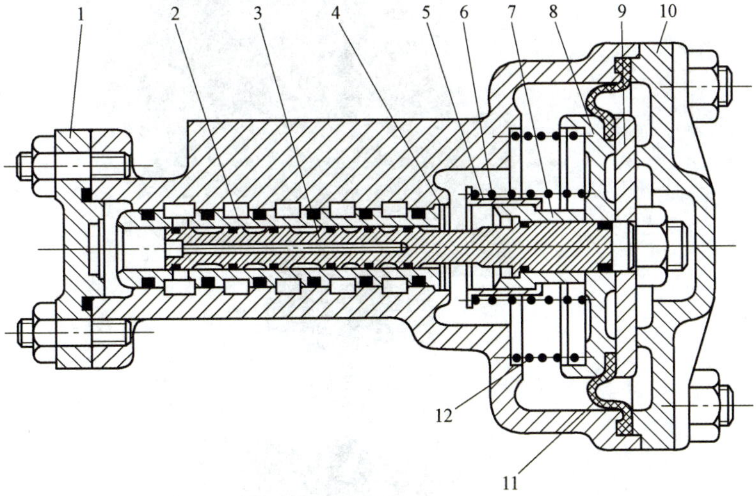

1—盖;2—副阀套;3—副阀柱塞;4—挡圈;5—弹簧托;6—稳定弹簧;
7—套;8—副阀活塞;9—压板;10—副阀盖;11—膜板;12—缓解弹簧。

图 4-43 副阀结构

副阀有 4 个作用:(1)控制降压风缸的充气或排气;(2)初制动时,使列车管起局部减压作用;(3)与转换盖板配合,使制动机产生一次缓解或阶段缓解作用;(4)当自动制动阀手柄由过充位移回运转位后,使工作风缸及降压风缸的过充压力由原充气通路逆流到列车管得以自动消除。

副阀作用位置如图 4-44 所示。

1. 充气缓解位

当列车管增压时,膜板活塞连同柱塞右移至极端位置,柱塞尾端凹槽和柱塞尾端,将 23a、23b、23e、26b 这几条通路互相连通,如图 4-44(a)所示。列车管压力空气经充气阀柱塞凹槽(一次缓解位时还通过转换盖板)、副阀柱塞尾部凹槽向工作风缸充气,同时又经 26b 向降压风缸充气,使工作风缸、降压风缸得到与列车管相同的过充压力。若自动制动阀手柄由过充位移回运转位时,工作风缸与降压风缸的过充压力空气经充气原路逆流至列车管,由中继阀缓慢自动消除。

2. 局部减压位

当列车管开始减压或施行小减压量时，膜板活塞左侧压力降低，降压风缸的压力空气推动活塞左移，副阀柱塞将列车管 2e 与局减室 2a 的通路连通。列车管部分压力空气经 2a→局减止回阀→$2a_1$→局减室，并经充气阀柱塞尾端部排向大气。同时柱塞尾端将 23a、23b 及 26b 的通路切断，列车管不再与工作风缸和降压风缸连通。

3. 制动位

列车管减压后，由于降压风缸压力并未下降，所以膜板活塞带动柱塞继续左移至极端。此时，除保留局减通路外，柱塞中心孔及侧孔又开通了 26c 与 26d 的通路，降压风缸→26→26c→柱塞中心孔→26d→保持阀→大气，使降压风缸压力空气由保持阀排向大气，如图 4-44(b)所示。

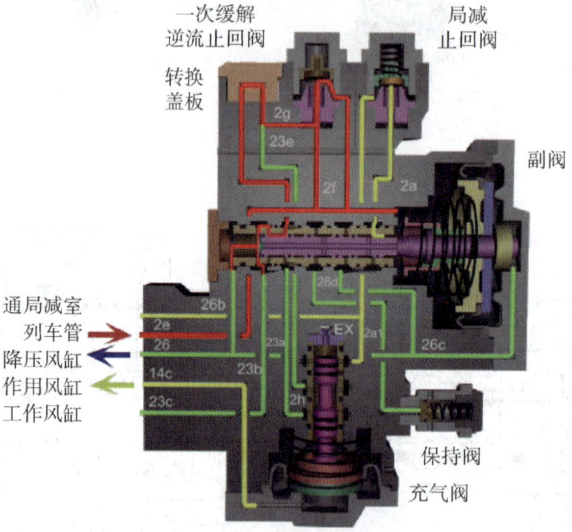

(a) 充气缓解位

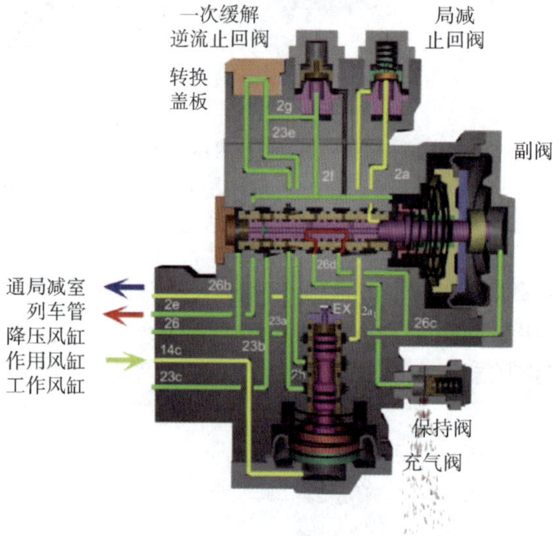

(b) 制动位

2a—通局减止回阀；2e—通列车管；23a—由充气阀来的列车管压力空气；
23b—通工作风缸；23e—通转换盖板；26a、26b、26c—通降压风缸；26d—通保持阀。

图 4-44　副阀作用位置

4. 保压位

当降压风缸的空气压力下降到与列车管压力相平衡时，在弹簧力作用下膜板活塞带动柱塞略向右移，降压风缸排风通路被柱塞切断，停止降压。此时，除 2e→2a，其余通路均被切断。

(二)充气阀

充气阀有 3 个作用：(1)使工作风缸及降压风缸获得过充压力空气，能逆流至列车管并自动缓慢地加以消除；(2)初制动时可使副阀部起局部减压作用；(3)阶段缓解时，防止工作风缸压力空气向列车管逆流。

充气阀由柱塞、膜板活塞、充气阀套、缓解弹簧($P_{作}=24$ kPa)、胶垫、挡圈等组成，如图 4-45 所示。

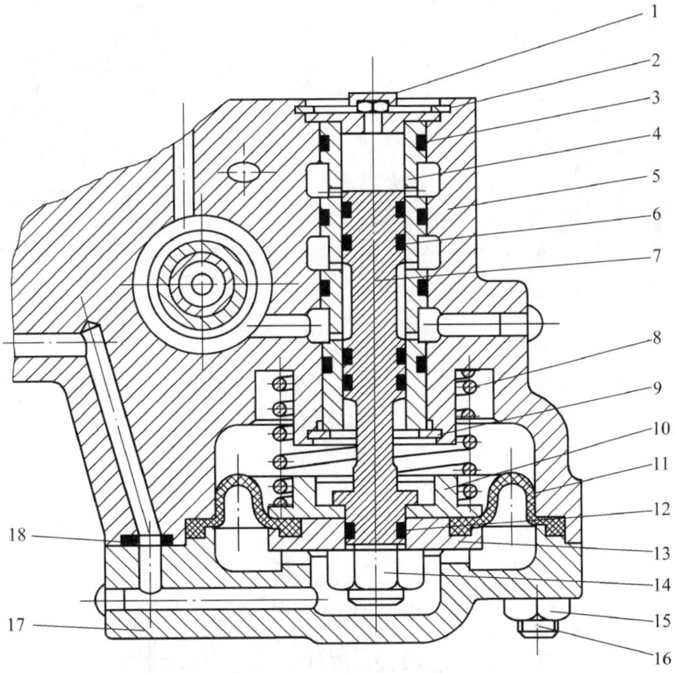

1—挡板；2—挡圈；3、6、12—O 形圈；4—充气阀套；5—副阀体；7—充气阀柱塞；8—缓解弹簧；9—挡圈；10—压板；11—膜板活塞；13—膜板托；14、15—螺母；16—螺柱；17—充气阀盖；18—胶垫。

图 4-45 充气阀结构

充气阀膜板下侧通作用风缸，膜板上侧为弹簧室，并通大气。有两个作用位置，即缓解位与作用位。

1. 缓解位

当作用风缸压力低于 24 kPa 时，活塞带动柱塞移至下极端，充气阀柱塞凹槽使列车管 2h 与 23a 连通，柱塞尾端将局减室通路 $2a_1$ 与大气连通，如图 4-46(a)所示。列车管可向工作风缸及降压风缸充气，若工作风缸和降压风缸有过充压力需消除时，还可经此通路向列车管逆流。此时，局减室内压力空气经通路 $2a_1$ 由充气阀柱塞尾端排大气。

2. 作用位

当作用风缸压力大于 24 kPa 时，活塞带动柱塞移至上端位置形成作用位。列车管 2h 与工作风缸 23a 的通路以及局减室与大气通路均被切断，如图 4-46(b)所示。因此，在阶段缓解时，副阀虽在某一瞬时呈充气缓解位，而充气阀只有作用风缸压力低于 24 kPa 时才呈缓解位，所以，可防止工作风缸和降压风缸的压力空气向列车管逆流而破坏阶段缓解作用。

（三）保持阀

保持阀的作用是当施行常用全制动、过量减压或紧急制动时，能使降压风缸空气压力保持在 280～340 kPa，使其与后部车辆制动机的副风缸在全制动位后的压力大致保持一致，以提高机车与车辆缓解再充气时的一致性。

保持阀由阀体、柱塞、弹簧、挡盖及 O 形圈等组成，如图 4-47 所示。

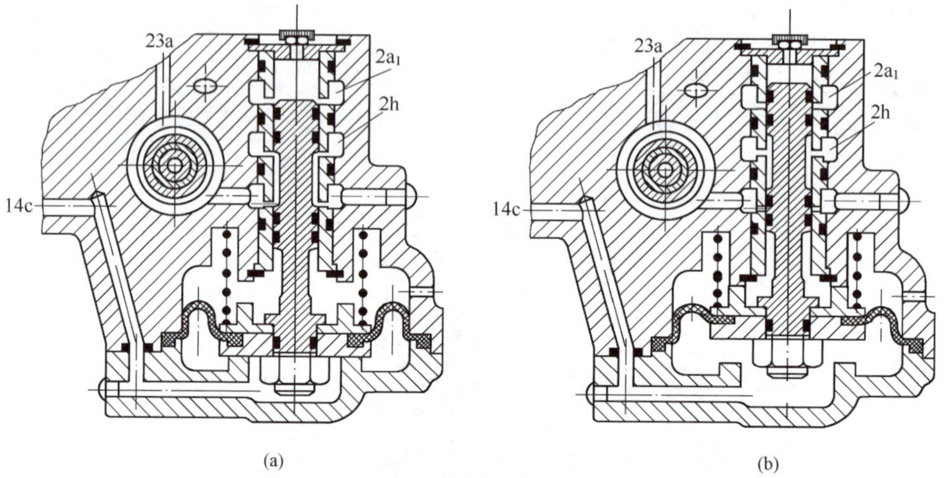

2a1—通局减室；2h—通列车管；23a—通工作风缸；14c—通作用风缸。

图 4-46　充气阀作用位置

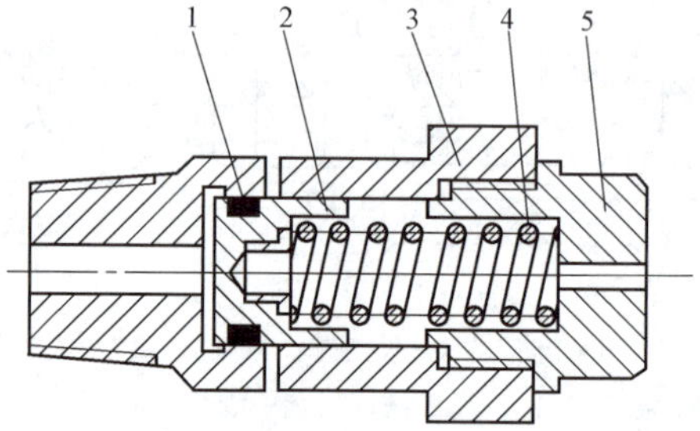

1—O 形圈；2—柱塞；3—保持阀体；4—弹簧；5—挡盖。

图 4-47　保持阀结构

（四）局减止回阀

局减止回阀和工作风缸充气止回阀相同，其作用是再制动时，可防止局减室压力空气向列车管逆流，以避免引起副阀的自然缓解。

（五）一次缓解逆流止回阀

一次缓解逆流止回阀的结构，除取消了止回阀弹簧外，其余均同于局减止回阀。其作用是在常用制动后缓解时，若转换盖板置一次缓解位时，工作风缸压力空气除向降压风缸充气外，还可经转换盖板通路、一次缓解逆流止回阀缩孔，逆流至列车管。同时，因其压力高于止回阀上方列车管压力，而将止回阀顶开，经较大通路向列车管逆流，从而加快主阀的一次缓解作用。若转换盖板置阶段缓解位，则常用制动后缓解时，工作风缸的压力空气只能向降压风缸部分充气，而不能向列车管逆流，所以提高了主阀缓解的灵敏度。

(六)转换盖板

转换盖板主要用来沟通或切断工作风缸 23e 向列车管 2g 逆流的通路。在一次缓解位(直位)时,除能加快主阀的缓解外,还能消除工作风缸及降压风缸的过充压力空气;在阶段缓解位(阶位)时,工作风缸及降压风缸的过充压力空气,只能经充气阀逆流到列车管,经中继阀消除。

转换盖板的两个位置需人为固定和转换,其转换应与客、货车转换阀的位置相适应。

四、紧急部

紧急部(又称紧急放风阀),在紧急制动时,将列车管压力空气迅速排向大气,提高了紧急制动波速,以达到紧急制动的目的。它由膜板活塞、柱塞杆、放风阀、放风阀套、复原弹簧、放风阀弹簧、充风限制堵及两个排风限制堵等部件组成,如图 4-48 所示。

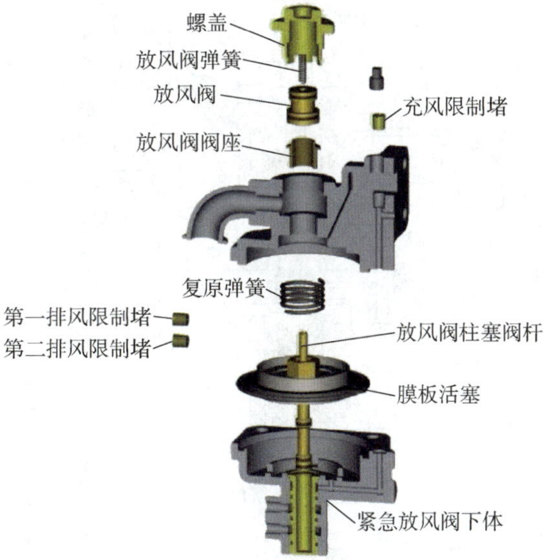

图 4-48 紧急放风阀结构

根据列车管压力变化,紧急放风阀有 3 个作用位置。

1. 充气缓解位

列车管压力空气充入紧急膜板活塞上侧,并通过充风限制堵到紧急风缸和紧急膜板活塞下侧,这时膜板活塞处于下端位置,没有通路,如图 4-49(a)所示。

2. 常用制动位

常用制动减压时,紧急膜板活塞两侧形成一定的压力差,使紧急活塞及柱塞杆一起上移,压缩复原弹簧至柱塞杆顶部触头与放风阀接触时为止,放风阀仍处于关闭状态。此时紧急风缸压力空气一方面由充风限制堵向列车管逆流,另一方面则经柱塞杆凹槽至第一排风限制堵排向大气,如图 4-49(b)及图 4-50 所示。由于两个风堵的限制,使紧急风缸降压速度与列车管常用减压速度几乎相等,故活塞处于相对安定状态。

3. 紧急制动位

紧急制动时,由于列车管压力空气经自动制动阀的放风阀迅速排向大气,使紧急活塞上侧列车管压力急剧下降,造成紧急活塞上、下两侧压差较大,使活塞及柱塞杆迅速上移而顶开放风阀，列车管压力空气又经此放风阀迅速排大气，提高了紧急制动波速，达到了紧急制动的目的。紧急风缸的压力空气，除经充风限制堵向列车管逆流外，还经第一排风限制堵和第二排风限制堵排向大气，如图 4-49(c)及图 4-50 所示。当紧急风缸压力降至小于放风阀弹簧力时，放风阀关闭，紧急放风阀恢复到常用制动位。由于其压力继续下降，借助复原弹簧力，活塞及柱塞杆也下移到极端，关闭了紧急风缸经两个缩口风堵排向大气的通路，紧急放风阀恢复到充气缓解位状态。

综上所述，紧急制动时放风阀从开启至关闭需经过一段时间，在其关闭前若急于向列车管充气是不起作用的。由试验得知，紧急风缸空气压力在常用全制动时降压 170 kPa 的时间约为 9 s；紧急风缸空气压力自 500 kPa 排至小于弹簧力的时间约为 9.2 s。

三个限制堵的孔径：充风限制堵的孔径为 1.5 mm，第一排风限制堵孔径为 1.2 mm，第二排风限制堵孔径为 0.9 mm。

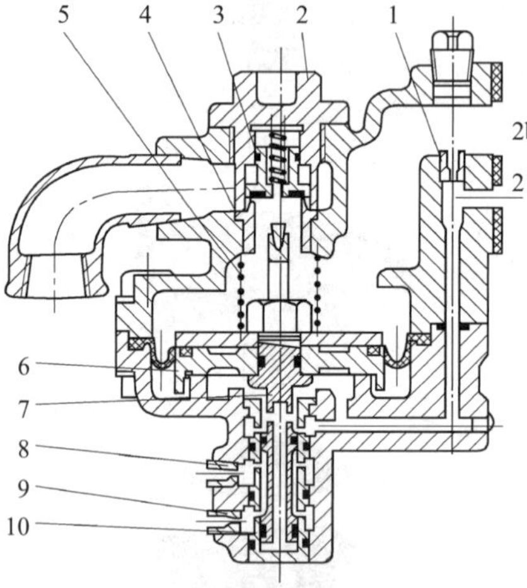

(a) 充气缓解位

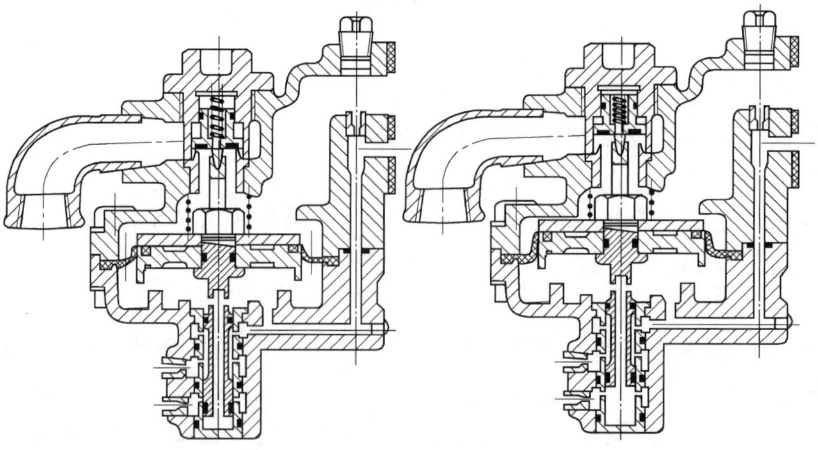

(b) 常用制动位

(c) 紧急制动位

1—充风限制堵；2—螺盖；3—放风阀；4—放风阀座；5—复原弹簧；6—膜板活塞；7—柱塞杆；8—第一排风限制堵；9—第二排风限制堵；10—柱塞套。

图 4-49 紧急放风阀结构

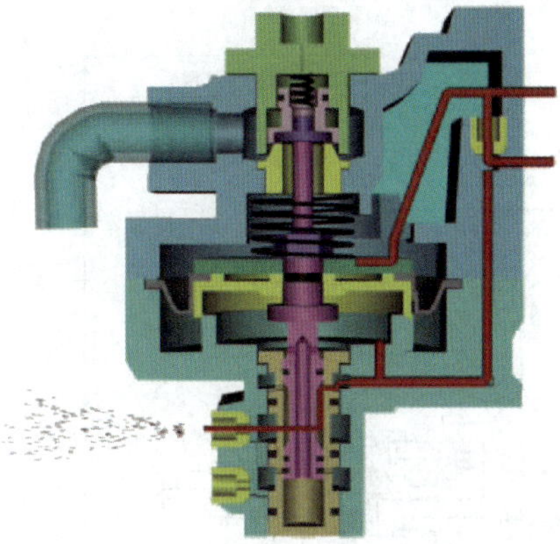

图 4-50　紧急放风阀常用制动位

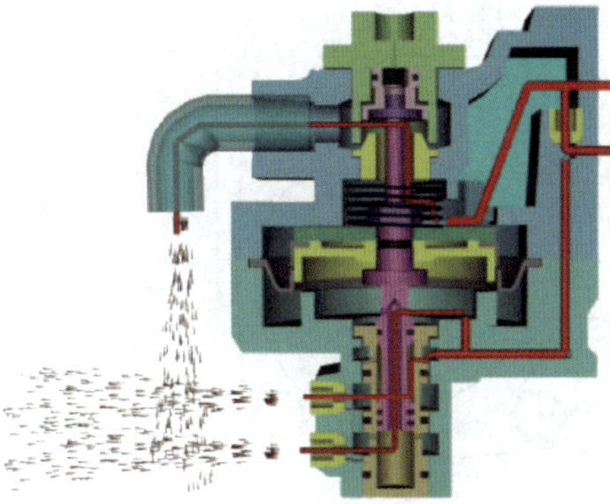

图 4-51　紧急放风阀紧急制动位

五、切控阀

列车在常用制动时，制动作用沿列车长度方向由前向后逐次发生，由于列车前端先制动，加上机车制动率较大，机车和车辆因不同步制动会产生较强的列车纵向冲动。为平稳操纵旅客列车，在客运机车上加装了平稳操纵装置 B 型切控阀。

（一）构造

B 型切控阀如图 4-52 所示。它由切控阀和安装座两部分组成，安装于 JZ-7 型分配阀附近。

切控阀主要由供气阀组成、上膜板组成、下膜板组成和阀体四部分构成，其构造类同于分配阀的主阀结构，但切控阀上、下膜板的面积为 1∶1。供气阀组成包括弹簧、阀杆和供气阀。上膜板组成包括空心阀杆、上膜板活塞、上压板、上膜板、压帽等，下膜板组成包括下膜板活塞、压板、下膜板等，上、下膜板通过顶杆连动。阀体包括上盖、中间体、下盖等。

安装座用铸铁铸成，内部有一个 0.4 L 的空腔，外接 4 根管子，左侧两根为列车管 2 和工作风缸 23，右侧两根为作用管 14a（为进切控阀的作用管，与分配阀作用管相连）和作用管 14b（为出切控阀的作用管，与作用风缸相连，经变向阀又与作用阀相连），如图 4-53 所示。

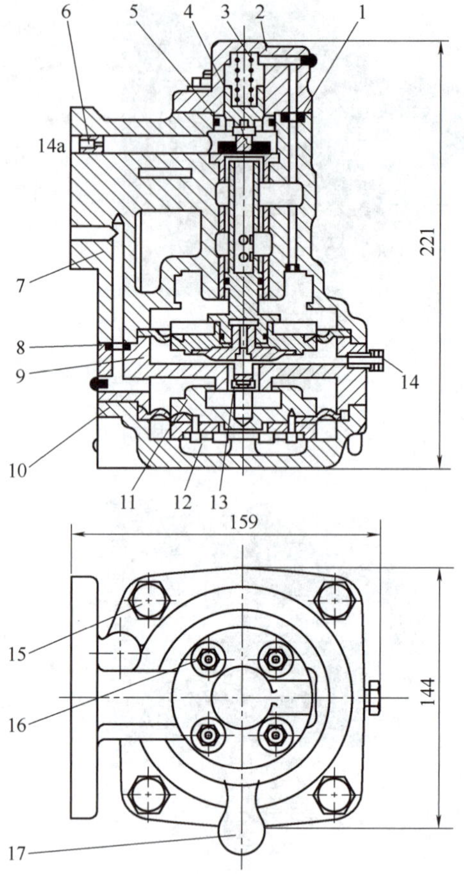

1、8—胶垫；2—供气阀盖；3—供气阀弹簧；4—供气阀组成；5、12—O 形圈；6—限制堵；7—阀体；9—中盖；10—下盖；11—下膜板组成；13—顶杆；14—放风堵；15—螺母；16—平垫；17—放风弯头。

图 4-52　B 型切控阀结构（单位：mm）

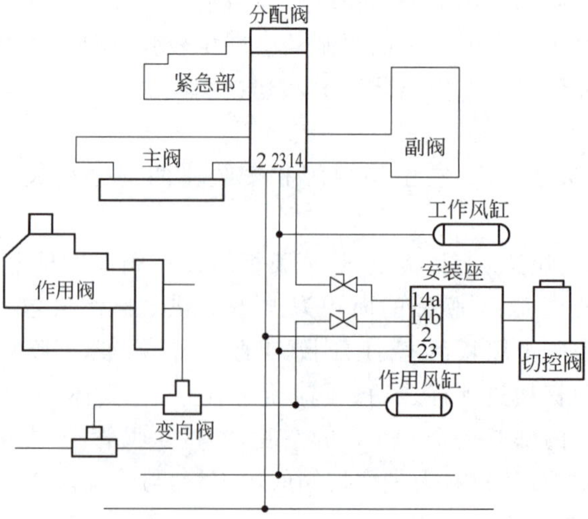

图 4-53　切控阀管路示意

B 型切控阀属于三压力结构，它根据列车管的压力变化与 JZ-7 型分配阀一起完成机车的制动、缓解和保压作用。上膜板的上方是通作用风缸的压力，下方通大气。下膜板的上方是通列车管的压力，下方是通工作风缸的压力，因此切控阀的动作是受到列车管、工作风缸和作用风缸三者的压力来支配的。

（二）切控阀的作用位置

1. 缓解位（一次缓解型制动机）

列车管增压时，下膜板活塞上方的压力增高，促使下膜板活塞下移，上膜板活塞在作用风缸压力作用下，带动空心阀杆下移，脱离供气阀，开放排气阀口，作用风缸 14b 的压力空气经空心阀杆排向大气。当列车管压力充到定压时，作用风缸压力降到 0，切控阀处于完全缓解状态。此时，下膜板活塞下方的工作风缸压力经分配阀的作用也充到定压。

2. 制动位

列车管减压时，下膜板活塞上下的压力失去平衡，在工作风缸的压力作用下，下膜板活塞向上移动，通过顶杆推动上膜板活塞及空心阀杆上移，顶开供气阀，由分配阀作用管来的压力空气经 14a、供气阀口及缩孔到上膜板活塞上方，又经 14b 到作用风缸，进入作用阀膜板下方，作用阀呈制动位，产生制动作用。

3. 保压位

（1）制动后的保压位：当列车管停止减压后，上膜板活塞上方作用风缸的压力增加到与下膜板上方列车管减少的压力相适应时，在作用风缸压力的作用下，上膜板活塞向下回移，关闭供气阀口，空心阀杆仍与供气阀接触，形成制动后的保压状态。

（2）阶段缓解后的保压位：阶段缓解型制动机在制动保压后，当列车管增加一定压力时，下膜板活塞上方压力增高，推动下膜板活塞下移。在作用风缸压力的作用下，上膜板活塞带动空心阀杆下移，使空心阀杆上端脱离供气阀，开放排气阀口。作用风缸 14b 经空心阀杆排出，直到作用风缸下降的压力与列车管增加的压力相适应时，再关排气阀口，形成阶段缓解后的保压状态。

下膜板活塞受到的压差即为列车管的减压量，下膜板活塞受到的压差乘以下膜板活塞的面积即为上膜板活塞受到下膜板活塞向上的作用力，而上膜板活塞受到作用风缸向下的作用力，即为作用风缸的压力乘以上膜板活塞面积。制动保压时，上膜板活塞受到的上、下作用力应该相等。由于切控阀上下膜板活塞的面积相等，所以作用风缸的压力等于列车管的减压量。经作用阀的作用，机车制动缸的压力也与列车管的减压量相等，即机车制动缸压力＝列车管减压量。

（三）B 型切控阀的性能

1. 自阀在制动区制动时，由于切控阀 0.4 L 的气室连通了作用风缸和作用阀，使装有切控阀的机车制动缸升压时间与未安装切控阀的机车相比滞后了 1～2 s。制动缸的压力上升的大小与列车管的减压量按 1∶1 的关系而变化。在最大减压位时，制动缸上升的压力为 165～170 kPa，上升的时间为 8～10 s（原来制动缸压力为 410～430 kPa，上升时间为 7～9 s），达到机车上闸晚、缓、少的目的。

2. 自阀紧急制动时列车管压力降到 0，切控阀下膜板活塞只受到工作风缸的压力，使上、下膜板活塞上移。但是进入切控阀的作用管压力 14a 是来自分配阀作用管，它受到紧急限压阀的限定，其压力只能达到 450 kPa，且紧急制动时，切控阀内通作用阀 0.4 L 的气室对制动缸升压时间的影响很小，所以加装切控阀后在紧急制动时制动缸的压力值和升压时间基本不受影响，即紧急制动的特性不变。

3. 单独制动阀施行单独制动作用时，由于单独作用管的压力不经过分配阀而直接向作用阀充气使机车产生制动作用，所以加装切控阀后单独制动作用的性能不变。

(四)切控阀发生故障后的处理

运行途中切控阀发生故障时，可摘出切控阀的供气阀，用木塞堵塞切控阀的排气口，使切控阀失去作用(相当于 14a 与 14b 对接)，机车制动缸的压力上升值与列车管的减压量仍按 2.5∶1 的关系而变化。也可比照分配阀故障处理。

六、气、电制动联锁装置

加装气、电制动联锁装置目的是在机车施行电阻制动并又使用自阀对列车施行空气制动时，自动降低机车制动缸的压力或完全切除空气制动机对机车的作用，避免机车制动力过大而发生滑行。

气、电制动联锁装置是由一个二位三通、常开式的电磁阀(DBM)串接在变向阀连通作用风缸、分配阀作用管的管路上所组成的，如图 4-54 所示。

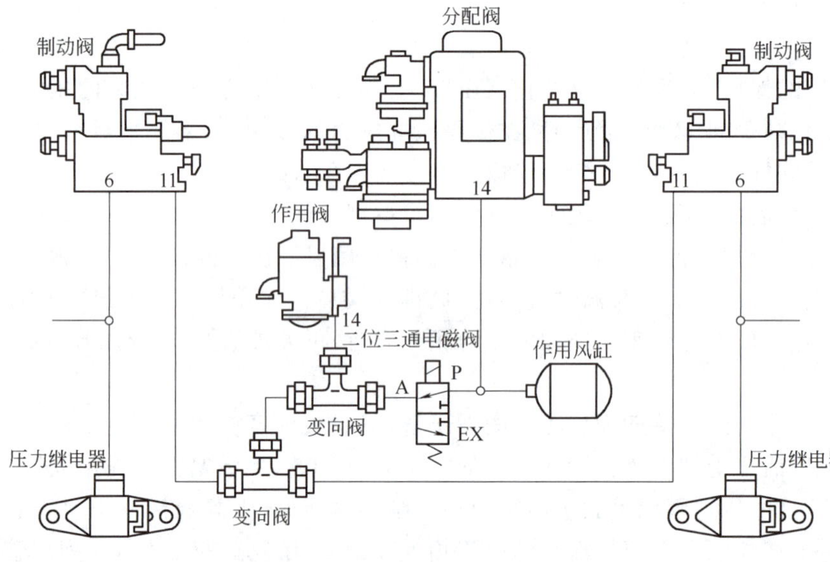

图 4-54　气、电制动联锁装置

当机车未施行电阻制动时，该常开式电磁阀因失电其主阀口呈开启状态，P 口通 A 口，排气口关闭。这时使用空气制动，自阀操纵列车管的压力变化，由分配阀来的压力空气经分配阀作用管、作用风缸、电磁阀、变向阀，通往作用阀，使机车得到制动或缓解作用(相当于未装设该装置)；当机车施行电阻制动时，电磁阀得电，主阀口关闭(P 口不通 A 口)而排气口开启(A 口通 EX)，分配阀作用管不与作用阀连通，则分配阀的作用被切除，列车管的减压对机车不起作用，制动缸的压力为 0。若自阀施行常用制动后再施行电阻制动，因电磁阀得电(A 口通 EX)，机车制动缸压力将自动缓解为 0。

由于电磁阀加装在分配阀作用管的一侧，单独制动阀的操纵不受任何影响。电阻制动时如需要增加机车制动力，可将单独制动阀置于制动区，但是机车制动缸压力不得大于 150 kPa，否则机车仍会发生滑行。

第五节　作　用　阀

作用阀是根据作用风缸或单独作用管内空气压力的变化，控制机车制动缸的充气或排气，使机车得到制动、保压或缓解作用。

一、结构

作用阀（图 4-55）采用了空心阀杆结构，其供风能力大，作用灵敏度比较高。它由作用活塞、膜板、空心阀杆、供气阀、缓解弹簧及阀体、管座等组成，如图 4-56 所示。管座上连接 3 根管，即总风缸管 3、制动缸管 12 和通往变向阀的作用管 14。

图 4-55　作用阀

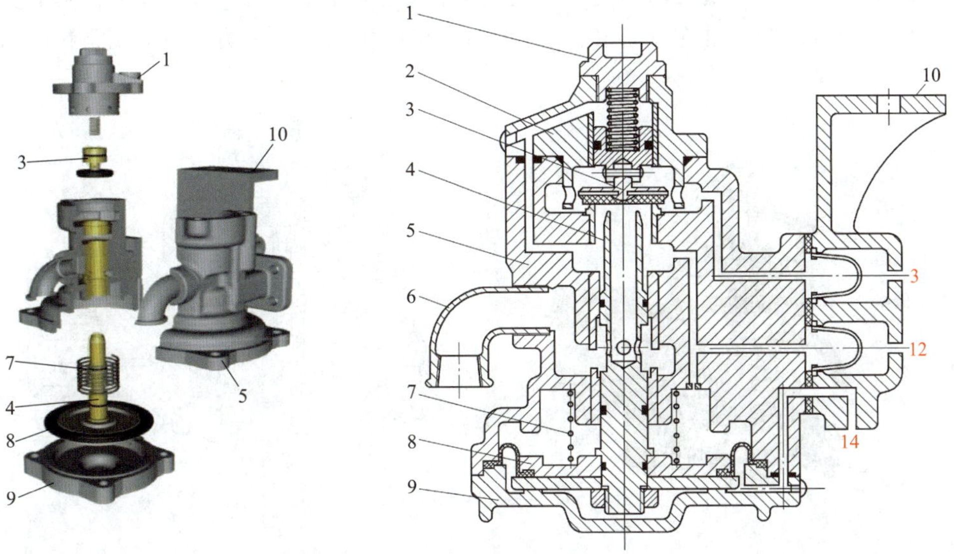

1—上堵；2—上盖；3—供气阀；4—空心阀杆；5—阀体；6—排气弯头；7—缓解弹簧；
8—作用活塞；9—下盖；10—管座。
管号（红色字体）：3—总风缸管；12—制动缸管；14—作用风缸管。

图 4-56　作用阀结构

二、作用原理

作用阀共有 3 个作用位置。

1. 缓解位

当作用活塞下方压力排向大气时，作用活塞连同空心阀杆下移，开放排气口，使制动缸压力空气经排气口排向大气，机车缓解，如图 4-57 所示。

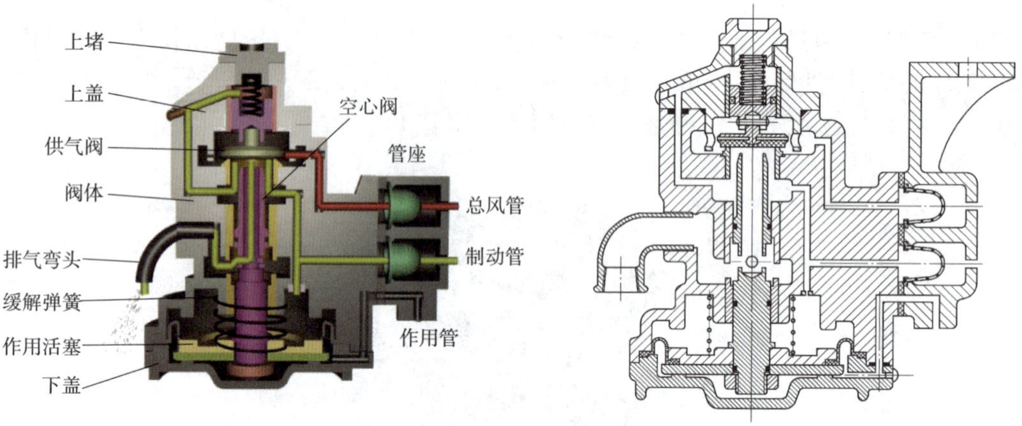

图 4-57　作用阀缓解位

2. 制动位

当作用活塞下方压力增加时，压力空气推动活塞连同空心杆上移，顶开供气阀，总风缸压力空气经供气阀口向制动缸充气，同时也经缩口风堵向作用活塞上方充气，如图 4-58 所示。

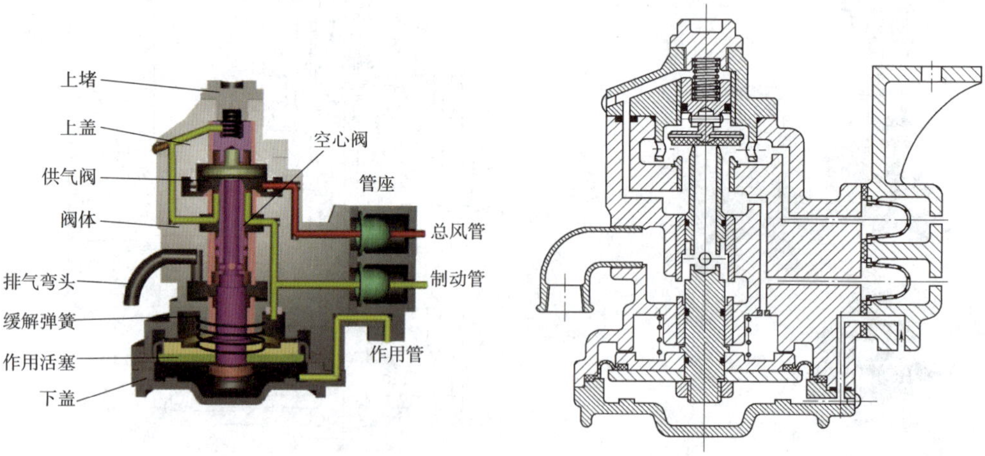

图 4-58　作用阀制动位

3. 保压位

随着制动缸压力的不断上升，作用活塞上方压力也上升。当活塞上下压力平衡时，空心阀杆在弹簧力的作用下向下移，使供气阀口关闭(排气阀口仍关闭)，呈制动后保压位，如图 4-59 所示。

保压位时，若制动缸及其管路有漏泄，作用活塞上下两侧便失去平衡而上移，重新开启供气阀口向制动缸补充压力空气。当补充完漏泄后，作用活塞下移，仍呈保压位。

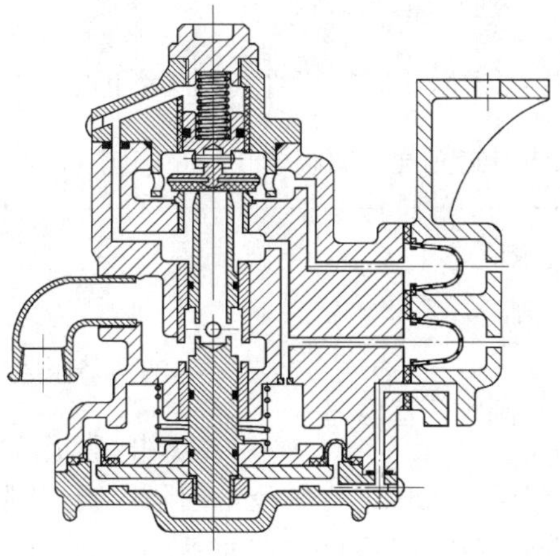

图 4-59　作用阀保压位

三、分配阀与作用阀的联系

分配阀的功用是根据列车管内的压力变化来控制作用风缸的充气和排气，并通过变向阀、作用阀的作用来使机车产生制动、保压或缓解作用。作用阀既可受作用风缸压力控制，也可以受单独作用管压力控制，其间的转换依靠变向阀的状态。为学习方便，先不考虑单独作用管的压力控制，则作用阀的动作仅由分配阀来控制。分配阀有 6 个作用位置，即充气缓解位、初制动位(局部减压位)、常用制动位、阶段制动位、缓解及阶段缓解位和紧急制动位。根据列车管压力变化，各阀通路及作用如下：

(一)列车管增至定压时

1. 分配阀呈充气缓解位(图 4-60)，作用风缸排气。

(1) 列车管2b ─┬→紧急膜板活塞上侧。
　　　　　　　└→充气限制堵 ─┬→21a→21→紧急风缸。
　　　　　　　　　　　　　　　└→紧急膜板下侧及柱塞杆下侧。

此条通路是向紧急风缸充气，紧急放风阀处于充气缓解位。最终使紧急膜板活塞上下两侧压力相等，放风阀在其弹簧的作用下关闭阀口。

(2) 列车管2b→2e ─┬→副阀膜板活塞左侧。
　　　　　　　　　└→2f→一次缓解逆流止回阀→2g ─┬→转换盖板(直)→23e ─┐
　　　　　　　　　　　　　　　　　　　　　　　　└→2h→充气阀柱塞凹槽→23a ─┘
　→副阀柱塞尾端凹槽 ─┬→23b→23c→23→工作风缸。
　　　　　　　　　　　└→26b→26→降压风缸。

此条通路使副阀呈充气缓解位，并在一次缓解时加快主阀的缓解速度。当列车管增至定压，充气阀呈缓解位时，列车管向工作风缸和降压风缸充气；若工作风缸和降压风缸有过充压力需消除时，其过充压力能经此通路逆流至列车管消除。充气阀呈缓解位时，还排出局减室内压力空气，以便再次制动时产生局部减压作用。

（3）列车管2b→2c→
- →主阀大膜板活塞上侧。
- →2d→紧急限压阀柱塞活塞大直径下部。
- →工作风缸充气止回阀缩孔→止回阀→
  - →主阀大膜板活塞下侧。
  - →23d→
    - →23→工作风缸。
    - →23c→23b→副阀柱塞尾部→
      - →26b→26→降压风缸。
      - →26a→副阀膜板活塞右侧。

此通路使主阀呈缓解位，作用风缸压力空气经常用限压阀（正常状态时）或紧急限压阀（常用限压阀呈限压状态时），由主阀空心阀杆排气口排向大气。作用风缸排气通路为：作用风缸→14→14a→14b→常用限压阀或紧急限压阀→22b→主阀空心阀杆排气口→大气。

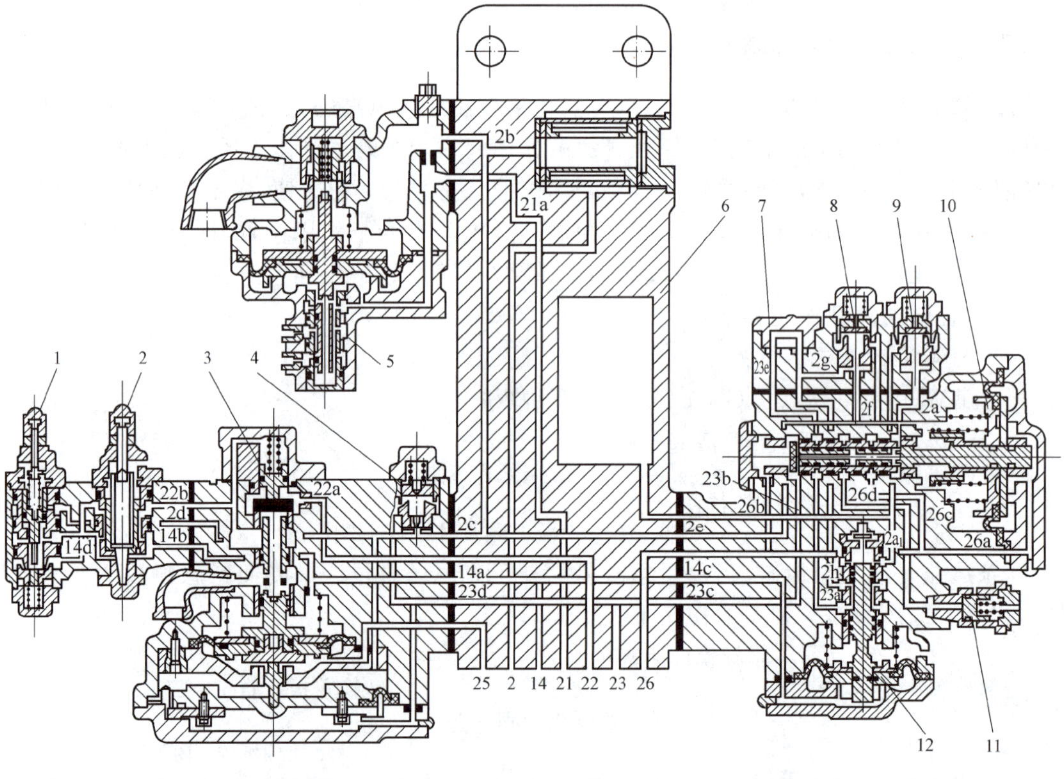

1—紧急限压阀；2—常用限压阀；3—主阀；4—工作风缸充气止回阀；5—紧急放风阀；6—管座；7—转换盖板；8—次缓解逆流止回阀；9—局减止回阀；10—副阀；11—保持阀；12—充气阀。

图 4-60　分配阀充气缓解位作用原理

2. 作用阀呈缓解位，机车制动缸内压力空气由作用阀空心阀杆排气口排向大气，机车缓解。

（二）列车管初减压或施行小减压量时（图 4-61）

1. 分配阀呈初制动位，即局部减压位，各阀作用及通路如下：

（1）副阀呈局减位，列车管压力空气 2e→2a→局减止回阀→$2a_1$→局减室及充气阀排气口→大气，以造成机车列车管的局减作用，促使主阀急速动作。

（2）主阀呈制动位，使作用风缸充气。主阀供气通路为：总风缸压力空气→22→22a→

供气阀口——
　→22b→紧急限压阀下部止阀周围。
　→常用限压阀柱塞凹槽——
　　→14d→紧急限压柱塞小直径下部。
　　→14b→14a→14→作用风缸。
　　→14a→14c→充气阀膜板下方。
　　→缩孔→小膜板上侧。

当作用风缸压力增至与列车管减压量相适应时，主阀自动转换为保压位，作用风缸停止增压。

（3）作用风缸压力增至 24 kPa 以上时，充气阀自动呈作用位，局减室压力增至与列车管压力平衡后局减作用自动终止。若列车管再减压，局减室压力空气不会向列车管逆流。

2. 作用阀因作用风缸充气而呈制动位，总风缸压力空气经供气阀口向机车制动缸充气，机车制动；当机车制动缸增压至与作用风缸压力平衡时，作用阀自动转换为保压位，制动缸停止增压，机车保持制动。

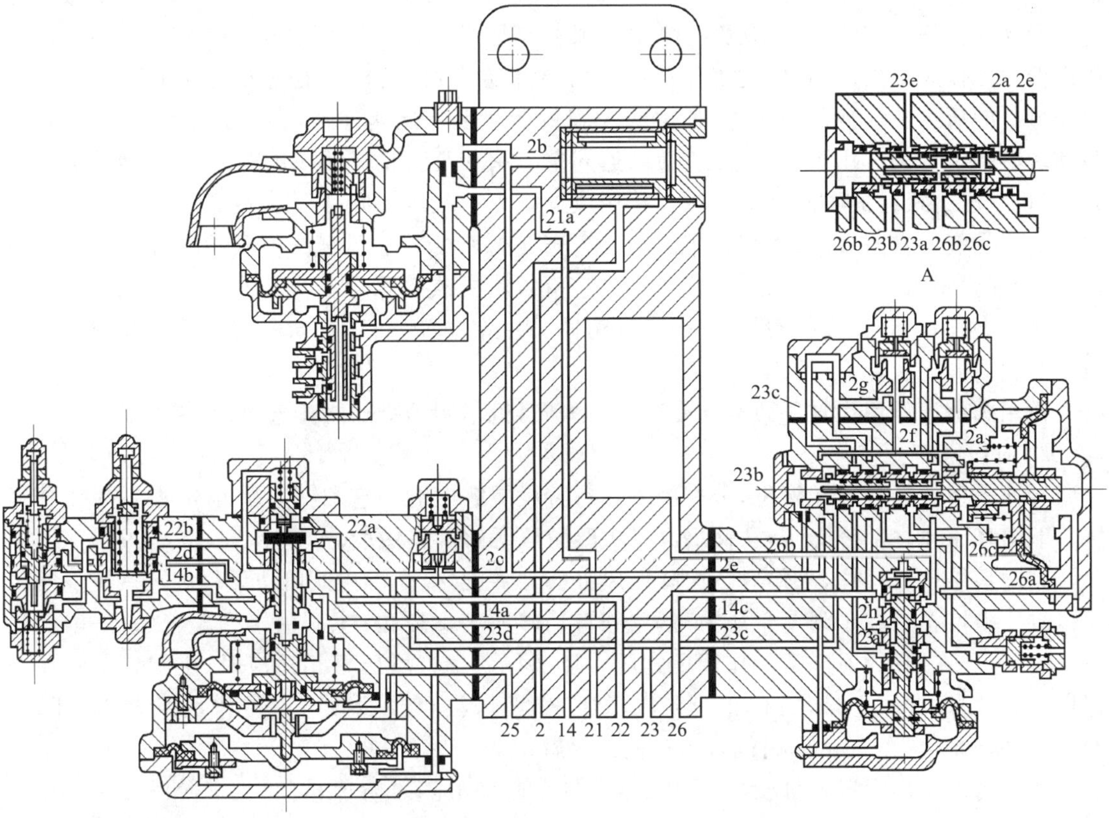

图 4-61　分配阀紧急制动位及制动位作用原理

（三）列车管常用减压时（或阶段减压）

1. 分配阀呈常用制动位，各阀通路和作用如下：

（1）副阀呈制动位，降压风缸压力空气 26→26c→柱塞中心孔→26d→保持阀→大气，当其压力降至与列车管压力平衡时，副阀自动转换为保压位，降压风缸停止排气。

(2)主阀呈制动位,作用风缸增压,其供风通路与初减压或施行小减压量时相同。当作用风缸压力增至与列车管减压量相适应时,主阀由制动位自动转换为保压位。

若列车管阶段减压,分配阀呈阶段制动位,副阀和主阀重复上述动作,作用风缸阶段增压。至作用风缸压力达到常用限压值时,常用限压阀由正常状态自动转换为限压状态,作用风缸压力不再增加。

(3)紧急放风阀先呈常用制动位,后自动转换为充气缓解位。

2. 作用阀因作用风缸增压而呈制动位,总风缸压力空气经供气阀口向机车制动缸充气,机车制动;当机车制动缸增压至与作用风缸压力平衡时,作用阀自动转换为保压位,若作用风缸阶段增压,机车制动缸亦阶段增压,机车可得到阶段制动作用。

(四)列车管一次增压或阶段增压时

分配阀呈缓解及阶段缓解位。

1. 一次缓解位

转换盖板置于一次缓解位。制动后缓解使列车管开始增压时,副阀膜板活塞连同柱塞右移至极端,柱塞尾端开启工作风缸 23b 向降压风缸 26b 部分降压的通路,使工作风缸向降压风缸部分降压。同时工作风缸 23b 经柱塞凹槽 23a 与 23e 连通又经转换盖板→2g→一次缓解逆流止回阀缩孔→2f,由于一次缓解逆流止回阀上部是列车管的压力空气,在缓解刚开始时,其压力低于工作风缸的压力,因此工作风缸压力顶开逆流阀,经较大通路充向列车管 2e。由于工作风缸的压力空气逆流列车管,使主阀大膜板活塞上下迅速连通,合力为 0,在作用风缸压力和缓解弹簧力的作用下,使小膜板活塞连同空心阀杆及大膜板活塞迅速下移,开放空心阀杆排气口,三压力机构的主阀呈缓解位。作用风缸压力空气经常用限压阀或紧急限压阀由主阀空心阀杆排气口排向大气,缓解机车制动。当充气阀膜板活塞下侧作用风缸压力低于 24 kPa 时,在缓解弹簧力的作用下,充气阀膜板活塞下移,使局减室压力空气经充气阀柱塞尾端的排气孔排向大气,同时柱塞凹槽将 2h 与 23a 沟通。在此位置,列车管向各气室充气和充气缓解位气路相同。

作用阀由于作用风缸压力空气一次排向大气,机车制动缸随之排气,机车缓解。

2. 阶段缓解位

转换盖板置于阶段缓解位,分配阀才具有阶段缓解性能。它和一次缓解不同的是:工作风缸只能向降压风缸部分降压,从而提高了主阀阶段缓解的灵敏度。

副阀呈缓解充气位,工作风缸向降压风缸部分降压,提高了主阀阶段缓解的灵敏度。当降压风缸压力增至稍高于列车管压力时,副阀自动转换为保压位;主阀由于列车管增压,因此迅速呈缓解位,作用风缸排气,待作用风缸压力降至与列车管增压量相适应时,主阀自动转换为保压位,作用风缸停止排气;列车管阶段增压,作用风缸可阶段排气。待作用风缸压力降至 24 kPa 以下时,充气阀由作用位自动转换为缓解位。

作用阀由于作用风缸阶段排气,因此,使机车制动缸随之阶段排气,机车阶段缓解。作用风缸压力降至 0,机车制动缸压力亦降至 0,机车完全缓解。

(五)列车紧急制动时(图 4-62)

由于列车管压力空气经自动制动阀的放风阀迅速排向大气,列车管压力急剧下降。

1. 分配阀呈紧急制动位,各阀作用如下:

(1)紧急放风阀呈紧急制动位,放风阀口开启,提高了列车紧急制动波速。紧急风缸压力空气由三处缩口风堵排出,当其压力降至小于放风阀弹簧力时,放风阀口自动关闭。

(2)副阀呈制动位,降压风缸压力空气由保持阀排出,当其压力降至 280～340 kPa 时,保持阀排气口关闭,降压风缸停止排气。不仅可确保副阀呈制动位,同时可保持与车辆副风缸压力接近一致,提高了机车与车辆缓解再充气时的一致性。

(3)主阀呈制动位,供气阀口开启,作用风缸增压。当其压力达到常用限压值时,常用限压阀由正常状态自动转换为限压状态;作用风缸压力由其他通路仍可继续增加,其压力达到 450 kPa 时,紧急限压阀由制动状态自动转换为限压状态,作用风缸内不再增压。

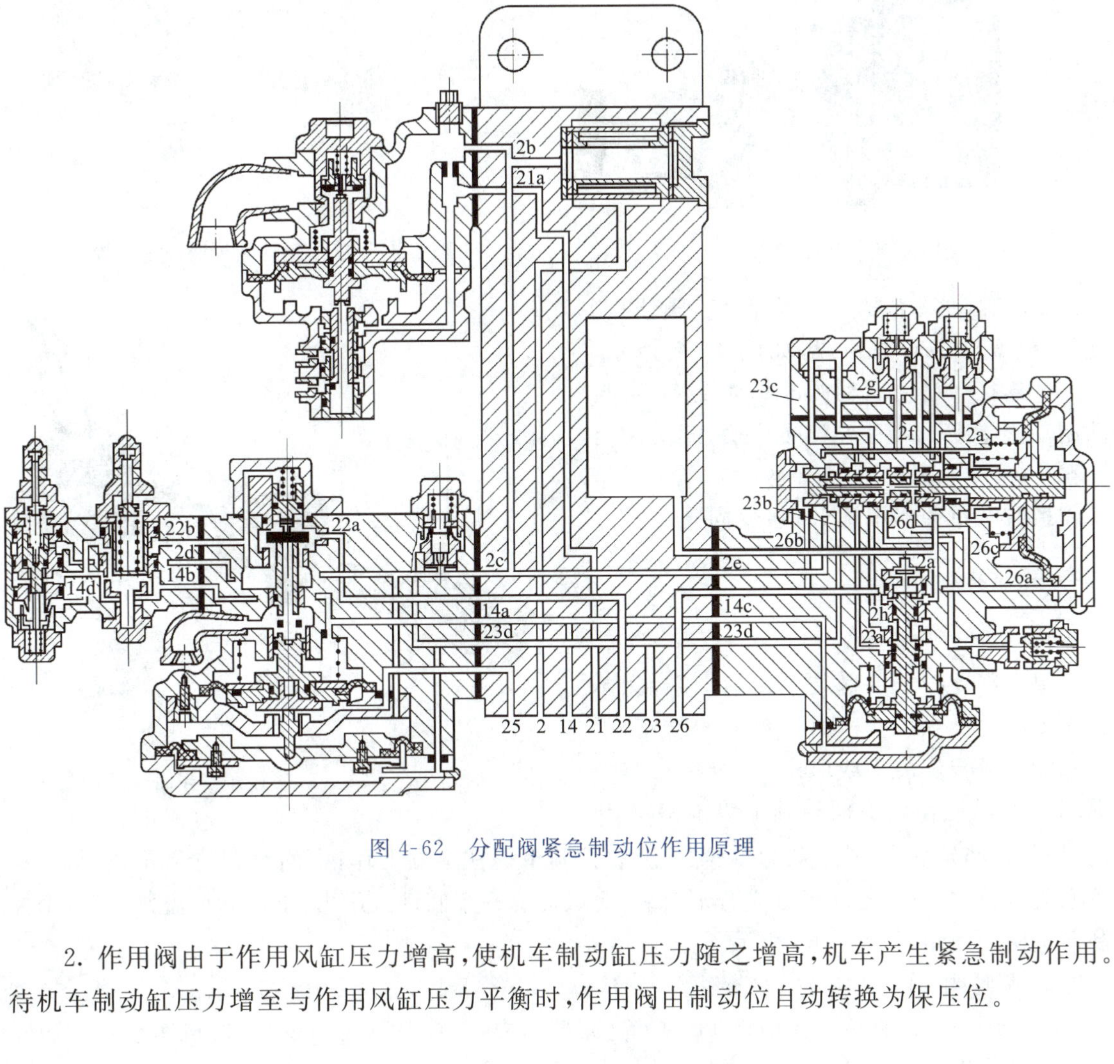

图 4-62 分配阀紧急制动位作用原理

2. 作用阀由于作用风缸压力增高,使机车制动缸压力随之增高,机车产生紧急制动作用。待机车制动缸压力增至与作用风缸压力平衡时,作用阀由制动位自动转换为保压位。

第六节 单独制动阀

单独制动阀(简称单阀,俗称小闸)主要用于机车的单独制动与缓解,而与列车管压力变化无关。其外形如图 4-63 所示。单独制动阀属于自动保压式,可操纵机车的阶段制动或阶段缓解,还可实现列车制动后机车的单独缓解。

单独制动阀有 3 个作用位置,即单独缓解位、运转位、全制动位,运转位到全制动位之间为制动区,如图 4-64 所示。手柄置于单独缓解位时,受到复原弹簧的作用,只要松开手柄,它便自动回到运转位。

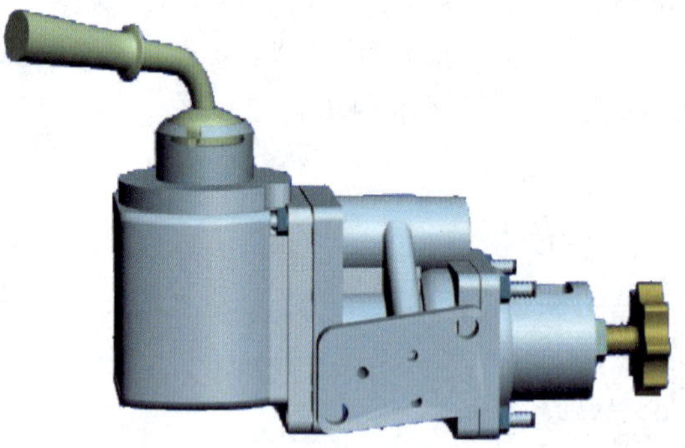

图 4-63　单独制动阀

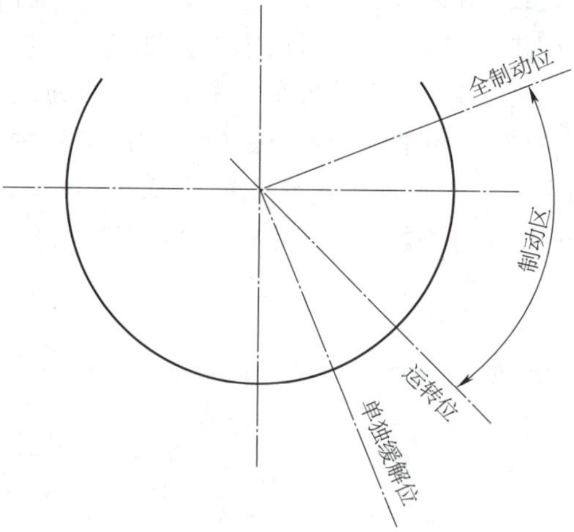

图 4-64　单独制动阀手柄作用位置

单独制动阀主要由手柄、凸轮、阀体、调整阀、单缓柱塞阀等组成，如图 4-65 所示。其阀体连接于自动制动阀的阀体上，并与自动制动阀管座上的有关管路连接，其上配有 3 条管路，即总风缸管 3、单独缓解管 10（接工作风缸）、单独作用管 11（接变向阀）。

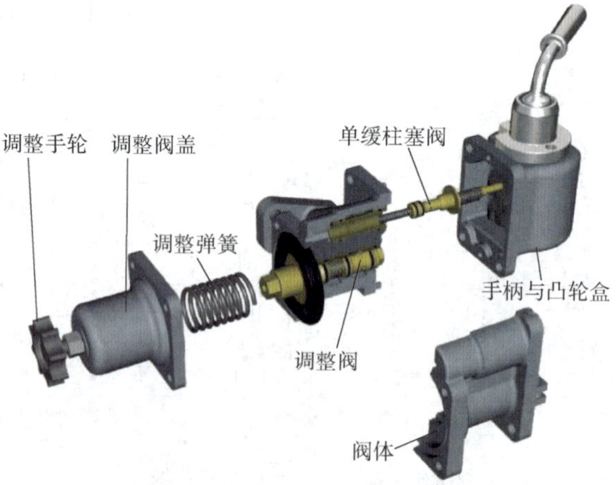

图 4-65　单独制动阀结构

一、结构

1. 手柄与凸轮

单独制动阀的手柄装于转轴上端，为单独制动阀的操纵机构。由于盖板的限制，手柄只能在运转位装入或取出，以避免在非操纵端产生误动作。手柄转轴上设有 3 个凸轮，均装在凸轮盒内，其上部为单缓凸轮，它控制单缓柱塞的动作；中间为定位凸轮，它与定位柱塞配合使用，可将制动区分成若干个级，每级对应一个制动缸压力；下部为调整阀凸轮，来控制调整阀的动作，如图 4-66 所示。

2. 调整阀

调整阀用来调整单独作用管 11 的最高充气压力，并控制其压力变化，使机车产生或消除单独制动作用。

调整阀主要由调整手轮、调整弹簧、调整阀膜板、调整阀座、调整阀柱塞、排气阀弹簧、排气阀、供气阀弹簧、供气阀等组成。

3. 单缓柱塞阀

单缓柱塞阀用来排出单独缓解管 10 内（也就是工作风缸内）的压力空气，在列车制动时，使机车产生单独缓解作用。

单缓柱塞阀主要由单缓柱塞阀弹簧、单缓柱塞、定位片、弹簧挡圈、O 形圈等组成，如图 4-67 所示。

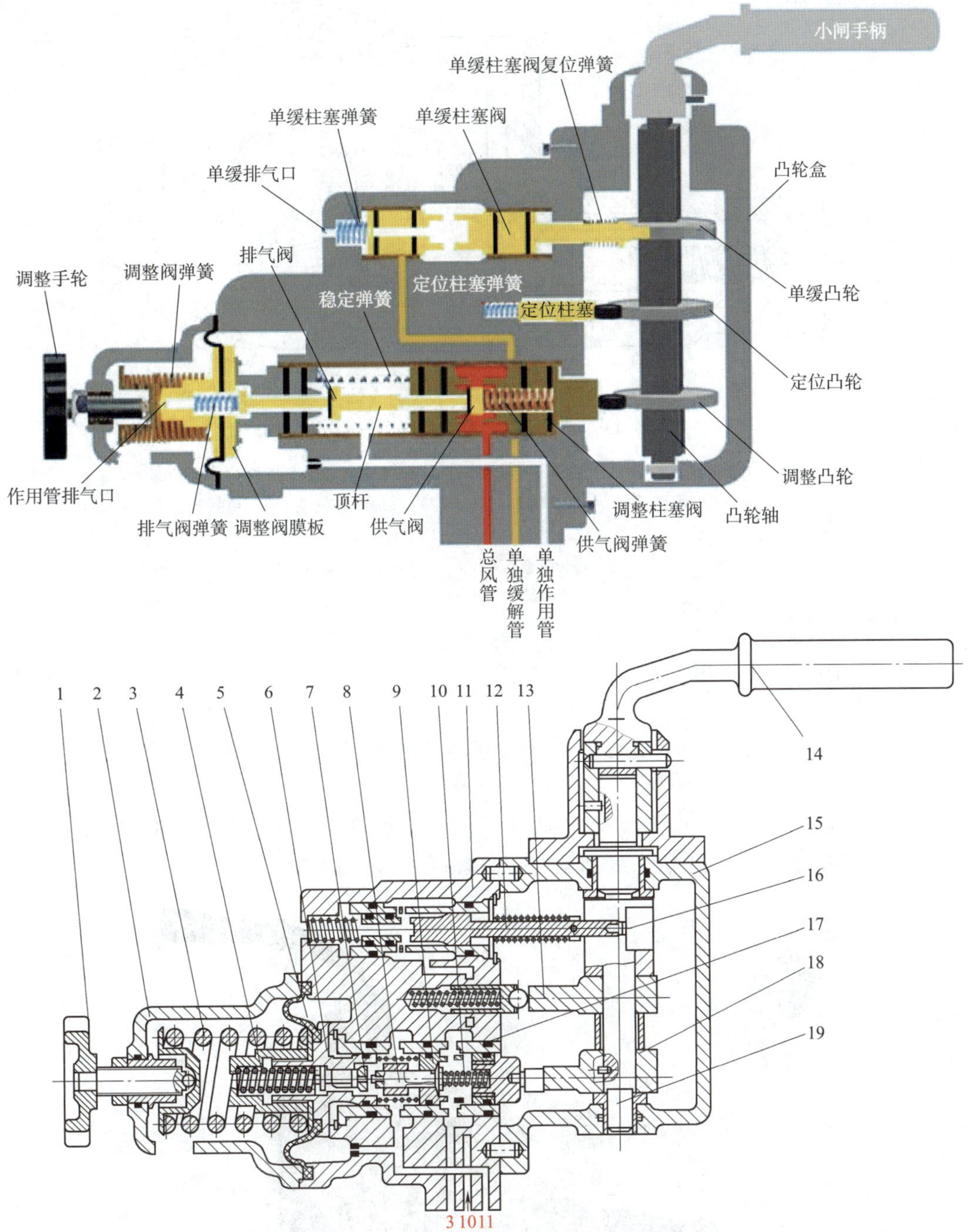

1—调整手轮；2—调整阀盖；3—调整弹簧；4—排气阀弹簧；5—调整阀膜板；6—调整阀座；7—排气阀；8—供气阀；9—调整阀柱塞；10—供气阀弹簧；11—阀体；12—单缓柱塞阀；13—定位凸轮；14—手柄；15—凸轮盒；16—单缓凸轮；17—O 形圈；18—调整阀凸轮；19—转轴。

管号(红色字体)：3—总风缸管；10—单独缓解管；11—单独作用管。

图 4-66　单独制动阀结构

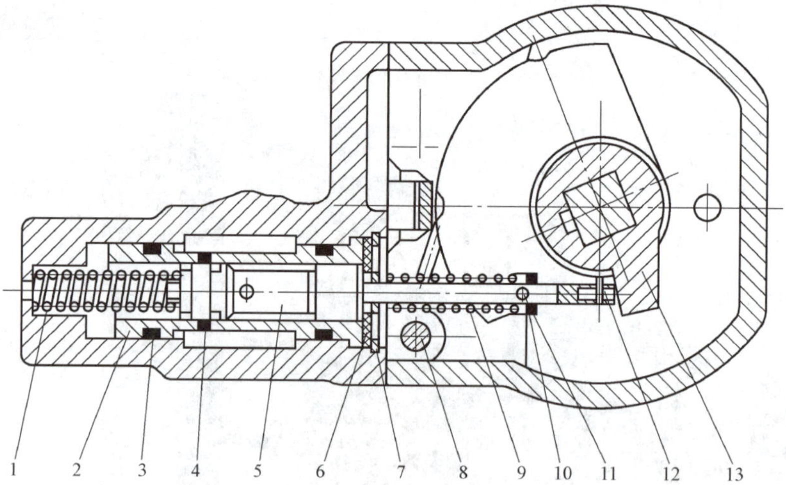

1—单缓柱塞阀弹簧;2—单缓阀套;3、4—O形圈;5—单缓柱塞;6—定位片;7—弹性胀圈;8—转销;9—单缓弹簧;10—弹簧挡圈;11—开口销;12—柱塞头;13—单缓凸轮。

图4-67 单缓柱塞阀结构

二、单独制动阀的作用

单独制动阀有3个作用位置。

1. 单独缓解位

当自阀施行列车制动后,欲缓解机车制动力,可将单阀手柄推向单缓位,此时,单缓凸轮得到升程,推动单缓柱塞左移,使单独缓解管10经单缓柱塞的凹槽与大气相通,如图4-68所示,从而把工作风缸的压力空气排向大气,使机车制动力得到单独缓解。当松开单阀手柄时,在单缓柱塞阀弹簧力的作用下,手柄恢复到运转位,单独缓解作用中断。

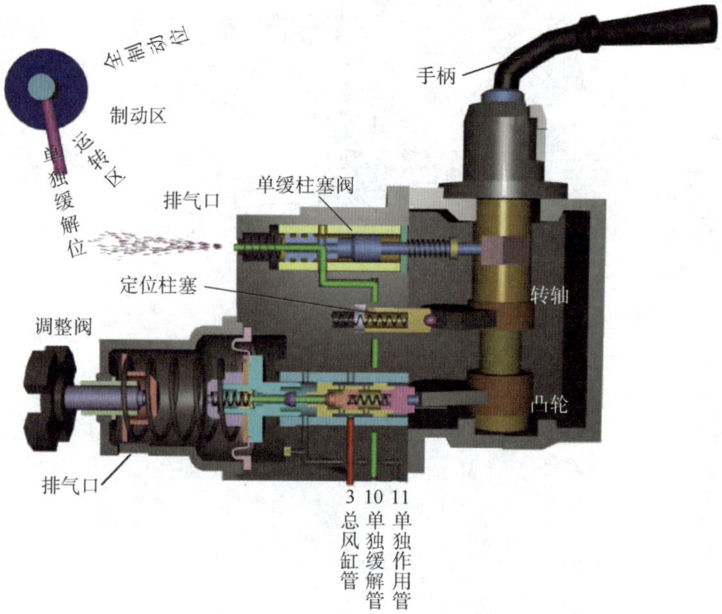

图4-68 单独制动阀单独缓解位

2. 运转位

单阀手柄置于运转位，调整阀凸轮得到一个降程，调整阀柱塞在单独作用管 11 内的压力空气作用下处于右极端，使供气阀口处于关闭状态，排气阀在其弹簧力的作用下使排气阀口开启，单独作用管 11 内的压力经排气阀口排向大气，使机车制动得到缓解，如图 4-69 所示。此时，单缓柱塞阀无通路。

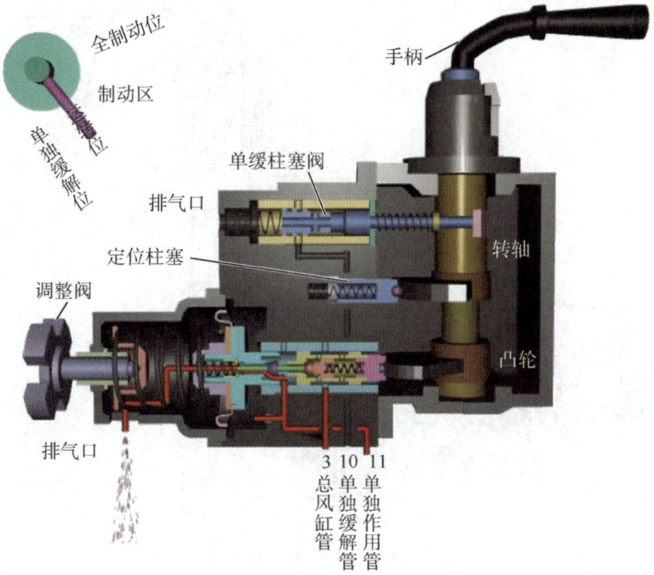

图 4-69　单独制动阀运转位

3. 制动区

单阀手柄置于制动区，调整阀凸轮得到某一个升程，推动调整阀柱塞左移一个距离，供气阀在其弹簧力的作用下随同左移，并推动排气阀左移，压缩排气阀弹簧，关闭排气阀口，随之供气阀口被开启，总风经供气阀口进入单独作用管 11，并经缩口进入调整阀膜板右侧，如图 4-70 所示。单缓柱塞阀与运转位相同，无通路。

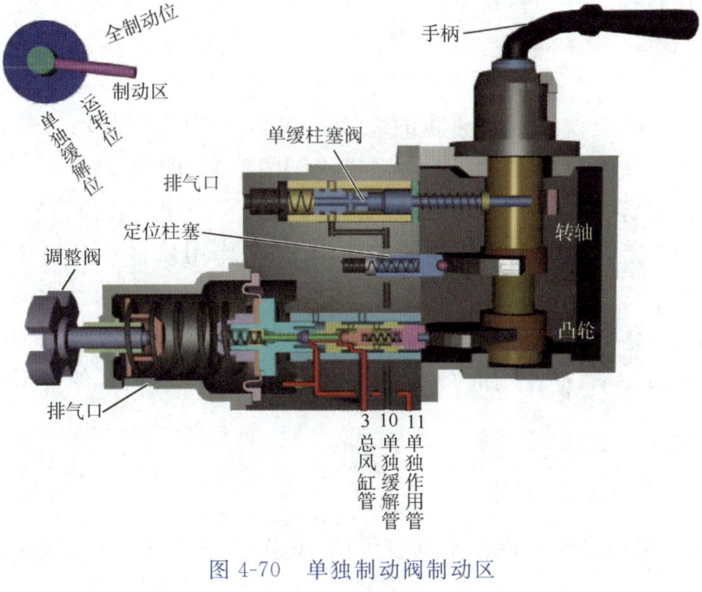

图 4-70　单独制动阀制动区

当膜板右侧压力与左侧弹簧力达到平衡时，膜板与调整阀座停止移动，供气阀在其弹簧力作用下关闭供气阀口，此时，供气阀杆端部仍和排气阀顶部接触，排气阀仍处于关闭状态，单独作用管 11 停止增压。当机车制动缸压力升至与单独作用管 11 压力相等时，作用阀自动呈保压位，使机车单独制动后形成保压，如图 4-71 所示。

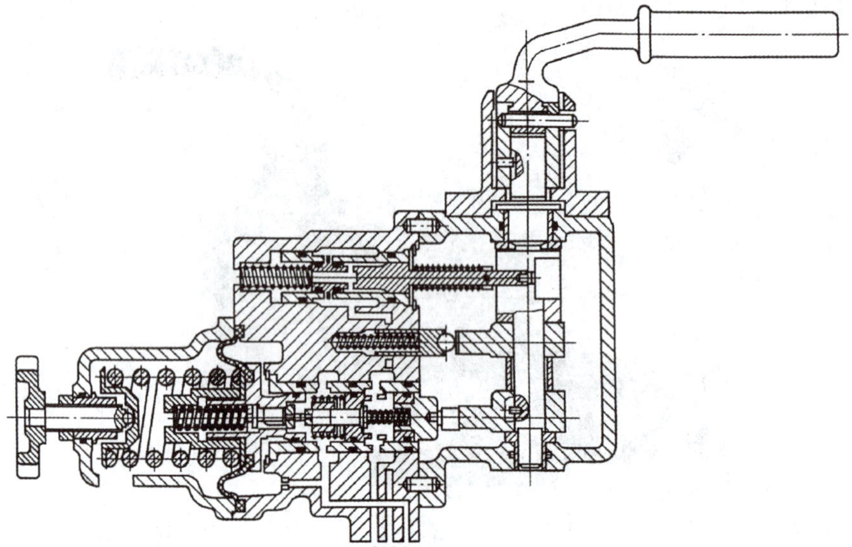

图 4-71　单独制动阀制动后保压位

若单阀手柄在制动区阶段右移，机车可阶段制动，若单阀手柄在制动区阶段左移，机车可阶段缓解，移至全制动位，机车制动缸压力规定为 300 kPa，该压力可通过调整手轮进行调整。

第七节　辅助阀类

辅助阀类是为完成制动机本身不能完成的一些特殊性能而设置的，它包括变向阀、重联阀、机车无动力装置、紧急制动阀、管道滤尘器等。

一、变向阀

变向阀又称换向阀，是改换气流通路的装置。在 JZ-7 型空气制动机的管路系统中，设有两个变向阀：一个用于转换两端单独制动阀对作用阀的控制，即两端单阀不能同时对作用阀进行操纵，称为单独作用管变向阀（也称为第一变向阀）；另一个用于转换自阀和单阀对作用阀的控制，即自阀和单阀不能同时去操纵作用阀的动作，称为作用风缸管变向阀（也称为第二变向阀），如图 4-72 所示。

变向阀由阀盖、阀体、柱塞、O 形圈组成，如图 4-73 所示。当压力空气由变向阀的一端充入时，便将柱塞推向另一端，柱塞端部 O 形圈与被紧压在阀体或阀盖的锥形密封面上，将另一端的通路堵塞。

二、重联阀

重联阀是专为双机或多机重联牵引而设置的，其作用是当列车制动或缓解时使重联补机

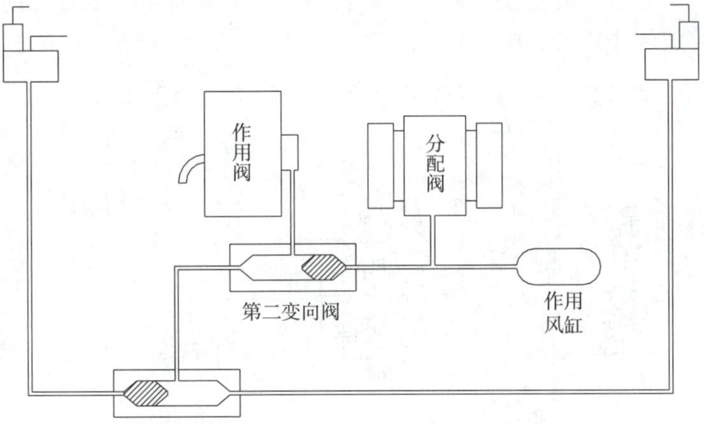

图 4-72　变向阀位置

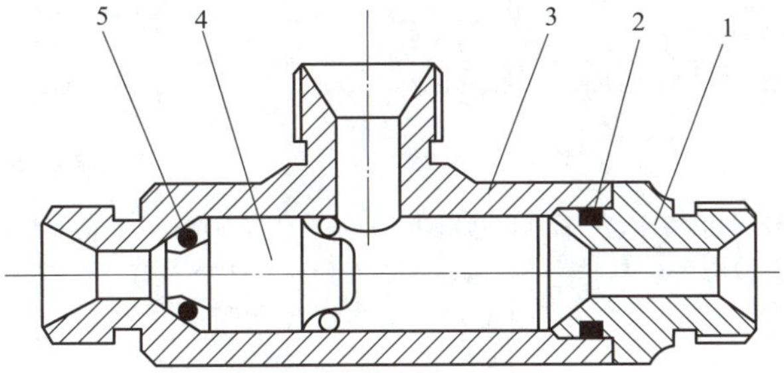

1—阀盖；2、5—O 形圈；3—阀体；4—柱塞。

图 4-73　变向阀结构

的制动、缓解作用与本务机车完全协调一致。若本务机车与重联补机发生断钩分离时，它能使本务机车和重联补机均处于制动状态，并使重联补机的制动缸管接受所在机车的分配阀或单独制动阀的控制，起到分离保护作用。

（一）结构

重联阀（图 4-74）由转换阀部、重联阀部、制动缸遮断阀部及管座组成，其结构如图 4-75 所示。

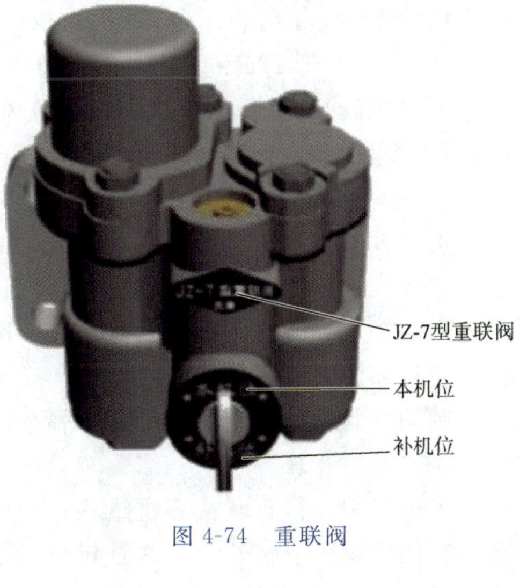

图 4-74　重联阀

转换阀部由转换按钮、偏心杆、二位阀柱塞及弹簧等组成。其作用主要是控制重联阀部的作用位置。

重联阀部由重联阀活塞、活塞杆、重联阀活塞弹簧、止回阀、止回阀弹簧及活塞杆套等组成。其作用主要是构成机车重联时制动机的通路。

制动缸遮断阀部由制动缸遮断阀活塞、遮断阀活塞杆、遮断阀弹簧、止回阀及止回阀弹簧等组成。其作用主要是确保重联机车一旦发生断钩分离时的制动作用。

管座上共装有5根管，即总风缸管3、制动缸管12、平均管27、连通变向阀的分配阀作用管14a及连通作用阀的作用管14b。

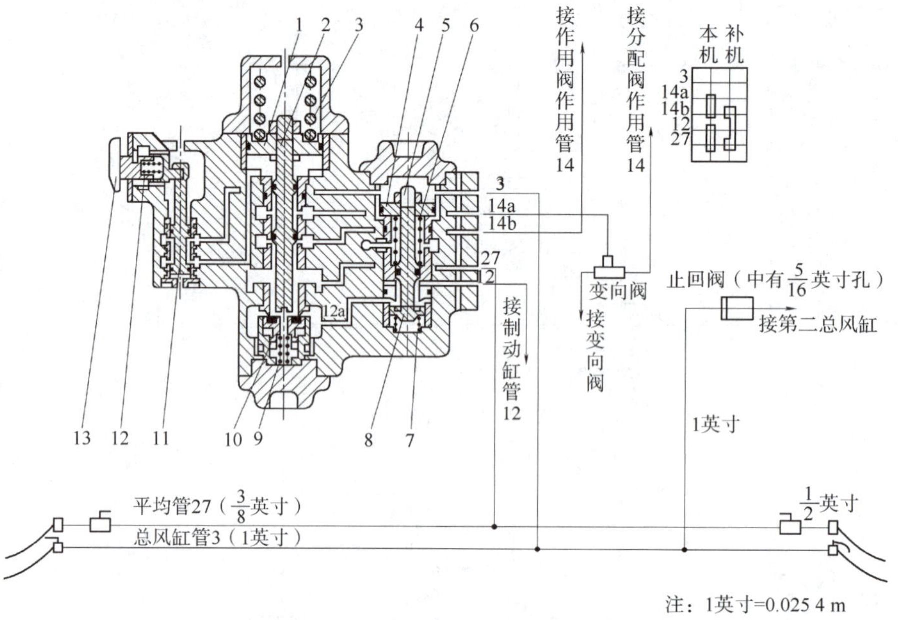

1—重联阀活塞；2—重联阀活塞杆；3—重联阀活塞弹簧；4—遮断阀活塞；5—遮断阀活塞杆；6—遮断阀弹簧；7、9—止回阀弹簧；8、10—止回阀；11—二位阀柱塞；12—弹簧；13—转换按钮。

图4-75　重联阀结构

（二）作用位置

重联阀有2个作用位置。

1. 本务机车位(重本位)，即本务机车转换按钮放置的位置

在本务机车位时，二位阀柱塞在上端，使重联阀活塞的下方经二位阀下方孔与大气相通在重联阀弹簧的作用下，重联阀活塞位于下方，开启重联阀部止回阀，有以下两条通路：

(1)分配阀作用管14→变向阀→进重联阀的作用管14a→重联阀活塞杆凹槽→出重联阀的作用管14b→作用阀。

(2)制动缸管12a→重联阀止回阀口→平均管27。

同时，制动缸遮断阀活塞上方的总风缸管3将活塞压于下端，并压开下部的止回阀，使制动缸管12与12a连通，通路为：制动缸管12→12a。

2. 重联补机位(重补位)，即重联补机转换按钮放置的位置

重联补机位时二位阀柱塞在下端，柱塞凹槽连通总风缸管3与重联阀活塞下方的通路。总风缸管3来的压力空气经二位阀柱塞凹槽到重联阀活塞下方，使重联阀活塞位于上方，重联阀止回阀在其弹簧作用下关闭止阀口，平均管27经活塞杆下方连通作用阀的作用管14b，重联阀在重补位只有一条通路：平均管27→作用管14b。

制动缸遮断阀部位置同上，其活塞在下端，止回阀开，通路为：制动缸管12→12a。

（三）作用原理

当机车为双机重联或多机重联牵引时，本务机车将转换阀按钮放在本务机车位，自阀和单阀的手柄均置于运转位。重联补机将转换阀按钮放在重联补机位，自阀手柄置于手柄取出位，单阀置于运转位，并取出手柄。

重联机车制动的作用原理是两台机车重联时，将本机的制动缸管 12 经重联阀、平均管 27，与补机作用阀的作用管 14b 相连，使两台机车产生统一的制动、缓解作用。

1. 本务机车自阀施行常用制动

由于列车管减压，本务机车和重联补机的分配阀都动作。

本机分配阀作用管 14→变向阀→14a→重联阀柱塞凹槽→14b→本机作用阀，使作用阀发生作用，总风缸管 3 压力空气→本机制动缸管 12，本机产生制动作用。

补机分配阀也相应动作，重联补机分配阀作用管 14→变向阀→14a，但 14a 被重联阀柱塞的凹槽遮断而不通 14b，重联补机的作用阀不受补机分配阀的控制。由于本机制动缸 12 经重联阀(重本位)与平均管 27 相连，又经补机重联阀(重补位)与补机作用阀的作用管 14b 相连，因此，总风缸管 3 压力空气→作用阀供气阀口→本机制动缸管 12→重联阀制动缸遮断阀止回阀口→12a→重联阀止回阀口→本务机车平均管 27→重联补机平均管 27→补机重联阀活塞杆下方→补机作用阀的作用管 14b→补机作用阀，使补机作用阀也呈制动位。补机总风缸管 3 压力空气→作用阀供气阀口→补机制动缸管 12。于是本务机车和重联补机都产生同步的制动作用。

2. 列车制动后自阀施行列车缓解

由于列车管增压，本务机车分配阀产生缓解作用(重联补机的分配阀虽然也动作，但重联补机的作用阀不受补机分配阀的控制)，分配阀作用管 14 的压力空气经主阀排气口排向大气。由于本机重联阀(重本位)沟通 14a→14b，本机作用阀作用管 14→14b→本机重联阀→14a→变向阀→分配阀作用管 14→EX，本机制动缸管 12→作用阀空心阀杆→EX，本机得到缓解。

由于本务机车制动缸压力下降，补机作用阀作用管 14→14b→重联阀(重补位)→重联补机平均管 27→本务机车平均管 27→本机重联阀止回阀口→12a→制动缸遮断阀止回阀口→12→本机作用阀空心阀杆排气口→EX，使重联补机的作用阀呈缓解位。补机制动缸管 12→补机作用阀空心阀杆排气口→EX。因此，重联补机与本务机车得到同步的缓解作用。

3. 本务机车用单阀来操纵机车的制动和缓解

单阀操纵时，列车管的压力不产生变化，分配阀不发生动作。本机单独作用管 11 的压力经变向阀进入重联阀的作用管 14a，再由重联阀出来的作用管 14b 去控制作用阀的动作。由于补机重联阀在重补位，14a 不通 14b，补机作用阀的动作由本机制动缸的压力所控制。

与自阀操纵时相比较所不同的是：在制动时，本机重联阀的管路 14a 的压力空气不是由分配阀作用管 14 来的，而是由单独作用管 11 来的。在缓解时，本务机车重联阀的管路 14a 的压力空气不是经分配阀主阀的排气口排向大气，而是经单阀调整部的排气口排向大气。

4. 列车制动后施行机车单独缓解

列车制动后施行机车单独缓解时，本机分配阀的工作风缸压力下降(23→10→EX)，本机分配阀主阀呈缓解位。

本机作用阀作用管 14→14b→本机重联阀→14a→变向阀→分配阀作用管 14→分配阀主阀排气口→EX。本机制动缸管 12→作用阀排气口→EX，本务机车缓解。

由于本机制动缸压力下降，补机作用阀作用管 14→14b→补机重联阀→平均管 27→本机重联阀→12a→本机作用阀空心阀杆排气口→EX。经补机作用阀的作用，补机制动缸 12→补机作用阀排气口→EX，从而重联补机缓解。

须注意：在列车制动后施行机车单独缓解时，重联补机分配阀工作风缸的空气压力并没有下降。

重联阀作用位置的通路见表 4-1。

表 4-1 重联阀作用位置通路

重联阀	转换阀部		重联阀部			遮断阀部		
	柱塞位置	通路	活塞位置	止阀	通路	活塞位置	止阀	通路
重本位	上端	重联活塞下方→EX	下端	开	14a→14b 12a→27	下端	开	12→12a
重补位	下端	3→重联活塞下方	上端	关	27→14b	下端	开	12→12a

(四)机车断钩分离时的保护作用

运行中,一旦发生重联机车断钩分离事故,则两机车连接的列车管 2、总风缸管 3 和平均管 27 均会被拉断,列车管迅速排风,由于重联阀的作用,本务机车和重联补机都会发生制动作用。

断钩分离时,总风缸的止回阀可避免紧急风缸的压力空气流失。重联阀的制动缸遮断阀部动作,遮断阀活塞升起,其止回阀关闭,防止制动缸管口的压力空气经平均管 27 排向大气,保证了本务机车的安全。由于总风缸管 3 的压力下降,使补机重联阀的活塞移至下端,自动地转为本务机车位,使 14a 和 14b 沟通,并切断了 14b 与平均管 27 的通路,重联补机分配阀所产生的作用管 14 的压力空气→变向阀→14a→重联阀→14b→补机作用阀,产生制动作用。此时补机制动缸遮断阀止回阀也关闭,从而保证了重联补机分离后的制动作用。

断钩时重联阀的通路见表 4-2。

表 4-2 断钩时重联阀通路

遮断阀部			本机重联阀部		补机重联阀部		
作用位	活塞位置	止阀	通路	通路	活塞位置	止阀	通路
运行时	下端	开	12→12a	14a→14b (12→)12a→27	上端 (重补位)	关	27→14b
断钩时	上端	关	12 不通 12a	14a→14b	下端 (转重本位)	开	14a→14b 12 不通 12a

(五)重联阀使用注意事项

1. 机车重联牵引时,本务机车和重联补机的分配阀列车管塞门都应开通,当发生断钩机车分离时,重联阀能使每台机车的作用阀接受所在机车的分配阀和单阀的控制,起到分离保护的作用。

2. 总风缸管除经止回阀与总风缸连接外,不得再与其他管路连通。

3. 无动力机车挂在机后一位时,可与本务机车连接总风缸管 3 和平均管 27,重联阀置于重联补机位。若编在列车中部或后部时,须把重联阀置于本务机车位,经重联阀将 14a 与 14b 沟通,并开放无动力装置塞门和分配阀列车管塞门,关闭总风缸管和平均管两端折角塞门。

4. 除了重联补机和机后一位的无动力机车可将重联阀放在重补位,通常重联阀应确认放在重本位。因为重联阀串接在变向阀与作用阀之间,误放重补位会造成制动时机车制动缸无压力。

5. 两台机车连挂在一起,不接平均管时,后台机车的制动和缓解作用根据列车管的压力变化而动作。当前台操纵机车施行单阀制动时,只是前台机车制动。

三、机车无动力装置

机车无动力装置是在机车无动力回送，其空气压缩机不能运转时，须将机车无动力装置开放，使机车能与其他车辆一样的产生制动或缓解作用。

无动力装置由滤尘止回阀和截断塞门组成，连接在机车上的列车管与总风缸管之间。当开通截断塞门时，列车管的压力空气经滤尘止回阀充入总风缸。此时总风缸在机车制动装置中相当于车辆的副风缸。机车上的滤尘止回阀结构如图 4-76 所示。

由列车管来的压力空气，经滤尘器除去其中所含机械杂质，推开止回阀，再经阻流塞的缩孔（ϕ3.2 mm）充入总风缸内。其中，设置止回阀是为了防止列车管减压时，总风缸的压力空气向列车管逆流而设置的。止回阀上部设有弹簧，其调整压力为 140 kPa。所以当列车管定压为 500 kPa 时，充入总风缸的最大压力应为 360 kPa；设置阻流塞是为了防止当列车管向总风缸充气时，因总风缸容量大而使列车管压力骤然下降而发生自然制动。

当机车无动力回送时，除开放本装置外，还必须对制动机做如下处理：(1)将两端自阀手柄置于手柄取出位并取出手柄；(2)将两端单阀手柄置于运转位并取出手柄；(3)将常用限压阀限制压力调至 250 kPa。

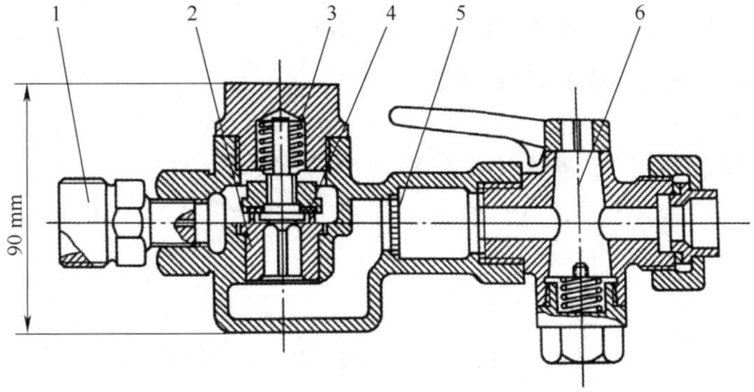

1—阻流塞；2—止回阀座；3—止回阀弹簧；4—止回阀；5—滤尘器；6—截断塞门。

图 4-76 滤尘止回阀结构

四、紧急制动阀

紧急制动阀是空气制动装置中的安全设施。当制动机操纵失灵或乘务员发现特殊情况需要立即停车而又来不及通知司机时，可使用紧急制动阀。

紧急制动阀的作用是使列车管的压力空气通过该阀直接而迅速地排向大气，从而使机车和车辆发生紧急制动作用。阀的开启和关闭是通过手柄带动偏心轮来完成的。当手柄朝上时，偏心轮使阀紧压在阀座上，关闭了阀口；当拉动手柄让其朝下时，偏心轮便松开了阀，因而列车管的压力空气通过阀口经阀体上的一圈小孔排向大气。紧急制动阀的结构如图 4-77 所示。

五、管道滤尘器

管道滤尘器是防止压力空气中的机械杂质进入制动机，影响各阀正常工作的设备，其结构如图 4-78 所示。

在通往制动阀（自阀、单阀）、中继阀、分配阀的总风缸支管上，均装有管道滤尘器。上述三处的管道滤尘器的结构基本相同，仅在规格上和滤芯的材料上有所差别。

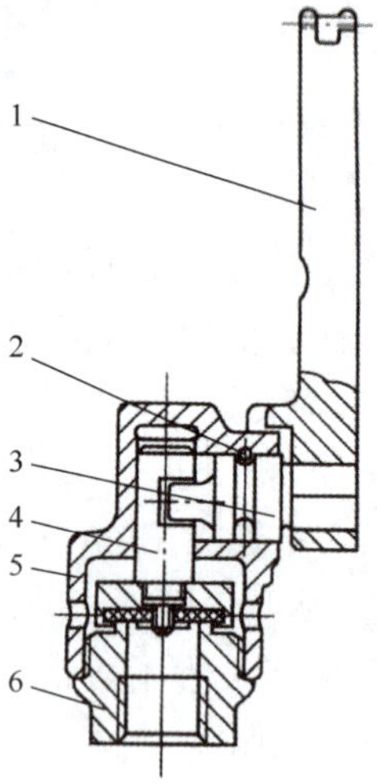

1—手柄；2—圆销；3—曲柄；
4—阀；5—阀体；6—阀座。
图 4-77 紧急制动阀结构

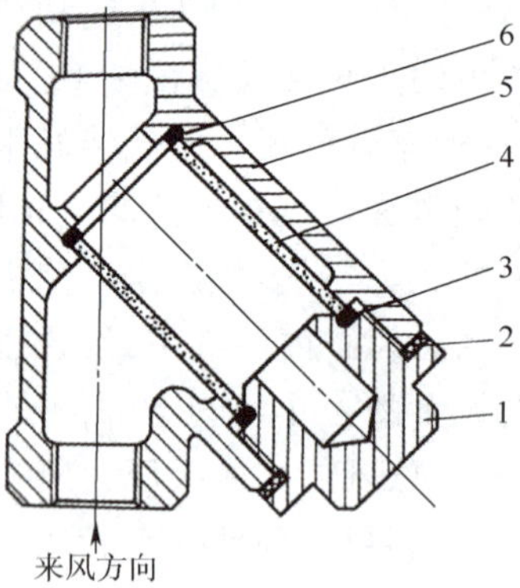

1—盖；2—垫；3、6—O 形圈；
4—滤芯；5—体。
图 4-78 管道滤尘器结构

制动阀处，规格：3/8 英寸；滤芯材料：青铜珠烧结。

中继阀处，规格：1 英寸；滤芯材料：铜丝网。

分配阀处，规格：3/4 英寸；滤芯材料：铜丝网。

青铜丝烧结的滤芯，较铜丝网的滤尘效果更好，但其阻力大。滤芯在运用中，须定期进行清洗。清洗时，拆下盖，抽出滤芯，放在柴油中清洗，清洗完毕后，用压缩空气吹净。对于青铜珠烧结的滤芯，压缩空气须由里向外吹。

第八节 JZ-7 型空气制动机综合制动作用

JZ-7 型空气制动机的操纵有将单独制动阀手柄置于运转位不动，自动制动阀手柄各位置对列车状态予以控制的自动制动作用的操纵，还有自阀与单阀配合，单阀对机车进行单独控制的单独制动作用操纵过程。

一、自动制动作用

(一)过充位(参见附图 1)

过充位使用在初充气或再充气，须迅速向列车管充气时，可促使列车全部迅速缓解。和运转位不同之处是能使列车管获得过充压力，以达到提高列车管充气速度的目的。

1. 自动制动阀

调整阀呈充气状态，此时供气阀开启，排气阀关闭，总风缸压力空气经供气阀向均衡风缸及膜板活塞右侧充气，当达到规定压力后，自动呈充气后的保压状态。重联柱塞阀将均衡风缸管与中均管连通。缓解柱塞阀将遮断阀管经客、货车转换阀和缓解柱塞凹槽与大气连通，并使总风缸管经缓解柱塞尾端与过充管和过充风缸连通。

2. 中继阀

因总风遮断阀管 8 通大气，故总风遮断阀口开启，总风缸压缩空气可进入双阀口式中继阀的供气阀室。因中均管使中均室同时增压，故双阀口式中继阀呈缓解充气位，满足列车管充气增压的必要条件，列车管增压；此时，因过充管获得总风缸压力空气，使过充柱塞作用在中继阀膜板柱塞左侧，列车管获得比规定压力高出 30～40 kPa 过充压力，双阀口式中继阀由缓解充气位自动转换为缓解后保压位。列车管迅速增压，使车辆迅速缓解。

3. 分配阀

由于列车管增压，副阀、主阀、紧急放风阀均处于缓解位，列车管向工作风缸、降压风缸、紧急风缸及各气室充气，均充到比规定压力高 30～40 kPa 的压力空气。同时，作用风缸压力空气经常用限压阀、紧急限压阀及主阀空心阀杆排气口排向大气，最终分配阀各部处于缓解充气位。

4. 作用阀

因作用风缸压力下降，作用阀呈缓解位，机车制动缸压力空气由作用阀排气口排向大气，机车缓解，最终可缓解至 0。

（二）运转位（参见附图 2）

运转位是当列车缓解再充气及正常运行状态时所使用的位置，其作用通路与过充位基本相同，不同之处如下所述。

1. 自动制动阀

缓解柱塞阀遮断了总风缸压力空气经柱塞尾端向过充管和过充风缸充气的通路，过充风缸内的压力空气经本身的小孔排向大气，其他部分与过充位相同。

2. 中继阀

由于过充风缸内的压力空气逐渐消失，使过充柱塞作用在中继阀膜板柱塞左侧的附加力逐渐减小，中继阀膜板活塞两侧压力失去平衡而带动顶杆左移，开启排气口，使列车管内的过充压力由排气口徐徐排出，待列车管恢复定压时，中继阀又自动呈缓解后的保压位。由于此过程是在过充风缸控制下进行的，所以不会引起自然制动。

3. 分配阀

该位置时，工作风缸及降压风缸的过充压力经副阀部的原充气通路逆流到列车管消除，紧急风缸的过充压力由原充气通路经充气限制堵逆流到列车管消除，各气室的过充压力也随之消失。其他各阀与过充位相同。

（三）常用制动区（参见附图 3）

列车运行中正常情况下停车或调节列车速度时使用此位置。常用制动区设有最小减压量位和最大减压量位，在两位置间，随着手柄移动的位置不同，列车管可以得到不同的减压量。其各部分的作用如下。

1. 自动制动阀

调整阀处于制动状态。均衡风缸和膜板活塞右侧的压力空气经排气阀口排向大气，待膜板活塞两侧压力平衡时，调整阀呈制动后的保压状态。重联柱塞阀仍连通均衡风缸管与中均管。缓解柱塞阀将遮断阀管经客、货车转换阀与总风缸管连通，并将过充管与大气连通。

2. 中继阀

总风遮断阀呈关闭位。由于均衡风缸减压，中继阀膜板活塞左侧中均室压力降低，所以中继阀呈制动位，列车管压力空气由排气口排向大气，列车管的减压量视均衡风缸的减压量而定，待膜板活塞两侧压力平衡时，呈制动后的保压位。

3. 分配阀

副阀呈制动位，并且列车管产生局部减压作用，使主阀动作可靠，同时提高常用制动波速，缓和制动时引起的冲动。降压风缸压力空气经保持阀排大气，降至与列车管等压时，副阀自动呈保压位。主阀呈制动位，总风缸压力空气由主阀供气阀口经常用限压阀充入作用风缸，其压力增至与列车管减压量相适应时，主阀自动转换为制动后的保压位，作用风缸停止增压。当作用风缸压力增至 24 kPa 以上时，充气阀由缓解位转换为作用位，局减作用停止，追加减压时，局减止回阀可防止局减室压力空气向列车管逆流。作用风缸增压达常用限压值时，常用限压阀自动呈限压状态，此时主阀即使呈制动位，作用风缸也不能继续增压。

4. 作用阀

因作用风缸增压而呈制动位，总风缸可向机车制动缸充气，机车制动；当制动缸压力增至与作用风缸等压时，作用阀自动呈保压位，制动缸停止增压，机车保持制动。

制动后，工作风缸没有降压，仍保持规定压力。均衡风缸、列车管、降压风缸及紧急风缸均排出了相同的压力空气，降压后其压力仍然相同。作用风缸及机车制动缸均获得充气，充气后其压力相同。

若自阀手柄在制动区分阶段右移，则均衡风缸阶段降压，中继阀、分配阀、作用阀的作用也阶段控制，列车就产生阶段制动作用。

（四）过量减压位

过量减压位是由于制动频繁或制动后不久，列车管和车辆副风缸还没有恢复定压又需制动时所使用的位置。该位置的作用与常用制动区基本相同，唯一不同之处是调整阀柱塞向右移动的量比常用制动区时大，因此，均衡风缸与列车管的减压量自 170 kPa 增大到 240～260 kPa。

（五）手柄取出位（参见附图 4）

手柄取出位是重联补机、无动力回送机车及本务机车非操纵端所使用的位置。其作用及通路如下。

1. 自动制动阀

调整阀的作用与过量减压位相同，均衡风缸的减压量仍为 240～260 kPa。重联柱塞阀遮断了均衡风缸管与中均管的通路，而连通了中均管与列车管的通路。

2. 中继阀

由于中均管与列车管连通（即双阀口式中继阀膜板活塞两侧沟通），因此，中继阀失去了对列车管充气和排气的控制能力，而处于自锁状态。

（六）紧急制动位（参见附图 5）

紧急制动位是在列车运行中，遇有紧急情况，需要紧急停车时所使用的位置。各部作用及通路如下。

1. 自动制动阀

调整阀、缓解柱塞阀的作用均同于过量减压位。重联柱塞阀除将中均管与列车管连通外，还将总风缸管与撒砂管相连通，使机车自动撒砂。放风阀此时开启，使列车管压力空气直接由放风阀口排大气，单机列车管压力空气可在 3 s 内迅速排至 0，车辆产生紧急制动作用。

2. 中继阀

中继阀处于自锁状态，即可保证列车管由放风阀正常迅速降压，还可防止中继阀膜板由于过度拉伸而缩短使用寿命。

3. 分配阀

紧急放风阀呈紧急制动位，其放风阀口开启，列车管迅速排风，提高了紧急制动波速；紧急风缸压力空气经三处缩孔排风，约需 9.2 s（列车管定压为 500 kPa 时），其压力降至小于放风阀弹簧压力时，放风阀口自行关闭；在放风阀口关闭之前，若向列车管充气是不起作用的。副阀呈制动位，降压风缸压力空气经保持阀排大气，降至 280～340 kPa 时停止排风。主阀呈制动位，紧急限压阀呈制动状态，常用限压阀呈限压状态后，作用风缸仍继续增压至 450 kPa 时，紧急限压阀自动呈限压状态，作用风缸停止增压。

4. 作用阀

作用阀呈制动位，机车制动缸压力增至与作用风缸压力相同时，呈制动后保压位，机车产生紧急制动作用。

二、单独制动作用

(一)自阀手柄在运转位，单阀手柄在制动区(参见附图 6)

单机运行或调车作业(不接风管)需减速或停车时，以及需要机车单独制动时，均使用此位置。

1. 单独制动阀

单独制动阀呈单独制动位，单独作用管增压，其压力增至与调整阀凸轮升程量相适应时，自动转换为保压位，单独作用管停止增压。

2. 作用阀

因单独作用管增压，作用风缸管变向阀柱塞切断了分配阀与作用阀间的联系，故作用阀在单独作用管压力空气的控制下呈制动位，制动缸增压，机车制动；制动缸压力增至与单独作用管等压时，作用阀自动转换为保压位，制动缸停止增压，机车保持制动。

若单独制动阀手柄在制动区阶段右移，机车可得到阶段制动作用，右移全制动位，机车制动缸达最高压力为 300 kPa(调整手轮调整)；若手柄在制动区阶段左移，机车可得到阶段缓解作用，左移至运转位时，机车方可完全缓解。

(二)自阀手柄在制动区，单阀手柄在单独缓解位

列车施行制动后，需要单独缓解机车制动力时，使用此位置。

1. 单独制动阀

单独制动阀呈单独缓解位，工作风缸压力空气经单独缓解管由单缓柱塞阀排大气。单独制动阀手柄离开单独缓解位后，工作风缸才能停止降压。

2. 分配阀

因工作风缸降压，故主阀呈缓解位，作用风缸降压。

3. 作用阀

作用阀呈缓解位，制动缸排气降压，机车制动力得到单独缓解。

操纵时，当工作风缸压力降至与列车管等压时，即可将手柄移回运转位。若工作风缸压力继续下降，工作风缸充气止回阀口就会开启，列车管压力空气由单缓柱塞阀排向大气。因此列车制动后操纵机车单独缓解时，只要使工作风缸压力降至与列车管等压即可，切不可将手柄在单独缓解位停留时间过长。

此外，列车施行常用制动后，副阀呈制动后保压位，充气阀呈作用位，局减室排气通路被充气阀切断。此时若将手柄推单独缓解位，待制动缸压力完全缓解后松开手柄，副阀作用位置未变，但充气阀已呈缓解位，列车管将产生局部减压作用。相当于增大了列车管的减压量，因此牵引列车并施行常用制动后，不允许将机车制动缸压力完全缓解。

自阀施行紧急制动后，再操纵机车的单独缓解，须将单阀手柄推向单独缓解位，并经 12～15 s 左右后，主阀才能开始缓解，这一时间称“空排时间”，单缓至 35 kPa 的时间为 20～28 s。

(三)自动制动阀与单独制动阀手柄均在制动区

此时机车的制动视作用风缸管变向阀柱塞位置而定。若作用风缸压力大于单独作用管压力，则机车制动为自动制动阀所控制；反之，则机车制动为单独制动阀所控制。为了便于学习，自动制动阀和单独制动阀的综合作用通路见表 4-3。

表4-3　JZ-7型空气制动机综合作用通路

使用类别	自阀手柄位置	单阀手柄位置	自动制动阀														单独制动阀					中继阀							分配阀															作用阀			
			调整阀			放风阀		重联柱塞阀					缓解柱塞阀				调整阀			单缓阀		遮断阀		双阀口中继阀					主阀部					副阀部					紧急放风阀								
			总风缸管3	均衡风缸1	弹簧盒处EX	列车管2	凸轮盒处EX	总风缸管3	撒砂管6	均衡风缸1	中均管4	列车管2	总风缸管3	过充管7	遮断阀管8a	阀体侧部EX	总风缸管3	作用管11	弹簧盒处EX	单独缓解管10	阀体后侧EX	遮断阀管8	遮断阀口EX	过充管7	中均管4	总风缸管3	列车管2	限制风堵EX	列车管2	工作风缸管23	总风缸管22	作用风缸管14	主阀排风口EX	列车管2	局减	工作风缸管23	降压风缸26	保持阀处EX	列车管2	紧急风缸21	排风口EX	上排风堵EX	下排风堵EX	总风缸管3	制动缸管12	作用风缸管14	排气口EX
自动制动阀	过充位	运转位																					开																								
	运转位	运转位																					开																								
	制动位	运转位																					关																								
	过量减压位	运转位																					关																								
	手柄取出位	运转位																					关																								
	紧急制动位	运转位																					关																								
单独制动阀	运转位	制动区																																													
	制动区	单缓位																																													

注：1.表中通路按货车位排出；2.表中单独缓解管10与工作风缸管23是同一通路；3.表中总风缸管3与总风缸管22是同一通路。

第九节　JZ-7 型空气制动机的使用及机能检查

在机车运行之前，乘务员必须首先确认机车是作为本务机车、重联补机或无动力回送机车，然后根据机车的运行性质，对制动机作适当的处理。

一、制动机的使用

1. 本务机车

操纵端：自阀、单阀手柄均置于运转位；非操纵端：自阀手柄置于手柄取出位并取出手柄，单阀手柄置于运转位后取出手柄，以保证安全。两端自阀上的客、货车转换阀必须置"货车位"，分配阀转换盖板置于"直位"。

2. 重联补机

将机车两端自阀手柄置于手柄取出位、单阀手柄置于运转位并取出手柄，客、货车转换阀置于"货车位"，转换盖板置于"直位"。装有重联阀的机车转换阀置于"补机位"，与本务机车连接端连接列车管及总风缸管。

3. 无动力回送机车

机车两端的自阀手柄均置于手柄取出位并取出手柄，单阀手柄置于运转位并取出手柄，客、货转换阀置于"货车位"，转换盖板置于"直位"，开放无动力装置塞门，并将常用限压阀调至 250 kPa，制动缸活塞行程调至 $L=20$ mm。

4. 制动机运用中需注意的事项

(1)机车正常运行中，不会发生自然制动现象，因此不必经常将单阀手柄推至单缓位。

(2)牵引列车时，为减小纵向冲动。开始制动时，可先将单阀手柄移至单缓位，将工作风缸压力空气排一些至大气，然后再把自阀手柄移到制动区进行制动。这样，不但机车制动缸压力小一些，并且机车制动缸压力上升的稍晚一些，以减少列车的纵向冲动。

(3)换端操纵时，必须把自阀手柄移到过减位，停留一段时间后再移到手柄取出位，将手柄取出安装到另一端司机室的制动阀上。这样能保证机车在换端操纵时处于制动状态，并在换端操纵后由手柄取出位回到运转位时，不会发生制动或紧急制动现象。

二、制动机机能检查

制动机的检查，主要是根据制动机自阀、单阀手柄各位置的作用，通过观察各压力表指针指示压力的变化来检查各部件的作用状态是否良好，以便发现问题、分析原因、判断故障处所。

1. 制动机"五步闸"检查方法及要求(表 4-4)

表 4-4　JZ-7 型空气制动机"五步闸"检查方法

步骤	自动制动阀								单独制动阀				检查内容
	过充位	运转位	最小减压	制动区	最大减压	过量减压	手柄取出	紧急制动	单独缓解	运转位	制动区	全制动位	
1		1、6	2		3				4	5			1. 确认压力表指示规定压力：总风缸在750～900 kPa，工作风缸、均衡风缸及列车管为500 kPa（或600 kPa），制动缸为0； 2. 列车管减压50 kPa，制动缸压力为125 kPa（装有切控阀的为30～50 kPa）；检查列车管漏泄量每分钟不超过20 kPa； 3. 由2到3在制动区移动3～4次，观察阶段制动是否稳定，减压量与制动缸压力的比例是否正确。至最大减压位，列车管减压量为140 kPa（或170 kPa），制动缸压力应为350 kPa（或420 kPa），装有切控阀的机车为120～140 kPa（或140～170 kPa）； 4. 单阀缓解良否，应能缓至50 kPa以下； 5. 复原弹簧是否良好； 6. 自阀缓解良否，工作风缸、均衡风缸及列车管是否恢复定压；
2		9	8			7							7. 均衡风缸及列车管减压240 kPa（或260 kPa），制动缸压力为350kPa（或420 kPa），不应发生紧急制动； 8. 均衡风缸压力上升，而列车管压力保持不变，检查总风遮断阀作用良否（客货转换阀在货车位时）； 9. 缓解良否；
3	11	12					10						10. 均衡风缸减压量为240 kPa（或260 kPa），列车管不减压； 11. 过充作用良否，列车管比规定压力高30～40 kPa，过充风缸排风孔排风； 12. 过充压力120 s自动消除，机车不应起自然制动；
4		16						13	14	15			13. 列车管压力3 s内降至0，制动缸压力在5～7 s升到450 kPa，均衡风缸减压量为240 kPa（或260 kPa），并自动撒砂； 14. 间隔10～15 s，制动缸压力开始缓解，并逐渐到0； 15. 复原良否； 16. 缓解良否；
5										19	17	18	17. 单阀制动良否； 18. 阶段制动作用是否稳定，制动缸压力应达到300 kPa； 19. 阶段缓解作用良否

注："五步闸"试验完毕后，单阀制动300 kPa，下车检查制动缸活塞行程，是否符合《技规》规定。

2. 制动机“七步闸”检查方法及要求(表 4-5)

表 4-5　JZ-7 型空气制动机“七步闸”检查方法

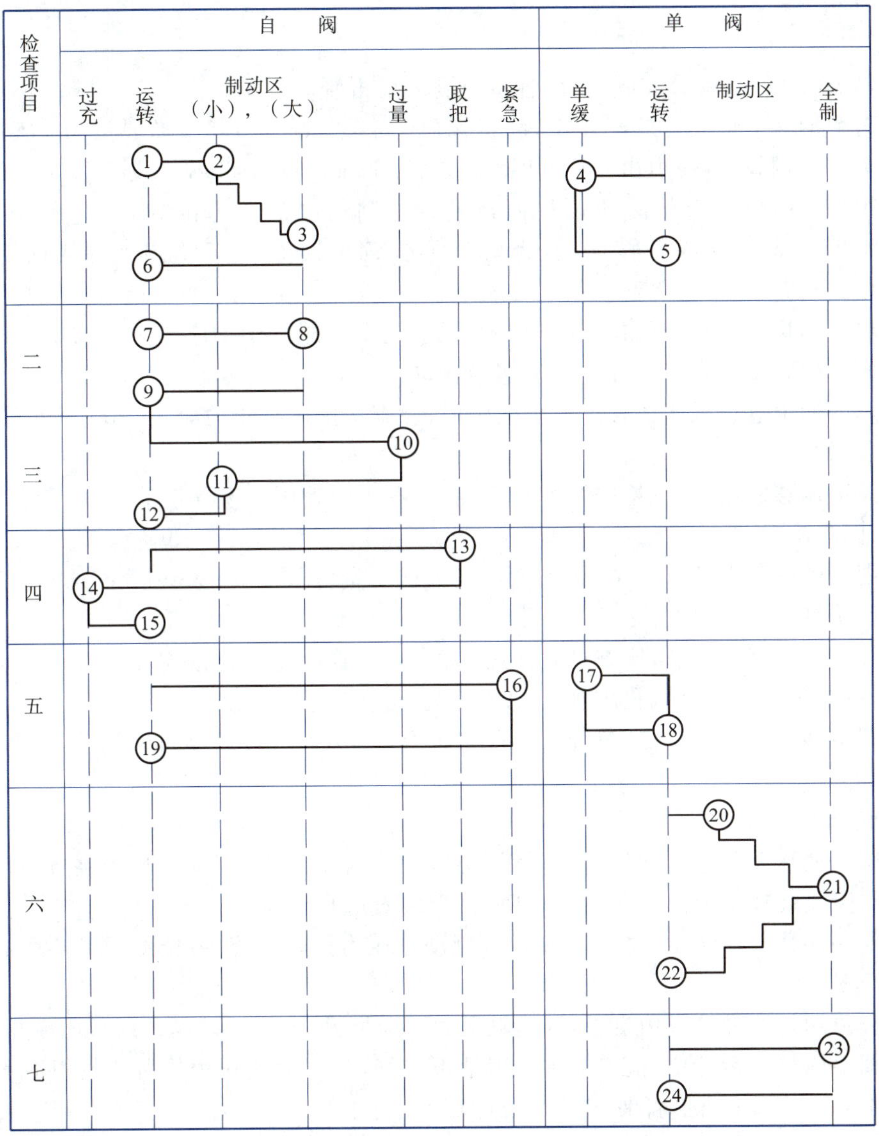

(1)第一步

①检查自阀、单阀手柄均应在运转位,客、货车转换阀应在货车位,转换盖板应在直位,检查各压力表指针指示压力;均衡风缸、列车管和工作风缸压力均为 500 kPa 或 600 kPa,制动缸压力为零,总风缸压力为 750～900 kPa;各表管有无错接现象。

②自阀手柄移至最小减压位,列车管、均衡风缸减压 50 kPa,制动缸压力应为 125 kPa 左右;列车管泄漏量每分钟不超过 20 kPa,新造机车泄漏量每分钟不超过 10 kPa。

③自阀手柄在制动区分 3～4 次阶段移动至最大有效减压位,观察阶段制动作用是否稳定,减压量与制动缸压力上升比例是否正确(1∶2.5),最大减压位时,列车管减压量为 140 kPa 或 170 kPa,制动缸压力为 350 kPa 或 420 kPa。

④单阀手柄移至单缓位,检查单独缓解作用是否良好,制动缸压力应能缓解到 50 kPa 以下。

⑤检查单阀复原弹簧作用良否。

⑥自阀手柄移回运转位，自阀缓解作用良否，均衡风缸及列车管压力应恢复定压，制动缸压力下降为零。

(2)第二步

①间隔 10 s 以上，待分配阀各缸、各室充满风后再制动。

②自阀手柄移至最大有效减压位，均衡风缸、列车管减压 140 kPa 或 170 kPa 的时间为 5～7 s 或 7～9 s，制动缸压力由 0～350 kPa 或 420 kPa 时间为 5～7 s 或 7～9 s。

③自阀手柄由最大有效减压位移回运转位。制动缸的压力由 350～35 kPa 或 420～35 kPa 的时间为 5～7 s 或 7～9 s。检查均衡风缸、列车管及工作风缸压力是否恢复正常。

(3)第三步

①自阀手柄移至过量减压位，检查均衡风缸、列车管减压量均应在 240～260 kPa，制动缸压力应为 350 kPa 或 420 kPa，不应引起紧急制动。

②自阀手柄由过量减压位移至最小减压位，检查均衡风缸压力应上升，而列车管保持原压力，总风遮断阀作用是否良好。

③自阀手柄移回运转位，检查缓解作用良否，各压力表压力恢复正常。

(4)第四步

①自阀手柄移至手柄取出位，检查均衡风缸减压量应是 240～260 kPa，列车管不减压，中继阀自锁作用良好。

②自阀手柄移至过充位，检查过充作用良否，列车管应得到比规定压力高 30～40 kPa 的过充压力，过充风缸上的排风孔应排风，工作风缸也应有过充现象。

③自阀手柄移回运转位，列车管内的过充压力应在 122 s 以后能自动消除，机车不应引起自然制动。

(5)第五步

①自阀手柄移至紧急制动位，列车管压力在 3 s 内降至零，制动缸压力在 4～7 s 内升至 450 kPa，均衡风缸减压量为 240～260 kPa，撒砂装置应自动撒砂。

②单阀手柄移至单缓位，放置 12～15 s 制动缸压力开始下降，并能缓解到零。(工作风缸压力应排至零)。

③检查单阀复原弹簧作用良否，制动缸压力不应回升。

④自阀手柄移回运转位，检查缓解作用是否良好，各压力表压力恢复正常，同时检查工作风缸压力由 0～480 kPa 的时间应为 30～50 s。

调压器作用检查：总风缸压力降到(750±20) kPa 时空压机开始泵风，总风缸压力升到 900 kPa 时，空压机应停止泵风。空压机泵风时间：从 750～900 kPa，双空压机为 30 s 以内；单空压机不超过 60 s。

(6)第六步

①单阀手柄移到制动区某处，检查单独制动作用是否良好，制动缸压力应上升。

②单阀手柄在制动区分 2～3 次阶段移至全制动位，检查单阀阶段制动作用是否稳定，制动缸压力应达 300 kPa。

③单阀手柄从全制动位分 2～3 次阶段移回运转位，检查单阀阶段缓解作用是否稳定。

(7)第七步

①单阀手柄移至全制位，制动缸压力由 0～280 kPa 的时间应在 3 s 以内。

②单阀手柄移回运转位，制动缸压力由 300～35 kPa 的时间应在 4 s 以内。

第十节　制动机常见故障的分析及处理

一、向总风缸充风,作用阀排气口大量排风

1. 原因分析

作用阀供气阀卡在制动位而空心阀杆离开供气阀,因而总风经供气阀口、空心阀杆和排气弯头排往大气。

2. 处理

查清供气阀被卡住的原因,并予以消除或更换作用阀。

二、Ⅰ端自动制动阀装好后,打开Ⅰ端中继阀前总风塞门,均衡风缸压力不上升或上升缓慢

1. 原因分析

(1)均衡风缸排水塞门未关闭。

(2)均衡风缸管、中均管或表管漏泄。

2. 处理

(1)关闭均衡风缸排水塞门。

(2)检查各管及其接头是否漏泄,并予以排除或更换有关件。

三、Ⅰ端自动制动阀置运转位,Ⅱ端置手柄取出位,两端单独制动阀均置运转位,均衡风缸、列车管压力正常,两端单独制动阀单缓均不排风,工作风缸无压力

1. 原因分析

(1)通往分配阀的列车管塞门处于关闭位。

(2)工作风缸充气止回阀充风限制堵被污物堵死。

(3)单独缓解管堵塞,使压力表不显示工作风缸压力。

2. 处理

(1)将分配阀的列车管塞门置于开通位。

(2)清除充气止回阀充风限制堵的污物。

(3)检查管路,更换被堵塞的管子。

四、自动制动阀手柄置运转位,均衡风缸升压缓慢

1. 原因分析

(1)自动制动阀调整阀供气阀口被污物堵塞。

(2)均衡风缸或其管路漏泄。

(3)总风、均衡风缸管的通路过小。

2. 处理

(1)清洗供气阀口,排除污物。

(2)检查管路,找出漏泄处所并加以消除。

(3)消除异物,保证管路通畅。

五、自动制动阀手柄从运转位移至制动区，均衡风缸排风缓慢或不减压

1. 原因分析

(1)自动制动阀调整阀压板螺母排气孔过小或有污物堵塞。

(2)调整阀的排气阀弹簧过软，使排气阀打不开或开度过小。

(3)调整阀的供气阀漏泄：虽然排气阀打开，但供气阀不断供风，使均衡风缸减压缓慢甚至不减压。

2. 处理

(1)清除调整阀压板螺母孔中污物，保证孔径为 $\phi1.3$ mm。

(2)更换调整阀排气阀弹簧。

(3)找出供气阀漏泄原因并加以消除。

六、自动制动阀手柄从运转位移至制动区，均衡风缸排风过快

1. 原因分析

(1)自动制动阀调整阀压板螺母排气孔过大。

(2)均衡风缸管路堵塞，使其容积变小。

2. 处理

(1)恢复调整阀压板螺母排气孔孔径为 $\phi1.3$ mm。

(2)清除管路内的异物，以保证均衡风缸的正常容积。

七、自动制动阀手柄从运转位移至制动区，制动缸无压力；单独制动阀手柄从运转位移至制动区，制动缸也无压力

1. 原因分析

(1)通往作用阀的总风塞门处于关闭位或风路不通。

(2)通往转向架的制动缸管塞门关闭。

(3)若撒砂管有风，车体上的制动缸表管接到撒砂管上了。

(4)作用阀作用不良。

2. 处理

(1)将作用阀的总风塞门置于开通位。

(2)将车下制动缸管塞门置于开通位。

(3)将表管按正确位置安装。

(4)更换作用阀。

八、自动制动阀手柄从运转位移至制动区，制动缸无压力；但单独制动阀手柄从运转位移至制动区，制动缸有压力

1. 原因分析

(1)因分配阀总风塞门处于关闭位或管路不通造成分配阀无总风。

(2)分配阀主阀总风限制堵有异物堵塞。

(3)分配阀主阀作用风缸管堵塞。

(4)分配阀主阀作用不良。

(5)作用风缸管变向阀柱塞卡滞在作用风缸侧。

2. 处理

首先应拆开变向阀前分配阀的作用风缸管接头，确认作用风缸管是否有风，若无风，则为原因(1)、(2)、(3)、(4)；若作用风缸管有风，则为原因(5)。

根据以上判断，可做如下处理：

(1)检查修整分配阀总风管路，确认有总风通往分配阀。

(2)清除主阀总风限制堵内的异物，保证通路畅通。

(3)更换主阀。

(4)检查作用风缸管，清除异物或换管。

(5)轻轻敲击变向阀，若不能恢复，应清除变向阀的油脂和污物。

(6)更换变向阀。

九、自动制动阀手柄在制动区，列车管减压量不正确

1. 原因分析

(1)调整阀凸轮各位间的降程不正确，降程大，减压量大，降程小，减压量小。

(2)调整阀凸轮支承磨耗或尺寸不对。

2. 处理

(1)可修磨调整阀凸轮，若减压量小可修磨本位，减压量大可修其前位，减压量相差太大可更换凸轮。

(2)修复调整阀凸轮支承到原有尺寸或更换凸轮支承。

十、自动制动阀手柄在制动区，制动缸压力追总风

1. 原因分析

作用阀膜板上侧的缩口风堵被污物堵塞，制动缸压力不能到膜板上方参与平衡作用，造成供气阀口始终开启。

2. 处理

清除作用阀膜板上侧的缩口风堵的污物，保证畅通。

十一、自动制动阀手柄在制动区，制动缸压力发生阶段下降

1. 原因分析

(1)工作风缸管路或降压风缸管路漏泄。

(2)主阀工作风缸充气止回阀漏，使工作风缸压力空气流向列车管。

(3)靠副阀柱塞尾部第一道 O 形圈损伤或不清洁，使工作风缸的压力空气漏到降压风缸。

2. 处理

(1)检修工作风缸及降压风缸管路，使之不漏。

(2)检查工作风缸充气止回阀，清洗和排除污物，研磨阀口使之不漏。

(3)更换或清洗 O 形圈。

十二、自动制动阀手柄从制动区移回运转位，制动缸不缓解或缓解不到 0

1. 原因分析

(1)作用阀缓解弹簧漏装。

(2)作用阀空心阀杆 O 形圈阻力大或阀杆抗劲。

2. 处理

(1)组装上作用阀缓解弹簧。

(2)更换 O 形圈或研修空心阀杆。

十三、自动制动阀手柄在过量减压位时，制动缸压力高于正常规定压力

1. 原因分析

常用限压阀犯卡，起不到限压作用。

2. 处理

清除常用限压阀内的污物，消除犯卡因素。

十四、自动制动阀手柄置常用制动区，机车起紧急制动作用

1. 原因分析

(1)一端有此现象，系均衡风缸管路堵塞，均衡风缸容积大大缩小。

(2)两端均有此现象，系分配阀紧急放风阀第一排风堵和第二排风堵的位置相互装错或风堵(包括充风限制堵)堵塞。

2. 处理

(1)清除管路的堵塞。

(2)调换风堵位置清除堵塞物。

第十一节　制动机故障应急处理方法

一、自阀施行常用制动而列车管不减压

施行常用制动而列车管不减压多为自阀调整阀或中继阀故障。列车运行中遇有这种情况很危险，司机应立即将自阀手柄推到紧急制动位或拉下紧急制动阀，待列车停稳后再作处理或换端操纵。

二、单机运行中施行单阀制动而机车不制动

单机运行中施行单阀制动而机车不制动多为单阀调整阀、变向阀、作用阀等处故障，遇到这种情况时，应立即施行自阀紧急制动，若无效时再立即拧紧人力制动机，待机车停车后再作处理。

三、机车制动后不能缓解

机车制动后不能缓解的原因很多，其中最常见的为第一、二变向阀故障。遇有此种情况时

为了争取时间，可将第二变向阀与作用阀连接的作用管接头螺母稍松，让其漏泄排出作用阀膜板下方压力空气达到缓解的目的。但不能松开或漏泄量太大(必须通过试验并防止因振动自然脱开)，以免影响下次制动，待有时间再作处理。

四、需要停止某车轮的制动作用

机车运行途中若发现车轮、基础制动装置，制动缸缓解弹簧等处故障，或制动后不能缓解时，应将制动缸压力空气排出，调大闸瓦与车轮间隙，用适当木块楔入横杆(杠杆)与构架孔中，并加以固定，使该组制动装置处于缓解位停止制动作用。若无条件时，撬动横杆外侧端使制动缸活塞处于缓解位，然后关闭故障端制动缸管塞门停止制动作用，此时机车制动作用由另一端承担，制动力将减少一半，必须注意掌握。

五、分配阀故障

处理方法：

分配阀发生故障一时无法修复时，应将分配阀总风缸塞门、列车管塞门关闭。

处理后的作用：

自阀不能控制机车制动和缓解作用，单阀作用正常。

操纵方法：

自阀施行列车管减压的同时，将单阀推至制动位，自阀施行缓解后，再将单阀移至运转位。正确掌握机车与车辆的制动与缓解的时机，使其保持一致，减少列车由此而产生的纵向冲动。维持行车，回段检修。

六、作用阀发生故障

处理方法：

作用阀发生故障一时无法修复时，应关闭作用阀总风缸塞门和分配阀列车管塞门。卸下作用阀下盖，抽出作用活塞及空心阀杆，重新装好作用阀下盖，堵塞作用阀排气口，并保证各部不得有漏泄现象。

处理后的作用：

自阀不能控制机车的制动和缓解作用，但对于列车中的车辆的制动和缓解作用均正常。单阀能控制机车的制动和缓解作用，但因单阀调整阀直接(经作用阀)向制动缸供给压力空气，或排出制动缸压力空气，所以机车制动和缓解作用均缓慢。

操纵方法：

制动时，先将单阀推到制动位，接着施行自阀制动位，使列车管的减压与制动缸的升压按比例协调进行。缓解时，将自阀和单阀同时移到运转位(或将自阀移到过充位)，最大限度地减少列车纵动。

七、中继阀排气口排气不止

处理方法：

有一端中继阀排气口排气不止，将会造成列车管充气不足，其原因多为取柄位端自阀重联柱塞弹簧过软，O 形圈过紧，不能往降程方向移动 13.5 mm 距离，未切断均衡风缸管与中均管的通路，或中继阀排气阀关闭不严密等故障所致。遇有此种情况，将故障端的中继阀列车管塞门关闭，客货转换阀放于货车位(或关闭故障端的自阀和中继阀共用总风缸塞门)，自阀手柄放于取柄位。

处理后的作用：

故障端自阀、单阀(总风切断时)不能控制机车和车辆的制动、缓解作用，另一端自阀、单阀作用均正常。

操纵方法：

利用非故障端操纵列车，维持运行，回段检修。

八、自阀凸轮盒下排气口漏气不止

处理方法：

自阀凸轮盒下排气口漏气造成列车管充气不足的原因多为放风阀弹簧折损或过软，放风阀与座不严密等故障所致。遇有这种情况时可做以下处理：

(1)将自阀手柄在常用制动区至紧急制动位之间往复移动，直至放风阀关闭严密后再移到所需要的位置上。

(2)通过(1)项处理若无效时，可堵塞自阀座上的列车管。

处理后的作用：

自阀、单阀作用均正常，但按(2)项处理后自阀紧急制动位无效，取柄位时故障端中继阀无法自锁。

操纵方法：

遇有紧急情况需要紧急制动时，可拉下紧急停车阀[若经(2)项处理后又需要从故障端换到另一端操纵列车时，应将故障端自阀手柄置于取柄位，客、货转换阀置于货车位，关闭中继阀列车管塞门，然后再进行换端操纵]。

复习思考题

1.JZ-7型空气制动机自阀由哪些部件及管路组成？
2.简述自阀调整阀的构造及作用状态。
3.试述自阀重联柱塞阀的构造及各位置的通路。
4.试述自阀缓解柱塞阀的构造及各位置的通路。
5.中继阀由哪些主要部件组成？
6.简述双阀口式中继阀缓解充气位的作用。
7.简述双阀口式中继阀制动位的作用。
8.简述总风遮断阀的构造及作用。
9.试述分配阀的功用及组成。
10.试述分配阀主阀部的组成及主阀结构。
11.试述分配阀主阀三个作用位置的作用。
12.试述常用限压阀和紧急限压阀的功用。
13.试述分配阀副阀部的组成。
14.试述分配阀副阀各作用位置的作用。

15. 试述紧急部紧急制动位的作用。
16. 试述 B 型切控阀缓解位作用过程。
17. 试述加装气、电制动联锁装置的目的。
18. 作用阀由哪些部件组成？
19. 试述作用阀三个作用位置的作用。
20. 单阀由哪些部件及管路组成？
21. 简述单阀在各个作用位置的作用。
22. 试述变向阀的构造及作用。
23. 试述无动力装置的构造及作用。
24. 试述自阀过充位（单阀运转位）的制动机综合作用。
25. 试述自阀在制动区（单阀运转位）的制动机综合作用。
26. 试述自阀制动时，单阀缓解位的作用及注意事项。
27. 试述 JZ-7 型空气制动机五步闸检查方法及要求。
28. 试述 JZ-7 型空气制动机七步闸检查方法及要求。
29. 试述自阀施行常用制动而列车管不减压的应急处理方法。
30. 试述自阀凸轮盒下方排气口漏气不止的处理方法。

第五章

CCBⅡ型电空制动机

第一节 概 述

HXN系列内燃机车制动系统采用了先进的机车用CCBⅡ第二代微机控制制动系统，可以在干线客运和货运机车上使用，也可以和我国现有的机车车辆制动系统进行匹配使用。

CCBⅡ型电空制动机是基于微处理器和LON网的电空制动控制系统，除了紧急制动作用由机械阀触发，其他所有逻辑控制指令均由微处理器发出。

一、CCBⅡ型电空制动机的特点

(1)控制准确性高，反应迅速。

(2)安全性高。

(3)部件集成化高，可进行部件的线路更换，维护简单。

(4)有自我诊断、故障显示及处理方法提示功能。

二、CCBⅡ型电空制动机制动控制原则

(1)优先使用机车再生制动。

(2)若再生制动工况下进行常用制动操作，机车制动缸保持零压力，机车实施再生制动，车辆实施空气制动；若在常用制动工况下进行再生制动操作，机车制动缸压力下降为零，机车实施再生制动，车辆保持原空气制动压力。

(3)在紧急制动过程中，机车和车辆实施最大的空气制动力。

三、CCBⅡ型电空制动机主要部件

CCBⅡ型电空制动机包括5个主要部件，如图5-1所示。

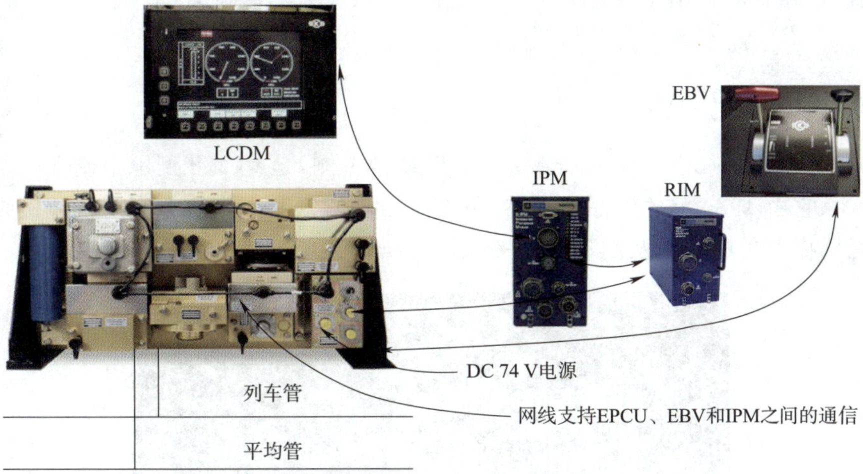

LCDM—制动显示屏；EPCU—电空控制单元；IPM—微处理器；
EBV—电子制动阀；RIM—继电器接口模块。
图 5-1　CCBⅡ型电空制动机组成

第二节　CCBⅡ型电空制动机主要部件的构造及作用

一、电子制动阀(EBV)

电子制动阀是CCBⅡ型电空制动机的人机接口，如图5-2所示。操作者通过电子制动阀直接给电空控制单元(EPCU)发送指令，并通知微处理器(IPM)进行逻辑控制。

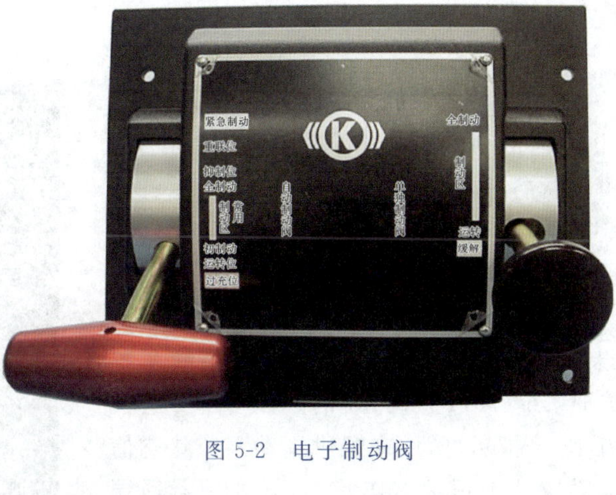

图 5-2　电子制动阀

电子制动阀采用水平安装结构，自动制动手柄位于左侧，单独制动手柄位于右侧，中间为手柄位置指示牌。在其内部有一个机械阀，当自动制动手柄置于紧急制动位时机械阀动作，保证机车车辆在任何状态下均能产生紧急制动作用。

HXN_5型内燃机车的每一个司机室均装有一个电子制动阀。当操纵端司机室的制动显示屏(LCDM)被激活，微处理器(IPM)将激活电子制动阀，操纵者可以用来进行制动控制；此时非操纵端司机室的电子制动阀未被激活，也不能送出制动指令。未被激活电子制动阀的自动制动手柄需用销子将其锁定在重联位，以免误动作触发紧急制动，单独制动手柄应置于运转位。

二、制动显示屏(LCDM)

制动显示屏如图5-3所示，它位于司机室操纵台左侧，是CCBⅡ型电空制动机的主要显示和操作装置。它由10.4英寸液晶显示器、下方8个功能键和左侧3个亮度调节键组成。功能键用来实现操作菜单的选择及制动功能的选定。操作菜单可以用中文或英文显示。

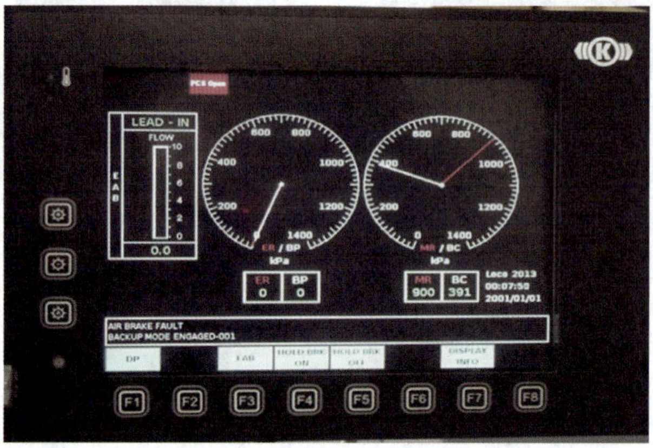

图5-3　制动显示屏

机车正常操作时，实时显示均衡风缸、列车管、总风缸和制动缸压力，也实时显示列车管流量和空气制动模式的当前状况。实时记录制动机故障信息，并将其记录。对制动机各模块进行自检，可以进行本机/补机、均衡风缸压力设定、列车管投入/切除、客车/货车、补风/不补风、压力表值标定、故障查询等功能的选择和应用。

三、微处理器(IPM)

微处理器是CCBⅡ型电空制动机的中央处理器，如图5-4所示。通过微处理器可进行各制动功能的软件计算，并对各部分软件状态进行检测和维护。它处理所有与制动显示屏(LCDM)有关的接口任务，并通过LON网络传送制动命令给电空控制单元(EPCU)。

微处理器也通过继电器接口模块(RIM)与机车控制系统(TCMS)和列车自动防护系统(ATP)进行通信。

微处理器前端设有13个指示灯，用来提供制动系统状态信息的反馈信息。若制动系统处于正常工作状态，微处理器顶端两个绿色的指示灯处于指示状态，而其他指示灯没有指示信息。各指示灯具体含义如下：

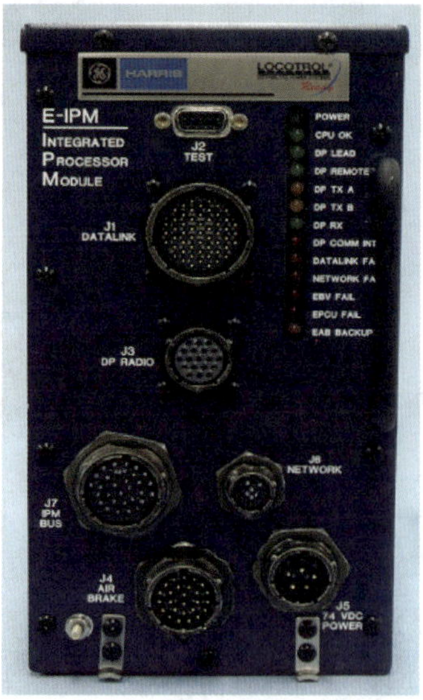

图5-4　微处理器

POWER——绿色表示微处理器已得电。

CPU OK——绿色表示微处理器工作状态良好。

DP LEAD——绿色表示该机车处于动力分散主控机模式。

DP REMOTE——绿色表示该机车处于动力分散从控机车模式。

DP TX A——黄色表示该机车电台A正在传输无线信息。

DP TX B——黄色表示该机车电台B正在传输无线信息。

DP RX——绿色表示该机车正在接收无线信息。

DP COMMINT——红色表示该机车无线通信故障。

DATALINK FA——红色表示CCBⅡ电空制动系统内部通信失败。

EBV FAIL——红色表示CCBⅡ电空制动系统电子制动阀失效。

EPCU FAIL——红色表示CCBⅡ电空制动系统电控控制单元失效。

EAB BACKUP——红色表示CCBⅡ电空制动系统已进入备份模式。

IPM前端有7个电缆线接口,其具体含义如下:

J1——数据传输装置,通过RS-422数据线连接制动显示屏。

J2——测试接口,用于系统软件的更新及维护软件的下载。

J3——远程控制用电台连接接口。

J4——连接继电器接口模块。

J5——电源输入接口。

J6——网络接口,连接电空控制单元(EPCU)。

J7——远程控制接口。

四、继电器接口模块(RIM)

1. 电源箱(PJB)

电源箱是一个变压器,如图5-5所示,它给电空控制单元(EPCU)和其他可能扩展的装置提供110 V直流电压,并将机车蓄电池的电压110 V转变成6 V直流供微处理器(IPM)使用。

图5-5 电源箱

2. 电缆箱(CJB)

HXN系列内燃机车在制动柜中安装有电缆箱,为两端司机室的电子制动阀(EBV)和制动显示屏(LCDM)进行通信线转换。

3. 继电器接口

继电器接口位于机车制动柜,如图5-6所示,它是微处理器(IPM)与机车进行通信的继电器接口。

信号输入部分包括:由列车自动防护系统(ATP)产生的惩罚制动和紧急制动、A/B端司机室操作激活信号、再生制动投入信号、总风压力开关工作状态信号、机车速度信号。

信号输出部分包括：紧急制动信号、动力切除（PCS）信号、撒砂动作信号、再生制动切除信号、重联机车故障信号。

图 5-6　继电器接口

五、电空控制单元（EPCU）

电空控制单元外形如图 5-7 所示，它由电空阀和空气阀组成，用来控制机车空气管路的压力。电空控制单元是制动系统的执行部件，所有电空阀和空气阀集成到 8 个线路可更换模块（LRU），如图 5-8 所示。其中 5 个为智能型的，可以通过软件进行自检并通过 LON 网络和电子制动阀（EBV）、微处理器（IPM）进行通信，其功能简述如下：

均衡风缸控制模块（ERCP）——通过改变均衡风缸压力产生列车管控制压力。

列车管控制模块（BPCP）——接收来自均衡风缸控制模块（ERCP）的均衡风缸压力，由内部 BP 作用阀（BP Relay）响应其变化并快速产生与均衡风缸具有相同压力的列车管压力，从而完成列车的制动、保压和缓解。

13 号管控制模块（13CP）——实现单独缓解机车制动缸压力的功能。

16 号管控制模块（16CP）——响应列车管的减压量、平均管压力、单缓指令，来产生制动缸管的控制压力。

20 号管控制模块（20CP）——通过响应列车管减压和单缓指令产生平均管压力。

电空控制单元也包括纯空气控制阀：

制动缸控制部分（BCCP）——制动缸中继阀，响应 16 号管压力变化，产生机车制动缸压力。

DB 三通阀（DBTV）部分——响应列车管的减压量产生制动缸管的控制压力，可以作为 16CP 的备份模块。

电源接线盒（PSJB）——内置电源，为 CCBⅡ电空制动机供电（将 110 V 转换到 24 V），在外部具有多个接插件，允许电空控制单元、电子制动阀、微处理器和继电接口模块相互连接通信。

电源箱（PSJB）——位于电空控制单元上，内置变压器，将电源箱提供的 110 V 直流电源转换为 24 V 直流电源后供给 CCBⅡ电空制动机，供电空控制单元、电子制动阀等部件使用。在外部具有多个插接口，允许电空控制单元、电子制动阀、微处理器和继电器接口模块相互连接通信。

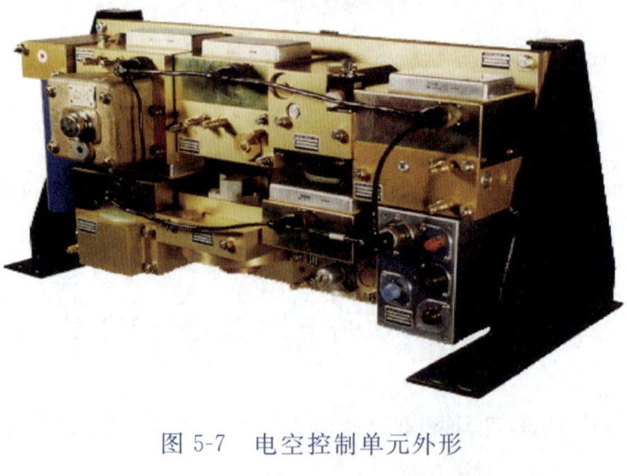

图 5-7　电空控制单元外形

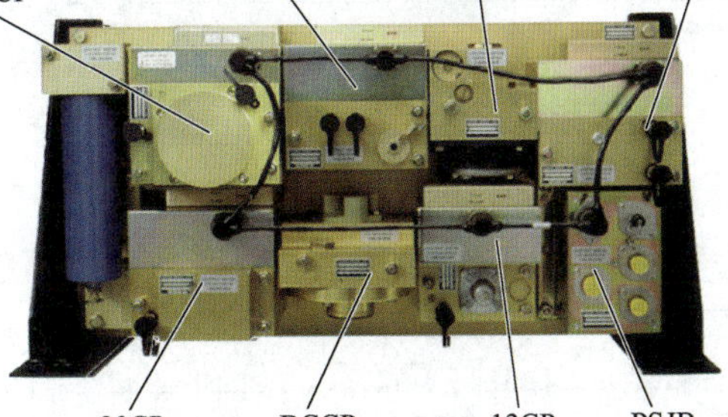

图 5-8　电空控制单元组成

第三节　电空控制单元各模块

一、均衡风缸控制模块(ERCP)

ERCP 接收来自电子制动阀的自动制动指令、微处理器以及机车监控系统的指令来控制机车均衡风缸的压力。它的功能类似于 JZ-7 型空气制动机中的自动制动阀内调整阀的作用。但又有所不同,调整阀是纯机械机构,只响应自动控制阀手柄的动作,且均衡风缸的压力由凸轮的行程决定。而 ERCP 通过电子信号能够准确地控制均衡风缸的压力,且具有自保压功能,如果此模块发生了故障,会自动由其他模块(16CP)来代替其功能。无动力回送装置也集成在 ERCP 内部。

(一)组成

ERCP 由外壳、管座、均衡风缸、REL 缓解电磁阀、MVER 均衡模块电磁阀、MRT 总风压力传感器、ERT 均衡风缸压力传感器、TPER 均衡压力测试点、TPMR 总风测试点、过滤器等部分组成,其中无动力回送装置由 DE 无动力塞门、DER 压力调整阀、C2 充风节流阀、CV 单向止回阀等部分组成,如图 5-9 所示。

1. 管座

管座亦为 ERCP 的安装座。管座上设有 4 根管子的连接孔,即列车管 BP、总风管 MR、列车管控制管 BP Control、均衡风缸备份管 ERBU。均衡风缸直接连接在管座上。

2. 各部件简介

ERCP 的其他部件均集成在外壳内(图 5-9 中虚线框表示外壳)。

(1)REL 缓解电磁阀

得电——均衡风缸通大气,均衡风缸减压。

失电——停止均衡风缸向大气排风。

(2)APP 作用电磁阀

得电——总风压力充向均衡风缸,均衡风缸增压。

失电——停止总风向均衡风缸管充风。

ERCP 通过 REL 缓解电磁阀、APP 作用电磁阀实现对均衡风缸压力的控制。在缓解后或制动后的保压状态,两个电磁阀均失电。若将自动制动手柄置重联位,REL 缓解电磁阀得电将均衡风缸压力排空到 0。

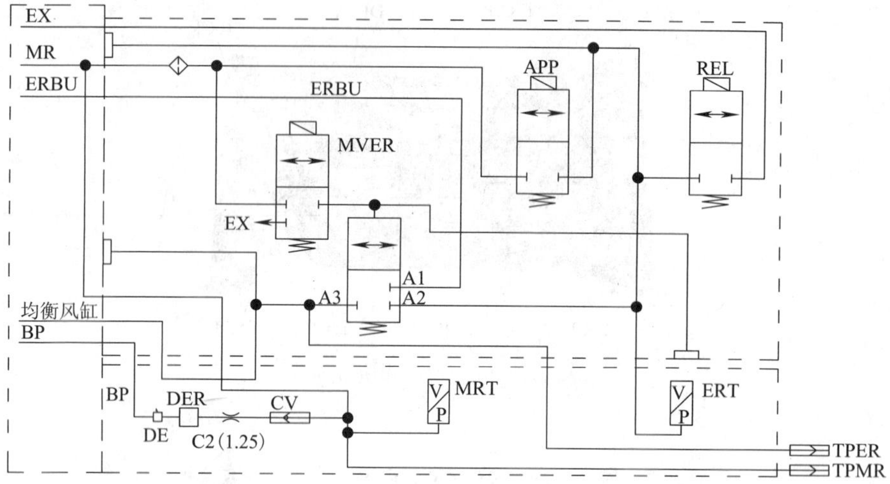

图 5-9　ERCP 组成

(3)MVER 均衡模块电磁阀

得电——产生预控压力，允许机械阀接口 A2 通 A3，从而均衡风缸接受 REL 缓解电磁阀、APP 作用电磁阀的控制。

失电——预控压力排大气，允许机械阀接口 A1 通 A3，从而均衡风缸与均衡风缸备份管 ERBU 相通。

MVER 均衡模块电磁阀用来控制机械阀接口的连通状态，是 ERCP 的预控电磁阀。

当制动机断电、机车设为补机或 ERCP 故障处于备用模式下，该电磁阀失电，其他状态下均得电。

(4)MRT 总风压力传感器

产生与第二总风缸压力成比例的电压信号，并通过 IPM 转换，在制动显示屏上显示总风压力。如果此传感器故障，会自动由列车管控制模块 BPCP 中的 MRT 压力传感器代替其功能。

(5)ERT 均衡风缸压力传感器

产生与均衡风缸压力成比例的电压信号，并通过 IPM 转换，在制动显示屏上显示均衡风缸压力。备用模式下，均衡风缸压力由 16CP 中的 16T 压力传感器通过 IPM 转换，在制动显示屏上显示。

ERT 均衡风缸压力传感器与 REL 缓解电磁阀、APP 作用电磁阀配合作用，实现均衡风缸压力的精确控制和自动保压功能。

(6)TPER 均衡风缸压力测试点

TPER 均衡风缸压力测试点直接和第二总风缸连接，通过与系统外部的压力表连接，能够检测出任何状态下均衡风缸的实际压力。

(7)TPMR 总风压力测试点

TPMR 总风压力测试点直接和第二总风缸连接，通过与系统外部的压力表连接，能够检测出第二总风缸的实际压力。

(8)DE 无动力塞门

DE 无动力塞门在机车附挂时(无动力回送)使用，有投入和切除两个位置。

投入——将列车管和第二总风缸连通，允许列车管给总风缸充风，机车附挂时使用此位置。

切除——断开列车管和第二总风缸的通路，机车在正常运行时使用此位置。

(9)DER 压力调整阀

当 DE 无动力塞门在投入位时，限制列车管给总风缸充风的压力到 250 kPa 左右。

(10)C2 充风节流孔

当列车管给总风缸充风时，限制其压缩气流的速度，使得总风缸能够获得稳定的压缩空气，同时避免列车管压力下降得太快而引起机车紧急制动。

(11)CV 单向止回阀

防止机车在正常状态或无动力回送状态时，总风缸压力空气向列车管逆向流动。

(二)工作原理

1. 无动力回送

因为无动力回送时全车无电无风，而制动缸的风源为机车的总风缸，所以无动力回送时需要总风缸中有压缩空气。此时通过 DE 无动力塞门打至“投入位”，开通列车管经 DER 调整阀调整为 250 kPa 后再经 CV 单向阀再经 C2 单向阀向第二总风缸充风的通路。

此时因为所有的电磁阀全失电，均衡风缸压力为 0，如图 5-10 所示。

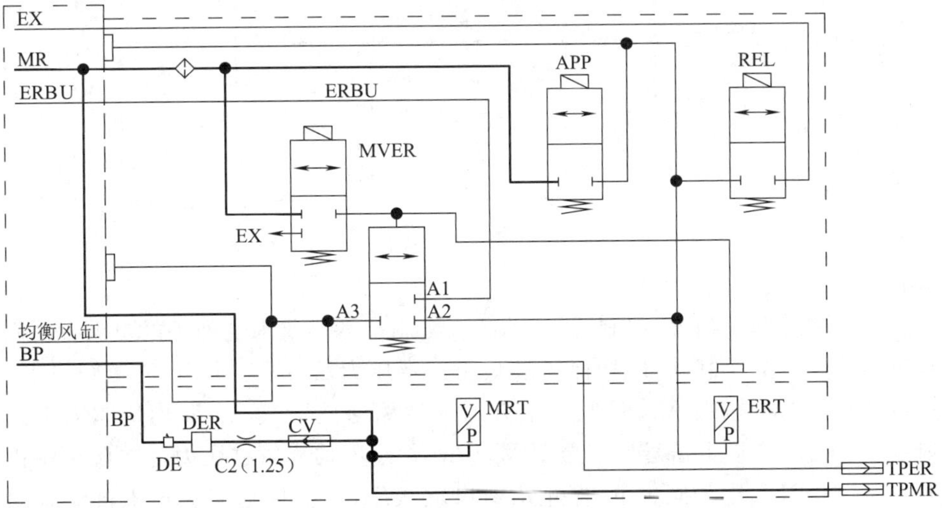

图 5-10 无动力回送状态

2. 均衡风缸控制模块备用

当 ERCP 故障时，IPM 控制 MVER 均衡模块电磁阀失电，切断总风缸进入机械阀控制端的通路，使机械阀控制端直接通大气，机械阀断开 A2 与 A3 的通路，开通 A3 与 A1 的通路，使均衡风缸接受 ERBU 管压力变化的控制。此时 13CP 中 ERBU 电磁阀得电，16CP 中 MV16 电磁阀失电，从而使由 16CP 中 APP 作用电磁阀、REL 缓解电磁阀得失电控制的 16CP 中 ERBU 管压缩空气经 13CP 中 ERBU 电磁阀控制的机械阀开通的 A2 与 A3 通路，再经 ERCP 中由 MVER 均衡模块电磁阀失电控制的机械阀开通的 A1 与 A3 的通路与均衡风缸的连通，从而实现由 16CP 控制均衡风缸的压力变化。

3. 均衡风缸控制模块正常工作

IPM 控制 MVER 均衡模块电磁阀得电，开通总风缸进入机械阀控制端的通路，使机械阀断开 A1 与 A3 的通路，开通 A3 与 A2 的通路，使均衡风缸接受 APP 作用电磁阀和 REL 缓解电磁阀的控制。

(1)缓解

司机将自动制动阀手柄置“运转位”，要求全列车充风缓解，即均衡风缸被充风至定压。APP 作用电磁阀得电，开通总风缸经 APP 作用电磁阀得电开通的通路向机械阀 A2、机械阀 A3、均衡风缸充风，ERT 均衡风缸压力传感器将均衡风缸的压力转变成电信号反馈至 IPM，IPM 判断出均衡风缸压力值达到定压 500 kPa 或 600 kPa 时，IPM 使 APP 作用电磁阀失电，停止向均衡风缸充风，均衡风缸被充风至定压保压，如图 5-11 所示。

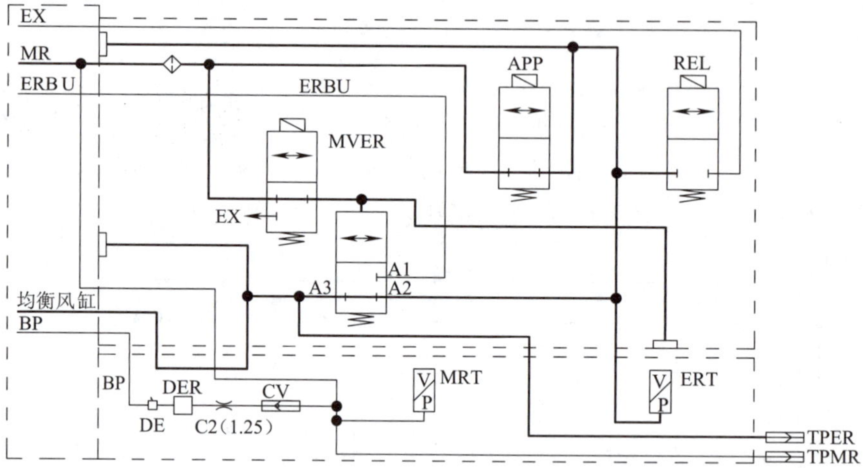

图 5-11 缓解状态

(2)制动

司机将自动制动阀手柄置“初制位、制动区或全制位”时，要求全列车以司机自动制动阀手柄位置规定的减压量减压制动，即均衡风缸减压一定压力后保压。REL 电磁阀得电，开通均衡风缸经机械阀 A3、机械阀 A2、REL 得电开通的通路通向大气，ERT 均衡风缸压力传感器将均衡风缸的压力转变成电信号反馈至 IPM，IPM 判断出均衡风缸压力值减压至司机规定的减压量时，IPM 使 REL 电磁阀失电，停止均衡风缸减压，均衡风缸完成司机自动制动阀手柄位置规定的减压量，如图 5-12 所示。

(3)紧急制动

MVER 均衡模块电磁阀得电，REL 电磁阀得电将均衡风缸压缩空气以常用制动速率减压至 0。

二、列车管控制模块(BPCP)

BPCP 接收来自均衡风缸的压力，由内部 BP 作用阀响应其变化并使列车管快速地产生与均衡风缸相同的压力，从而完成列车的制动、保压和缓解。它的作用相当于中继阀的作用。

当发现列车管压力快速下降或接收到来自自动制动阀、IPM 的紧急制动指令，BPCP 会加快列车管减压产生紧急制动。此作用相当于紧急阀和电动放风阀的作用。

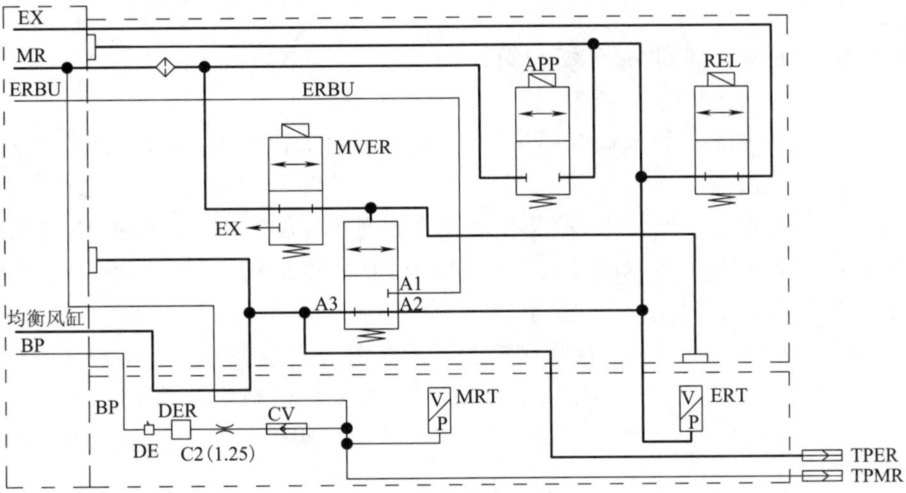

图 5-12　制动状态

(一)组成

BPCP 由外壳、管座、BP 作用阀、MV53 电磁阀、BPCO 机械阀、BPT 列车管压力传感器、MRT 总风压力传感器、FLT 列车管流量传感器、C1 充风节流孔、TPBP 列车管压力测试点、EMV 紧急电磁阀(74 V)、MVEM 紧急电磁阀(24 V)、PVEM 气动紧急放风阀、C3 充风节流孔等部分组成,如图 5-13 所示。

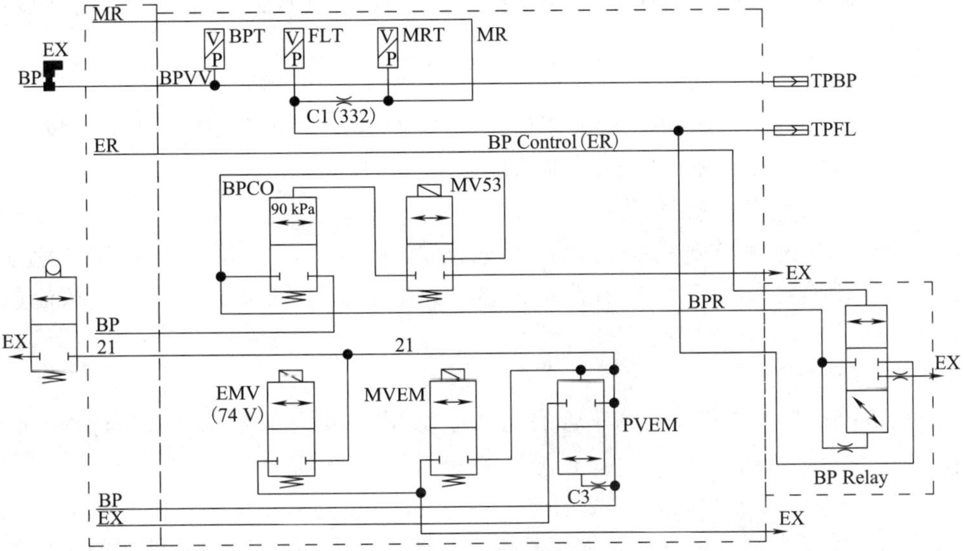

图 5-13　BPCP 组成

1. 管座

管座亦为 BPCP 的安装座。管座上设有 5 根管子的连接孔,即总风管 MR、列车管压力反馈管 BPVV、列车管控制管 BP Control、21 号管、列车管 BP。

2. 各部件简介

(1)BP 作用阀(BP Relay)

接收均衡风缸的控制压力,产生与之相等的列车管压力,实现对列车的制动、缓解控制功能。其排风管路(EX)的列车管排风速度受 1/4 英寸节流孔限制,使得制动时进行常用制动,而不会引起紧急制动。

此阀是 BPCP 的核心部件,属于机械阀。

(2)MV53 电磁阀/BPCO 机械阀

MV53 电磁阀同 BPCO 机械阀共同作用,实现机车列车管投入/切除,补风/不补风,一次缓解/阶段缓解等功能。

MV53 电磁阀失电——允许由 BP 作用阀产生的列车管压力通过本电磁阀,进而控制 BPCO 机械阀使其开通,BPCO 机械阀开通后由 BP 作用阀产生的列车管压缩空气通过 BPCO 机械阀,经过过滤后进入列车管。

MV53 电磁阀得电——由 BP 作用阀产生的列车管压力不能通过本电磁阀,并且本电磁阀控制的 BPCO 机械阀的预控压力排大气,从而使 BPCO 机械阀通路关闭。机车(或列车)的列车管和 BP 作用阀隔离。列车管处于保压状态,BP 作用阀仍受均衡风缸压力控制(但它不再控制列车管压力)。

机车处于本机补风阶段缓解状态时,MV53 电磁阀处于常失电状态;机车处于本机不补风状态时,当自动制动阀在运转位,MV53 电磁阀失电,当自动制动阀在制动区,列车管减压到均衡风缸控制压力后,IPM 使 MV53 电磁阀得电,如果运行时产生紧急制动作用或将机车设置为单机状态(操纵端切除)、补机状态,MV53 电磁阀将常得电。

当列车管压力低于 90 kPa 时,BPCO 机械阀将自动关闭通路。

(3)BPT 列车管压力传感器

产生与列车管压力成正比的电压信号,传送给 IPM,进行数据处理并通过制动显示屏显示压力值。

(4)MRT 总风压力传感器

产生与第二总风缸压力成正比的电压信号,传送给 IPM。如果 ERCP 上的总风压力传感器故障,本压力传感器将代替其功能,在显示屏显示总风压力。

(5)FLT 列车管流量传感器

产生与经过 C1 充风节流孔的总风压力成比例的电压信号,并传送给 IPM,通过比较 MRT 总风压力传感器和 FLT 列车管流量传感器的电压信号,计算出列车管充风流速,并显示在显示屏上。

(6)C1 充风节流孔

C1 充风节流孔是限制总风给列车管的充风速度,避免长大列车充风太快,引起列车制动缓解不同步。

(7)TPBP 列车管压力测试点

TPBP 列车管压力测试点直接和列车管压力反馈管连接,通过与系统外部的压力表连接,能够检测出列车管的实际压力。

(8)EMV 紧急电磁阀(74 V)

EMV 紧急电磁阀由 IPM 直接控制,产生紧急制动作用。EMV 紧急电磁阀失电,21 号管不排风(正常操作模式);EMV 紧急电磁阀得电,21 号管排风,产生紧急制动。

(9)MVEM 紧急电磁阀(24 V)

MVEM 紧急电磁阀接收 EBV 的紧急制动指令,产生紧急制动。MVEM 紧急电磁阀失电,EBV 不在紧急制动位,21 号管不排风;MVEM 紧急电磁阀得电,EBV 在紧急制动位,

21号管排风,产生紧急制动。

(10)PVEM紧急放风阀

由于21号管排风,造成PVEM紧急放风阀动作,使得列车管内压力空气以足够大速度排向大气,保证紧急制动的发生。

(二)工作原理

1. 常用制动与缓解控制

(1)缓解

MV53电磁阀失电,开通BPR压缩空气进入BPCO机械阀控制端通路,当BPR压力超过90 kPa时,BPCO机械阀动作,连通BPR与BP。当均衡风缸被充风,BP作用阀因为BPR压力小于ER压力,BP作用阀就开通风源与BPR的通路,即总风缸压缩空气经FLT流量传感器经BP作用阀开通的通路向BPR充风,再经BPCO机械阀开通的通路向BP充风,直至BP压力被充至与均衡风缸压力相等为止,如图5-14所示。

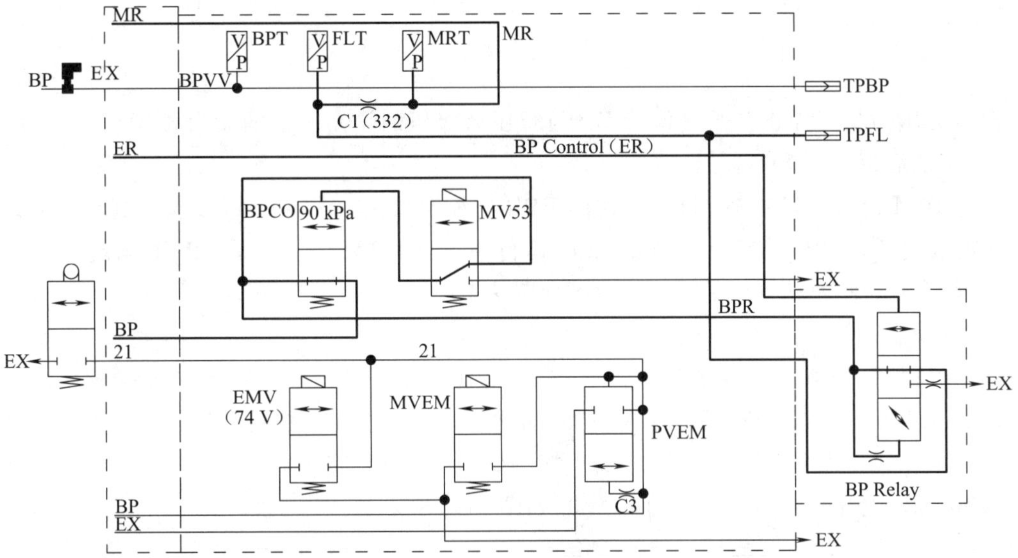

图5-14　缓解状态

运行中一旦BP发生了泄漏,其压力小于均衡风缸压力值,BP作用阀就再次开通总风缸压缩空气经FLT流量传感器,再经BPCO机械阀开通的通路向BP充风,直至其压力被充至与均衡风缸压力相等为止。始终保持BP与均衡风缸的压力相等。

(2)制动

MV53电磁阀失电,开通BPR压缩空气进入BPCO机械阀通路,当BPR压力超过90 kPa时,BPCO机械阀动作,连通BPR与BP。当均衡风缸减压时,BP作用阀因为BPR压力大于均衡风缸压力,BP作用阀就开通大气与BPR的通路,即BP经BPCO机械阀开通的通路,再经BP作用阀开通的通路向大气排风,直至BP压力减压至与减压后保压的均衡风缸压力相等为止,如图5-15所示。

(3)制动后保压状态补风

运行中一旦BP发生了泄漏,其压力小于均衡风缸压力值,BP作用阀就再次开通总风缸压缩空气经FLT流量传感器,再经BPCO机械阀开通的通路向BP充风,直至其压力被充至

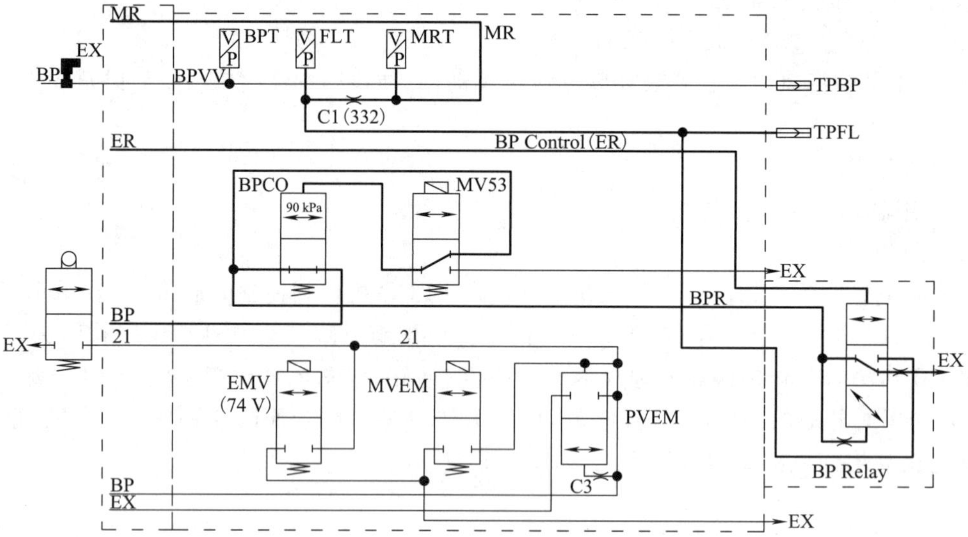

图 5-15　制动状态

与均衡风缸压力相等为止。始终保持 BP 与减压后保压的均衡风缸的压力相等。

(4)制动后保压状态不补风

通过 IPM 使 MV53 电磁阀得电，切断 BPR 压缩空气进入 BPCO 机械阀控制端的通路，使 BPCO 机械阀断开 BPR 与 BP 的通路，此时运行中一旦 BP 发生了泄漏，BP 不能被补风。

2. 紧急制动使列车管压力在 3 s 内压力降为 0

(1)自动制动手柄推至紧急位

由 EBV 控制的机械阀直接开通 21 号管快速通大气，同时 MVEM 紧急电磁阀得电，开通 21 号管通大气，由于 21 号管压力迅速下降，而 PVEM 气动紧急放风阀处 BP 压力由于限流孔的作用而不能快速下降，从而引起 PVEM 气动紧急放风阀动作，直接开通 BP 迅速通大气的通路，确保列车管压力在 3 s 内压力降为 0，如图 5-16 所示。

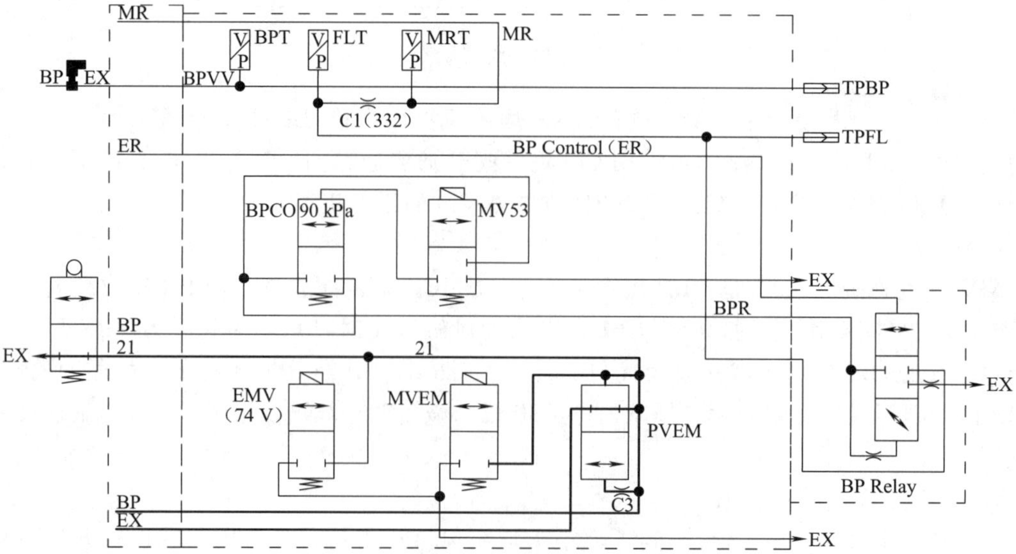

图 5-16　紧急制动状态 1

(2)由其他系统引起的紧急制动

IPM 使 EMV 紧急电磁得电,直接开通 21 号管通大气,由于 21 号管压力迅速下降,而 PVEM 气动紧急放风阀处 BP 压力由于限流孔的作用而不能快速下降,从而引起 PVEM 气动紧急放风阀动作,直接开通 BP 迅速通大气的通路,确保列车管压力在 3 s 内压力降为 0,如图 5-17 所示。

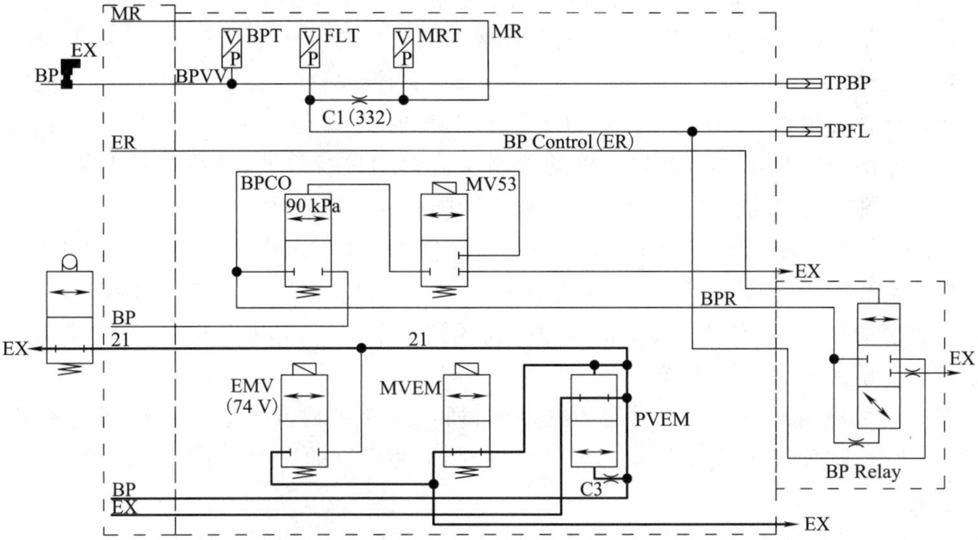

图 5-17　紧急制动状态 2

(3)拉手动放风塞门或列车分离时列车管被拉断使列车管压力迅速下降

迅速下降的列车管压力同样会引起 PVEM 气动紧急放风阀动作,直接开通 BP 迅速通大气的通路,确保列车管压力在 3 s 内压力降为 0。

此时 MV53 电磁阀得电,切断 BPR 压缩空气进入 BPCO 机械阀控制端的通路,使 BPCO 机械阀断开 BPR 与 BP 的通路,防止紧急制动时 BP 作用阀向 BP 充风,如图 5-18 所示。

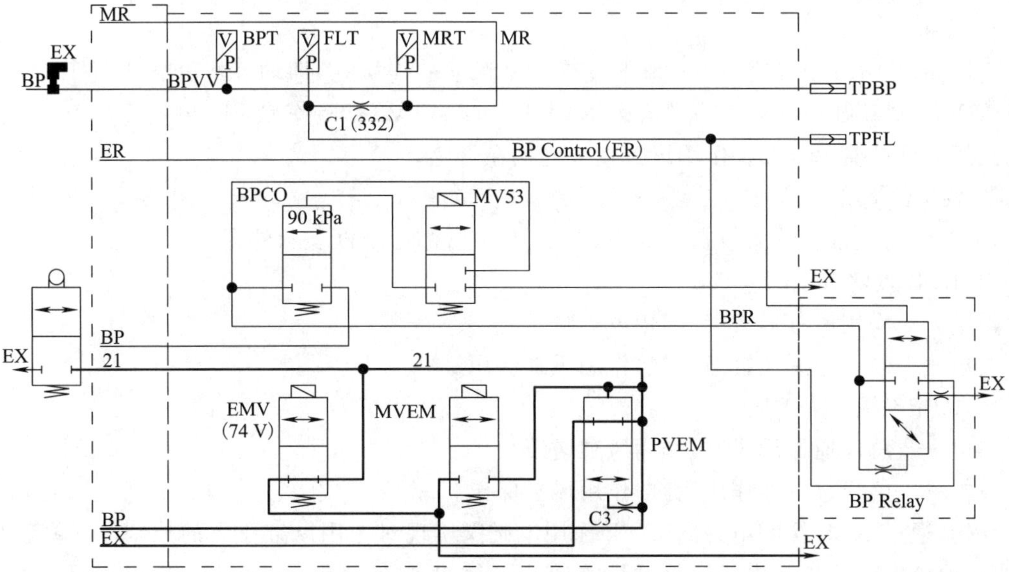

图 5-18　紧急制动状态 3

三、16 号管控制模块(16CP)

16CP 用来产生制动缸的控制压力，其基本功能类似于分配阀的作用。

在本机状态下时，通过对机车列车管的减压量、平均管的压力、机车单独缓解指令以及单独制动阀的控制指令来产生制动缸的控制压力，即 16 号管压力；在补机状态时，除了列车管压力降到 140 kPa 以下且总风联管的控制压力、重联机车的列车管压力由平均管的压力来控制。

本机模式下，16 号管增加的压力同列车管减少的压力的比例为 2.5∶1，并且 16 号管增加的压力最大不超过 450 kPa。

当接收单独缓解指令，或列车管压力增加 14 kPa 时，制动缸压力开始缓解。

当出现电源故障时，16CP 对列车管的控制压力自动进行释放，然后通过 DBTV(本务状态)或 20CP 到制动缸中继阀的先导压力对制动缸压力进行控制。

一旦列车管压力小于 140 kPa，16CP 内部的紧急限压阀(ELV)将增加列车管先导压力到一个常规值 440 kPa，这样会产生一个最小的 420 kPa 的制动缸压力。产生的制动缸压力在补机单元不能自动释放，只有当列车管的压力被充风到高于 140 kPa，补机单元中的制动缸压力才可随列车管压力增高进行缓解。

在 ERCP 故障情况下，16CP 与制动缸隔离，通过 3 个电磁阀的动作连接到均衡风缸(上电 ERBU，断电 MV16 和 MVER)，16CP 可以控制均衡风缸的压力。制动缸的控制压力则由 DBTV 控制。

在 20CP 故障的情况下，16CP 可以根据单独制动手柄的位置产生制动缸控制压力。这种方式可以在本务机车上产生相应的制动缸压力，但是不能在本务机车上产生相应的平均管压力。

(一)组成

16CP 由外壳、管壳、REL 缓解电磁阀、APP 作用电磁阀、MV16 电磁阀、PVTV 三通阀、DCV2 变向阀、PVE 紧急阀、ELV 紧急限压阀、DCV1 变向阀、16T 压力传感器、BPT 列车管压力传感器、BCT 制动缸压力传感器、C1 充风节流孔、TP16 作用管压力测试点、TPBC 测试点、过滤器即作用风缸等部分组成，如图 5-19 所示。

1. 管座

管座亦为 16CP 的安装座，管座上设有 7 根管子的连接孔，即均衡风缸备用管 ERB(13)、总风管 MR、制动缸控制管 16 号管、通往 DBTV 的 16TV 管、列车管 BP、单独缓解管 13 号管、制动缸压力反馈管 BCCO。作用风缸直接连接在管座。

2. 各部件简介

16CP 的其他部件均集成在外壳内，图 5-19 中右侧虚线框表示外壳。

(1)REL 缓解电磁阀

得电——作用风缸通大气，作用风缸减压。

失电——停止作用风缸通大气，作用风缸保压。

(2)APP 作用电磁阀

得电——总风通作用风缸，作用风缸增压。

失电——停止总风通作用风缸，作用风缸保压。

16CP 通过 REL 缓解电磁阀、APP 作用电磁阀实现对作用风缸压力的控制。在缓解后或制动后，两个电磁阀均失电，进行作用风缸保压。若将机车设置在补机位，REL 缓解电磁阀得

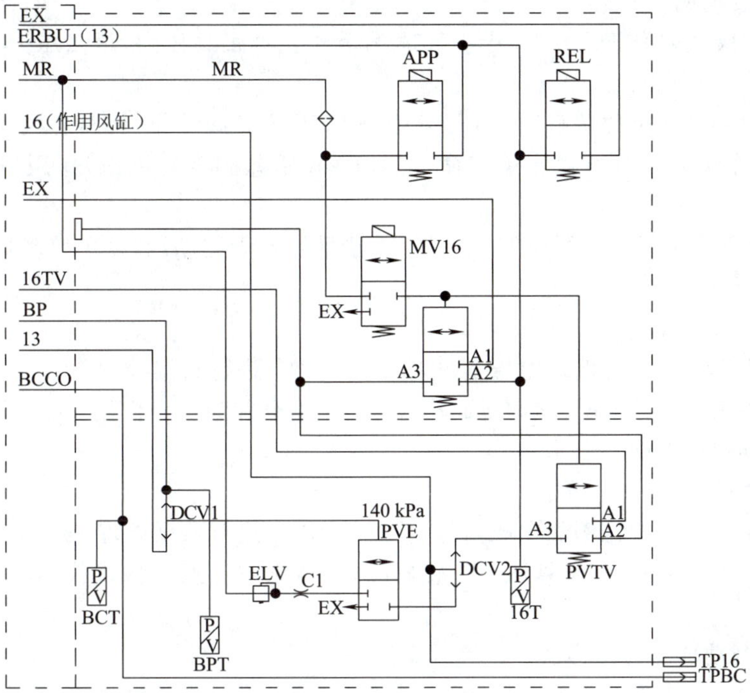

图 5-19 16CP 组成

电,将作用风缸的压力空气排空。

(3)MV16 电磁阀

得电——产生控制压力,允许机械阀接口和 PVTV 三通阀接口的 A2 通 A3,从而使作用风缸接受 REL 缓解电磁阀、APP 作用电磁阀控制。

失电——控制压力排大气,允许机械阀和 PVTV 三通阀接口 A1 通 A3,从而使作用风缸同 DBTV 连通,并受其控制。

MV16 电磁阀用来控制其机械阀接口的连通,是 16CP 的预控电磁阀。

当制动系统断电、ERCP 故障处于备用模式,MV16 电磁阀将失电,16CP 失去对作用风缸的控制能力,同时允许 DBTV 对作用风缸进行控制,即对制动缸压力进行控制;其他状态无论机车设置为本机/投入、本机/切除或补机,MV16 电磁阀均得电。

(4)PVTV 三通阀

PVTV 三通阀为机械阀,受 MV16 电磁阀控制,和 MV16 电磁阀配合作用,完成 16CP 对作用风缸的控制或 DBTV 对作用风缸的控制的选择或自动转换。在正常的工作状态下,作用风缸的压力控制应由 16CP 产生的 16 号管压力来完成,但 DBTV 也适时根据列车管的压力变化产生作用风缸的控制压力 16TV,但此控制压力在 PVTV 三通阀处被堵截。

(5)DCV2 变向阀

DCV2 变向阀从 16/16TV 或 ELV 紧急限压阀中选择最高压力,向作用风缸充风。

(6)PVE 紧急阀

当列车管压力低于 140 kPa 时,PVE 紧急阀动作,接通 ELV 紧急限压阀和 DCV2 变向阀,允许总风通过 ELV 紧急限压阀直接进入作用风缸。

(7)ELV 紧急限压阀

将总风管压力限制到 440 kPa,使通过 PVE 紧急阀控制的作用风缸压力不超过 440 kPa。

(8)DCV1 变向阀

DCV1 变向阀从列车管和单独缓解管 13 号管中选择最高压力，最高压力控制 PVE 紧急阀动作。

在紧急后自动制动单独缓解时，13 号管强制 PVE 紧急阀动作，切断总风通往作用风缸的通路，可进行机车缓解。但当解除单缓命令后，PVE 紧急阀恢复原态，作用风缸压力恢复到 440 kPa。

当使用单独手柄进行单独缓解时，建议将单独手柄置于制动区，以免单缓后机车突然缓解溜车。

(9)16T 压力传感器

产生与作用管压力成比例的电压信号，传送给 IPM，进行数据处理。

16T 压力传感器通过 REL 缓解电磁阀、APP 作用电磁阀配合作用，实现作用风缸压力的精确控制和自动保压功能。

(10)BPT 列车管压力传感器

产生与列车管压力成比例的电压信号，传送给 IPM，进行数据处理。

如果 BPCP 上的 BPT 列车管压力传感器故障，本压力传感器将代替其功能，在显示屏显示列车管压力。

(11)BCT 制动缸压力传感器

产生与制动缸压力成比例的电压信号，传送给 IPM，进行数据处理，并在显示屏显示制动缸压力。

(12)TP16 作用管压力测试点

TP16 作用管压力测试点直接和作用风缸连接，通过与系统外部的压力表连接，能够检测出任何状态下作用风缸的实际压力。

(13)TPBC 制动缸压力测试点

TPBC 制动缸压力测试点直接和 BCCO 连接，通过与系统外部的压力表连接，能够检测出任何状态下制动缸的实际压力。

(二)工作原理

1. 正常工作

16CP 正常工作时，MV16 电磁阀得电，开通总风缸压缩空气进入 PV16 机械阀与 PVTV 三通阀的控制端，使两个机械阀均断开 A1 与 A3，连通 A2 与 A3。

(1)常用制动

MV16 电磁阀得电，APP 作用电磁阀得电，总风缸压缩空气经 APP 作用电磁阀得电开通的通路，再经 PV16 机械阀的 A2、A3，PVTV 三通阀的 A2、A3，DCV2 变向阀上面的输入端，DCV2 变向阀的输出端向 16 号管和作用风缸充风。16T 压力传感器将 16 号管的压力值转变成电信号反馈至 IPM，IPM 判断 16 号管的压力达到列车管减压量的 2.5 倍时，使 APP 作用电磁阀失电，切断 16 号管的充风通路，16 号管被充风至规定的压力而保压，如图 5-20 所示。

(2)缓解

MV16 电磁阀得电，REL 缓解电磁阀得电，16 号管和作用风缸的压缩空气经 DCV2 变向阀的输出端，DCV2 变向阀上面的输入端，PVTV 三通阀的 A3、A2，PV16 机械阀的 A3、A2，再经 REL 缓解电磁阀得电开通的通路排向大气。16T 压力传感器将 16 号管的压力值转变成电信号反馈至 IPM，IPM 判断 16 号管的压力达到 0 或规定的要求时(可实现一次或阶段缓解)，使 REL 缓解电磁阀失电，切断 16 号管的排大气通路，如图 5-21 所示。

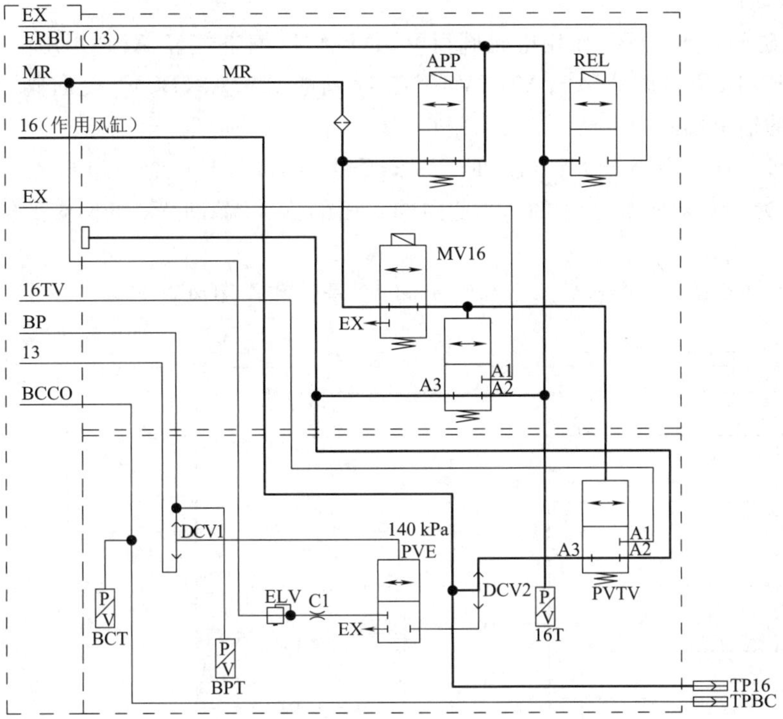

图 5-20　制动状态

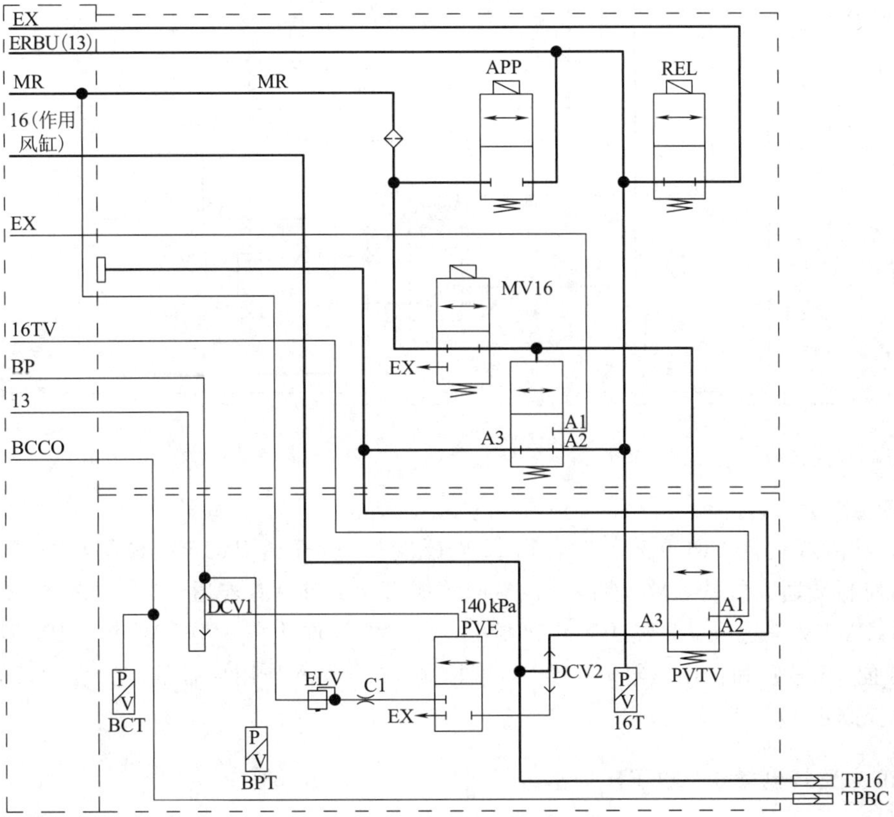

图 5-21　缓解状态

(3)紧急制动

MV16 电磁阀得电,APP 作用电磁阀得电,总风缸压缩空气经 APP 作用电磁阀得电开通的通路,再经 PV16 机械阀的 A2、A3,PVTV 三通阀的 A2、A3,DCV2 变向阀上面的输入端,DCV2 变向阀的输出端向 16 号管和作用风缸充风,如图 5-22 所示。最高压力不超过 450 kPa。

同时,当列车管压力小于 140 kPa 时,PVE 紧急阀动作,开通总风缸压缩空气经 ELV 紧急限压阀整定为 440 kPa 压力向 DCV2 变向阀下面的输入端、DCV2 变向阀的输出端向 16 号管和作用风缸充风。

此时上、下两个输入端,哪个压力高哪个向 16 号管和作用风缸充风。

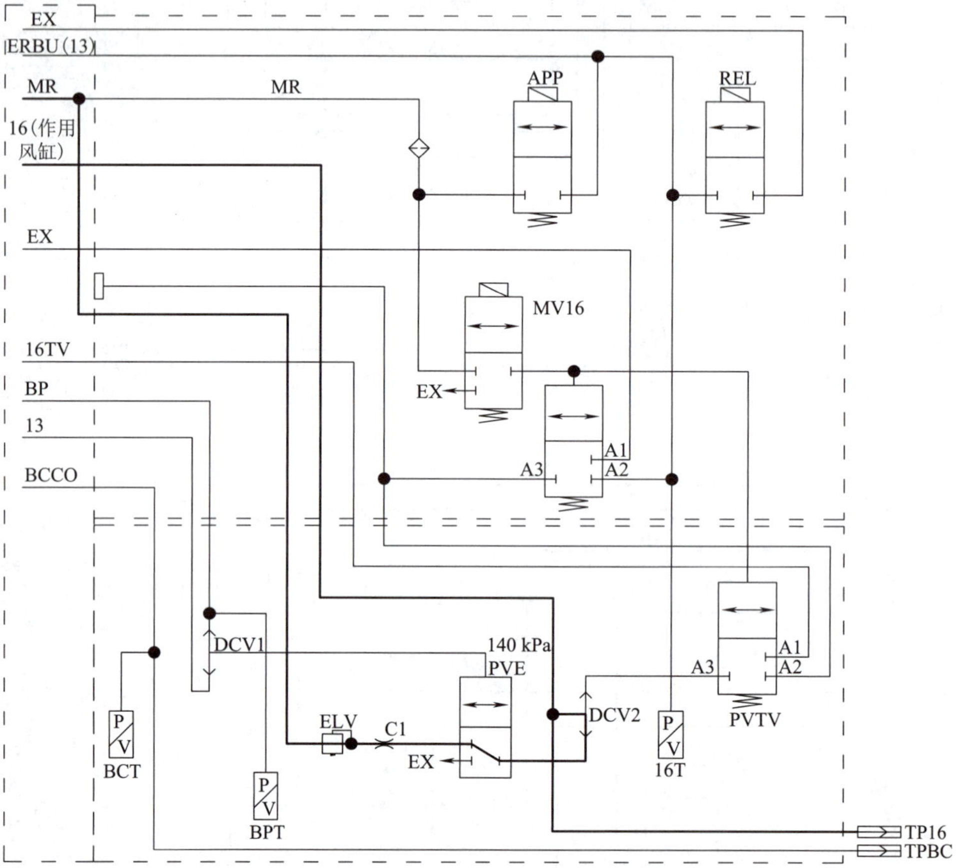

图 5-22　紧急制动状态

2. 空气备份

16CP 故障或代替 ERCP 工作时,MV16 电磁阀失电,开通 PV16 机械阀与机械阀 PVTV 三通阀的控制端通大气的通路,使两个机械阀均断开 A2 与 A3,连通 A1 与 A3。

此时,PVTV 三通阀 A2 经 PV16 机械阀 A3、A1 排向大气。16TV 管经 PVTV 三通阀 A1、A3 通向 16 号管和作用风缸,由 16TV 管控制 16 号管和作用风缸的压力变化,16TV 管的压力变化控制由 DBTV 完成。

四、20 号管控制模块(20CP)

20CP 根据列车管减压量、单独缓解命令、本机/单机模式下单独制动手柄位置等信号,产生本务机和补机的制动缸、平均管压力；平均管控制压力为列车管减压量的 2.5 倍；当列车管压力增加 14 kPa 或者在单独缓解时，平均管压力缓解。

平均管压力直接根据单独制动手柄命令产生，从在运转位的 0，直到全制动时的 300 kPa，平均管可实现阶段变化；平均管压力取常用制动或单独制动命令中压力较高者；20CP 在电源故障时进行管路保压作用；20CP 只在本务机车上有效，制动状态时故障，将保持制动缸原压力值。当 20CP 故障时，16CP 会根据本务机车单独制动命令产生制动缸压力，但不再产生平均管压力；20CP 在补机中不起作用，将保持在失电状态。

（一）组成

20CP 由外壳、管座、REL 缓解电磁阀、APP 作用电磁阀、MVLT 电磁阀、20R 阀、PVLT 阀、20TL 压力传感器、20TT 压力传感器、C1 充风节流孔、TP20 平均管压力传感器、过滤器及作用风缸等部分组成，如图 5-23 所示。

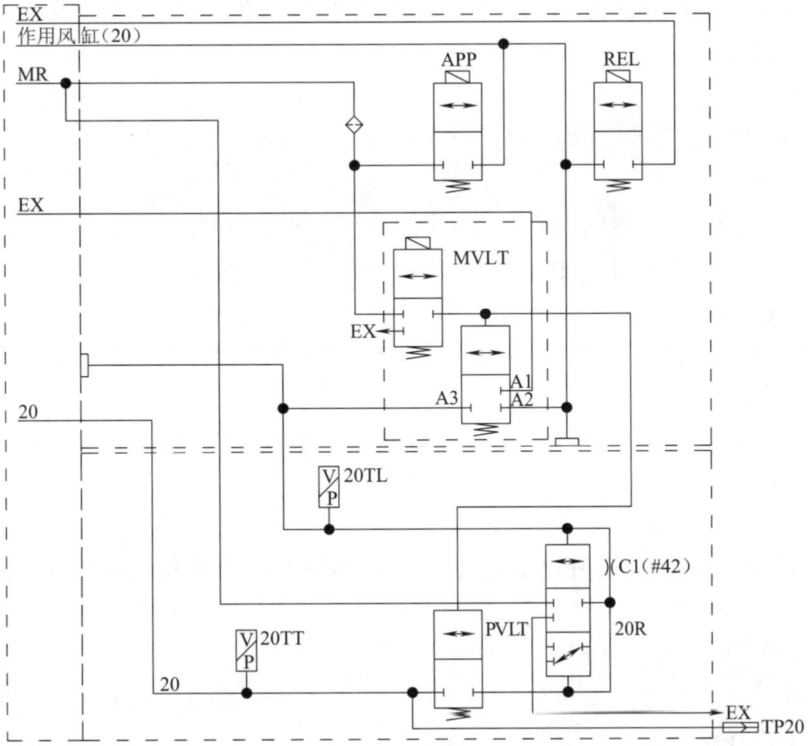

图 5-23　20CP 组成

1. 管座

管座为 20CP 模块的安装座。管座上设有 2 根管子的连接管，即总风管（MR）、平均管（20 号管）。作用风缸直接连接在管座上。

2. 各部件简介

(1)REL 缓解电磁阀

得电——作用风缸通大气，作用风缸减压，平均管排风。

失电——停止作用风缸通大气，作用风缸保压，平均管停止排风。

(2)APP 作用电磁阀

得电——总风通作用风缸，作用风缸增压，平均管充风。

失电——停止总风通作用风缸,作用风缸保压,平均管停止充风。

20CP 通过 REL 缓解电磁阀、APP 作用电磁阀实现对作用风缸压力、平均管压力的控制。在缓解后或制动后,两个电磁阀均失电,作用风缸保压。若将机车设置在补机位,两个电磁阀均在失电状态。

(3)MVLT 电磁阀

得电——产生预控压力,允许机械阀接口的 A2 通 A3,同时开通 PVLT 阀,从而实现通过控制 REL 缓解电磁阀、APP 作用电磁阀对平均管控制。

失电——控制压力排大气,允许机械阀接口 A1 通 A3,同时关闭 PVLT 阀,从而使 20CP 失去对平均管的控制能力。

MVLT 电磁阀用来控制其机械阀的接口的连通和 PVLT 阀的通断,是 20CP 的预控电磁阀。当制动系统断电、20CP 故障、机车处于补机模式时,MVLT 电磁阀失电,PVLT 阀关闭。20CP 失去对平均管的控制能力,机车平均管管路呈自保压状态;机车设置为本机、单机模式,MVLT 电磁阀得电。

(4)20R 阀

在 20CP 对平均管控制时,提供较大的充风、排风通道。

(5)PVLT 阀

PVLT 阀和 MVLT 电磁阀配合使用,实现 20CP 对平均管的控制。此阀属于两位两通阀,在关断后不能将机车平均管排空。

(6)20TL 压力传感器

机车在本机模式下,20TL 压力传感器产生与平均管控制压力成比例的电压信号,传给 IPM 进行数据处理。

20TL 压力传感器与 REL 缓解电磁阀、APP 作用电磁阀配合,实现作用风缸压力的精确控制和自动保压功能。

(7)20TT 压力传感器

机车在补机模式下,20TT 压力传感器产生与平均管压力成比例的电压信号,传给 IPM 进行数据处理。

(8)TP20 平均管压力传感器

TP20 平均管压力传感器直接和 PVLT 阀前部的平均管相连,通过与系统外部的压力表连接,能够检测出任何状态下平均管的实际压力。

(二)工作原理

1. 20CP 正常工作

20CP 正常工作时,MVLT 电磁阀得电,开通总风缸压缩空气进入两个机械阀控制端,使上面的机械阀断开 A1 与 A3,连通 A2 与 A3,PVLT 机械阀连通左右两侧的压缩空气通路。

(1)常用制动

MVLT 电磁阀得电,APP 作用电磁阀得电,总风缸压缩空气经 APP 作用电磁阀得电开通的通路向作用风缸充风,同时经 20R 阀的控制端送风,20R 阀因为输出端 20 号管压力小于控制端压力从而开通总风缸直接经 PVLT 阀开通的通路向 20 号管充风。20TL 压力传感器将 20 号管的压力值转变成电信号反馈至 IPM,IPM 判断 20 号管的压力达到列车管减压量的 2.5 倍或单独制动阀手柄确定的压力值(两个压力值自动取大),使 APP 作用电磁阀失电,切断20R阀控制端的充风通路，20R阀控制端保压，20号管被充风至与20R阀控制端相等的压力而保压，如图5-24所示。

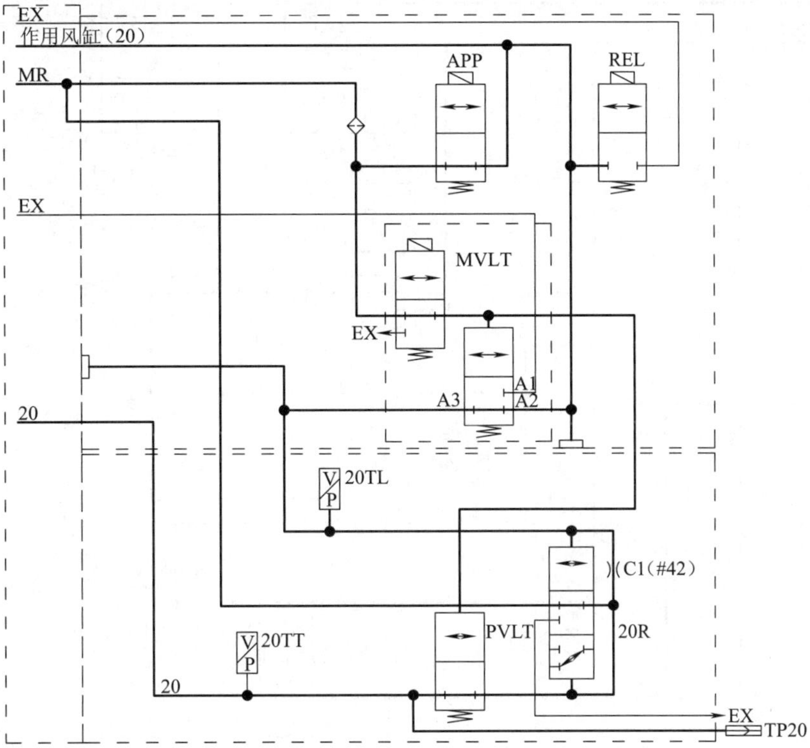

图5-24　制动状态

(2)缓解

MVLT电磁阀得电，REL缓解电磁阀得电，作用风缸压缩空气直接经REL缓解电磁阀得电开通的通路排向大气，20R阀的控制端压缩空气经上面机械阀的A3、A2再经REL缓解电磁阀得电开通的通路排向大气。20R阀因为输出端20号管压力大于控制端压力从而开通20号管经PVLT阀开通的通路快速排向大气。20TL压力传感器将20R阀控制端的压力值转变成电信号反馈至IPM，IPM判断20R阀控制端的压力达到0或规定的要求时(可实现一次或阶段缓解)，使REL缓解电磁阀失电，切断20R阀控制端压缩空气排大气的通路。20R阀使20号管的压力减压至与20R阀控制端的压力相等，如图5-25所示。

2. 补机20CP不工作

20CP不工作时，MVLT电磁阀失电，两个机械阀控制端直接通大气，使上面的机械阀断开A2与A3，连通A1与A3，PVLT阀断开左右两侧的压缩空气通路。此时20号管的压力值与补机的20CP无关，由本务机车制动平均管的压力值来决定。

3. 20号管的备份控制

当20CP故障时，20CP中MVLT电磁阀失电，20CP失去对20号管压力控制功能，20号管处于自保压状态，此时可以由16CP控制16号管来响应单独制动手柄指令进而产生制动缸压力，但是不再产生平均管压力。在ERBU(均衡风缸备份)工作期间、ERCP断电均衡风缸排风期间或机车设置为补机状态时，BCCP中PVPL阀将制动缸与20号管连通从而实现本务机车制动缸直接控制20号管的压力变化。

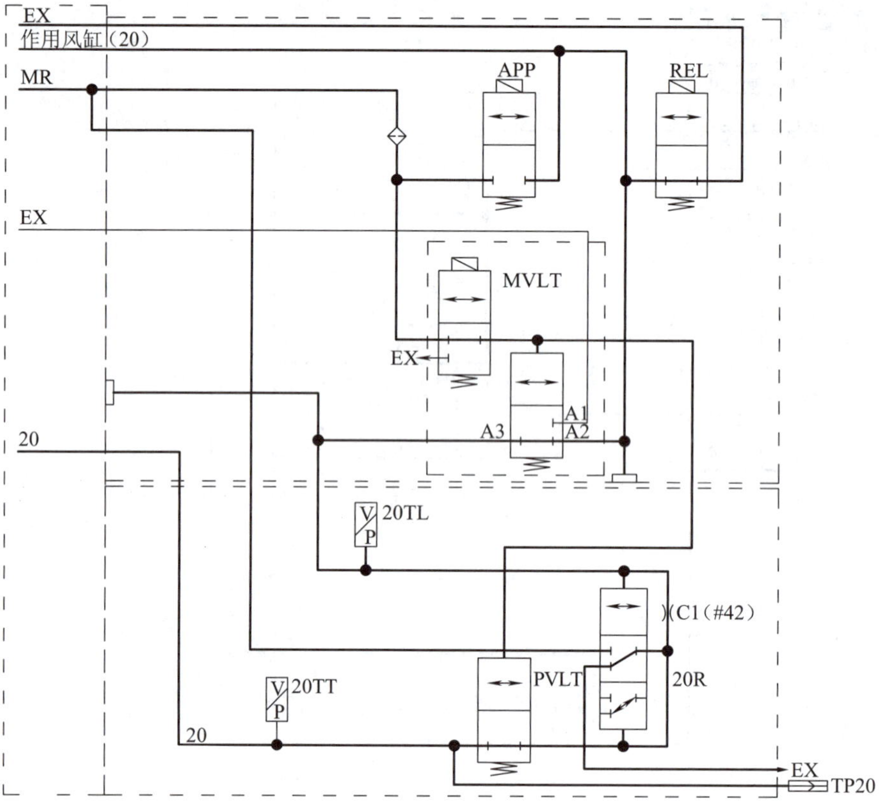

图 5-25　缓解状态

五、其他模块

(一)13 号管控制模块(13CP)

当单独制动手柄侧压时，13CP 控制 13 号管充风，对 DBTV 里的 BO 阀进行控制，排空 16TV 管的风压；同时制动系统控制 16CP 中的缓解电磁阀，排空作用风缸和 16 号作用管的压力，实现单缓机车制动缸压力(该压力由自动制动产生)。同时在均衡风缸备用情况下与 16CP 共同动作来实现均衡风缸的压力控制。13CP 由外壳、管座、MV13S 电磁阀和 ERBU 电磁阀等部件组成，如图 5-26 所示。

1. 管座

管座为 13CP 的安装座。管座上设有 3 根管子的连接管，即总风管 MR、通往 16CP 的 ERBU 管和通往 DBTV 的 13 号管。

2. 各部件简介

(1)MV13S 电磁阀

单独制动阀侧压，得电——总风缸给 13 号管充风，帮助 DBTV 内部实现机械的单缓功能。

单独制动阀恢复，失电——停止总风缸给 13 号管充风，13 号管通大气。

(2)ERBU 电磁阀

ERBU 电磁阀和 16CP、ERCP 配合使用，当 ERCP 故障失效时，系统自动使 MVER 均衡

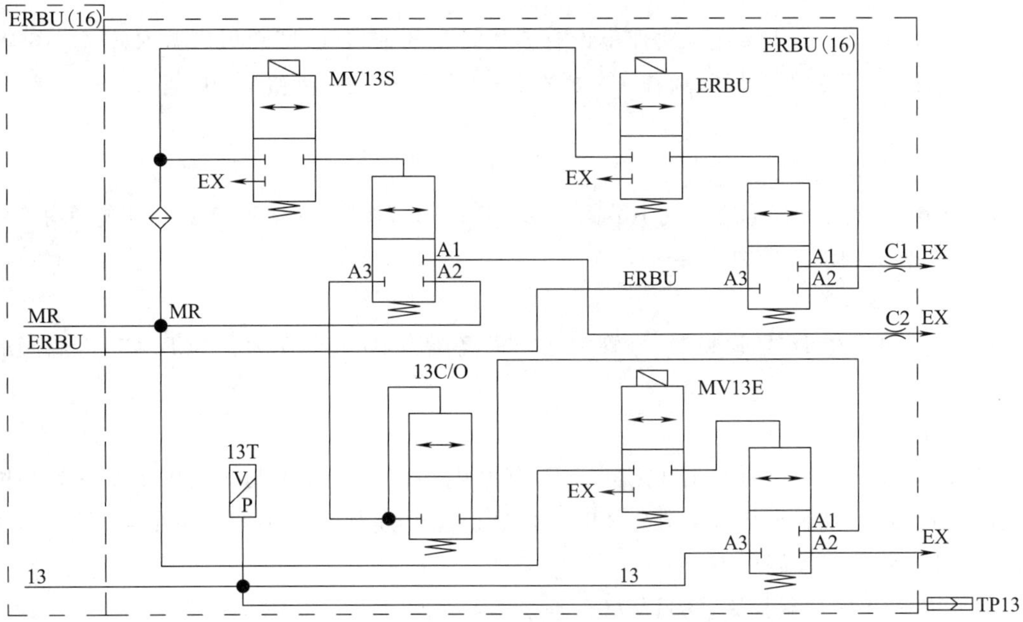

图 5-26　13CP 组成

模块电磁阀失电，MV16 电磁阀失电，ERBU 电磁阀得电。利用 16CP 模块中的 REL 缓解电磁阀、APP 作用电磁阀代替 ERCP 中的 REL 缓解电磁阀、APP 作用电磁阀的作用，用 ERBU 电磁阀代替 16CP 模块中 MV16 电磁阀功能，实现对均衡风缸的控制。

（二）制动缸控制模块（BCCP）

BCCP 从 16CP 或平均管接收到制动缸预控压力（作用管），产生制动缸压力。BCCP 属大通道的空气中继阀，它用总风缸作为供风风源，16 号管和平均管作为控制压力，对机车制动缸进行充风和排风控制。在失电状态下，BCCP 会使制动缸通过 PVPL 阀与平均管相连，产生平均管压力。这样补机就可以同本务机一样产生制动。PVPL 阀在均衡风缸后备管压力大于 69 kPa 时开通。失电时，13CP 缩堵限制均衡风缸压力的释放，从而本务机车的 PVPL 阀可以将其制动缸与平均管相连而产生平均管压力，用于产生补机制动缸压力；空电互锁电磁阀也位于 BCCP 的 16 号管路中。

BCCP 由外壳、管座、BCCP 作用阀、DCV1 变向阀、PVPL 阀等部件组成，如图 5-27 所示。

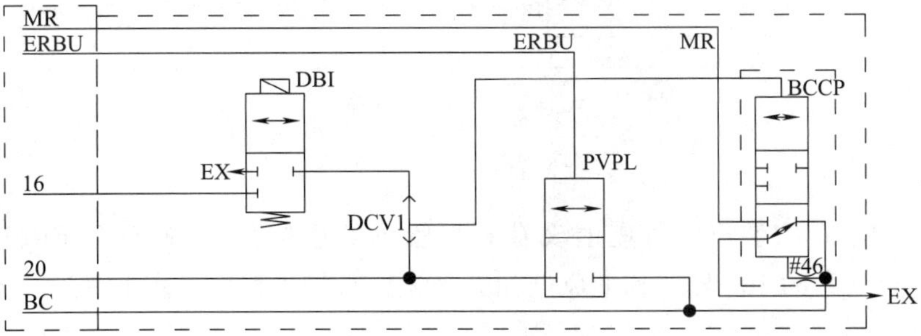

图 5-27　BCCP 组成

1. 管座

管座亦为 BCCP 的安装座。管座上设有 5 根管子的连接孔，即总风管 MR、通往 16CP 的 16 号管、通往 20CP 的 20 号管、通往 13CP 的 ERBU 管、通往制动缸的 BC 管。

2. 各部件简介

(1)BCCP 作用阀

BCCP 作用阀是大容量的空气中继阀。BCCP 作用阀按照 16 号管控制压力或平均管压力 1∶1 的比率产生制动缸压力。

(2)DCV1 变向阀

DCV1 变向阀在 16 号管和 20 号管中选择最高压力，导通此压力作为 BCCP 作用阀的控制压力。

(3)PVPL 阀

在 ERBU(均衡风缸备份)工作期间、ERCP 断电均衡风缸排风期间或机车设置为补机状态时连接制动缸和机车平均管。避免 20CP 不能工作时，本机机车不能产生平均管压力，从而导致补机没有制动缸控制压力。

(三)DB 三通阀控制模块(DBTV)

DBTV 为备用空气制动模块。在 16CP 故障或者 ERCP 故障时工作。列车管充风缓解时，DBTV 使列车管向 EPCU 上的辅助风缸充风。当列车管压力降低时，辅助风缸通过 DBTV 向 16TV 管充风。当产生全制动时，DBTV 会使辅助风缸与 16TV 管和 3 号风缸压力均衡，而达到全制动。

DBTV 由外壳、管座、DBTV 阀、BO 阀、缩堵、辅助风缸和 3 号风缸等部件组成，如图 5-28 所示。

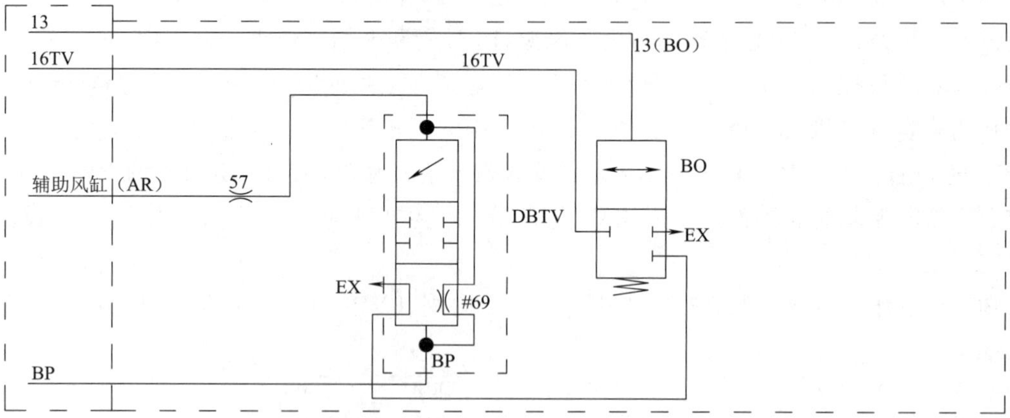

图 5-28　DBTV 组成

1. 管座

管座亦 DBTV 的安装座。管座上设有 3 根管子的连接孔，即列车管 BP、通往 16CP 的 16TV 管、通往 13CP 的 13 号管，辅助风缸和 3 号风缸直接连接在管座上。

2. 各部件简介

(1)DBTV 阀

列车管压力增加——16TV 管排风，制动缸缓解，列车管给辅助风缸充风。

列车管压力降低——辅助风缸和16TV管接通，16TV充风，制动缸作用。

列车管压力不变——16TV关闭，充风、排风作用停止。

由于DBTV阀为纯机械结构，为使每次产生的制动缸控制压力达到目标值，在列车缓解时，辅助风缸必须完全充满。

(2)BO阀

DBTV中13号管压力高于140 kPa时，将导致16TV管排风，自动制动作用缓解。

第四节　CCBⅡ型电空制动机综合作用

一、CCBⅡ型电空制动机控制关系

(一)主要部件的控制关系

电子制动阀（EBV）→ 电空控制单元（EPCU）→ 基础制动装置

↕

继电器接口模块（RIM）→ 微处理器（IPM）→ 制动显示屏（LCDM）

↕

机车控制系统（TCMS）

(二)CCBⅡ型电空制动机气路控制关系

自动制动阀→ERCP→均衡风缸→BPCP→列车管→16CP→作用管→BCCP→制动缸

列车管↗车辆制动机；列车管↘DBTV↗作用管；总风↑BPCP；总风↑BCCP

自动制动阀↘20CP

单独制动阀→20CP→单独作用管→BCCP→制动缸

20CP↗本务机车平均管→补机平均管→补机作用管→BCCP→制动缸

单独制动阀↘13CP→IPM→作用管→大气

二、CCBⅡ型电空制动机气路综合作用

CCBⅡ型电空制动机的综合作用包括自动制动作用、单独制动作用、空气备份状态以及无动力回送状态等方面。

(一)自动制动作用

自动制动作用即CCBⅡ型电空制动机的单独制动手柄位于运转位，操纵自动手柄在运转位或制动区，观察本机及重联机车的各主要部件的相互作用关系。

1. 本机—运转位

本机—运转位是列车在运行过程中，自动制动手柄常放位置，是向全列车初充风、再充风缓解列车制动以及列车正常运行所采用的位置。

ERCP接收自动制动手柄指令，给均衡风缸充风到设定值；BPCP响应均衡风缸压力变化，列车管被充风至均衡风缸设定压力；16CP/DBTV响应列车管压力变化，将作用管(16号管/16TV管)压力排放；BCCP响应作用管压力变化，机车制动缸排风缓解；同时车辆副风缸充风，车辆制动机缓解，如图5-29所示。

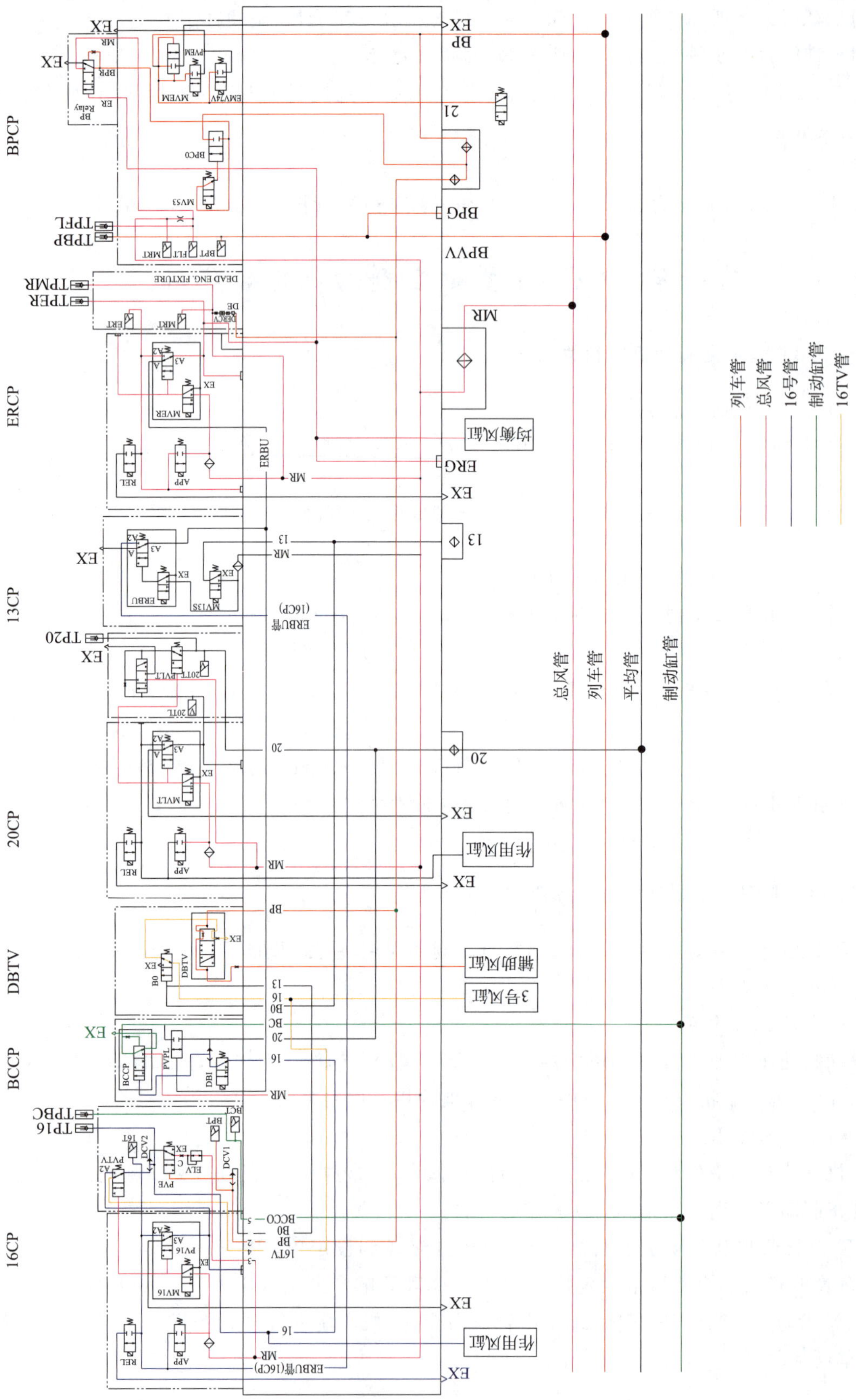
BPCP
ERCP
13CP
20CP
DBTV
BCCP
16CP
均衡风缸
作用风缸
辅助风缸
3号风缸
总风管
列车管
平均管
制动缸管
列车管
总风管
16号管
制动缸管
16TV管

图 5-29 本机—运转位

2. 本机—制动位

本机—制动位是操纵列车常用制动，使列车正常缓慢停车或调整运行速度所使用的位置。它包括初制动位和全制动位，两者之间是常用制动区。自动制动手柄在制动区的停留位置决定了均衡风缸的减压量，达到目标减压量后，均衡风缸保压。机车在货车模式时，自动制动手柄在制动区可实现阶段制动作用，但只可实现一次缓解功能；机车在客车模式下，自动制动手柄在制动区可实现阶段制动和阶段缓解作用。

ERCP 接收自动制动指令，给均衡风缸减压到目标值；BPCP 响应均衡风缸压力变化，列车管减压至均衡风缸；16CP/DBTV 响应列车管压力变化，给作用管（16 号管/16TV 管）充风；BCCP 响应作用管压力变化，机车制动缸制动；同时车辆副风缸给车辆制动缸充风，车辆制动机制动，如图 5-30 所示。

3. 本机—紧急位

本机—紧急位是列车运行过程中需要紧急停车时所使用的位置。

一旦自动制动手柄置于该位置，列车管迅速减压到 0，均衡风缸以常用制动速率减压到 0，16CP 响应列车管压力变化，迅速给作用管（16 号管）充风到最大允许压力，BCCP 响应作用管压力增加，给机车制动缸充风产生紧急制动作用，同时车辆副风缸给车辆制动缸充风，车辆制动机制动，如图 5-31 所示。

4. 自动制动的单缓

列车实施后认为有必要单独降低机车制动力时使用的位置，需要通过单独制动手柄侧压来帮助实现此功能。

单独制动手柄侧压，13CP 响应该指令，给 13 号管充风，控制 DBTV 中的 16TV 作用管减压，同时 16CP 和 20CP 也响应该指令，允许 16 号作用管和 20 号平均管进行减压，BCCP 响应 16 号作用管压力变化，允许机车制动缸排风缓解，缓解由自动制动手柄动作产生的制动作用，车辆制动机仍保持制动作用，如图 5-32 所示。

5. 补机—运转位

补机（重联机车）自动制动手柄应用销子固定在重联位，单独制动手柄应放置在运转位。此位置为本务机车在运转位时，补机（重联机车）受机车间列车管软管、总风软管、平均软管压力控制，而发生作用的位置，其缓解作用应和本务机车同步。

本务机车列车管充风，16 号作用管及 20 号平均管压力排空，制动作用缓解。补机（重联机车）接收列车管压力增高的变化，通过 DBTV 将 16TV 作用管排空，同时给补机副风缸充风；补机响应平均管压力变化，通过 BCCP 将制动缸压力排空，补机缓解，如图 5-33 所示。

6. 补机—制动位

补机—制动位为本务机车在制动位时，补机（重联机车）受机车间列车管软管、总风联管、平均软管压力控制，而发生作用的位置，其制动应和本务机车同步。

本务机车列车管减压，平均管、作用管增压，机车制动缸充风产生制动作用。补机接收列车管压力减少的变化，通过 DBTV 停止列车管给辅助风缸充风，并将辅助风缸的风压传送到 16TV 管；补机接收平均管压力增高的变化，通过 BCCP 给制动缸充风，补机制动。

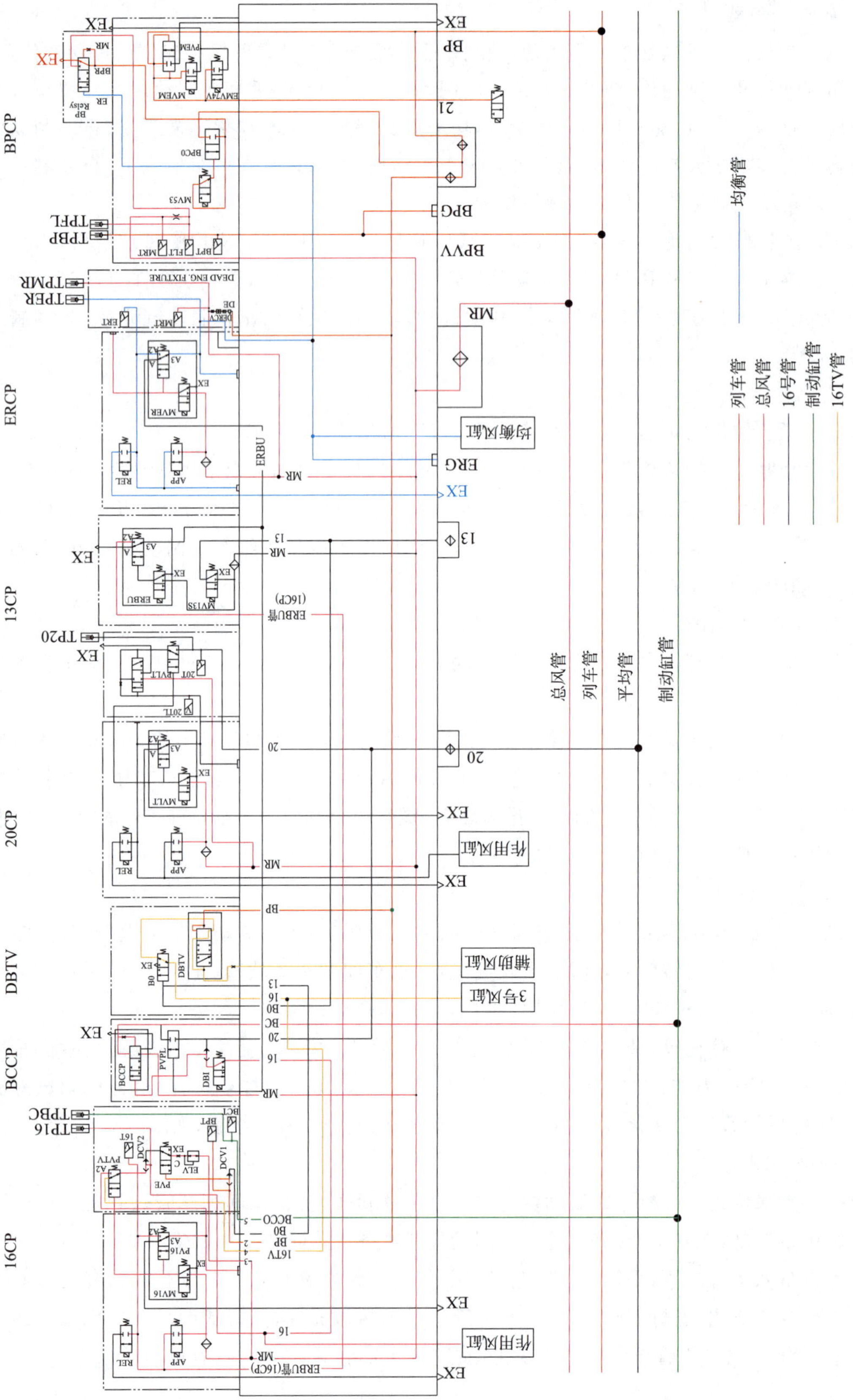
BPCP
ERCP
13CP
20CP
DBTV
BCCP
16CP
总风管
列车管
平均管
制动缸管
均衡风缸
作用风缸
辅助风缸
3号风缸
列车管
总风管
16号管
制动缸管
16TV管
均衡管

图 5-30 本机—制动位

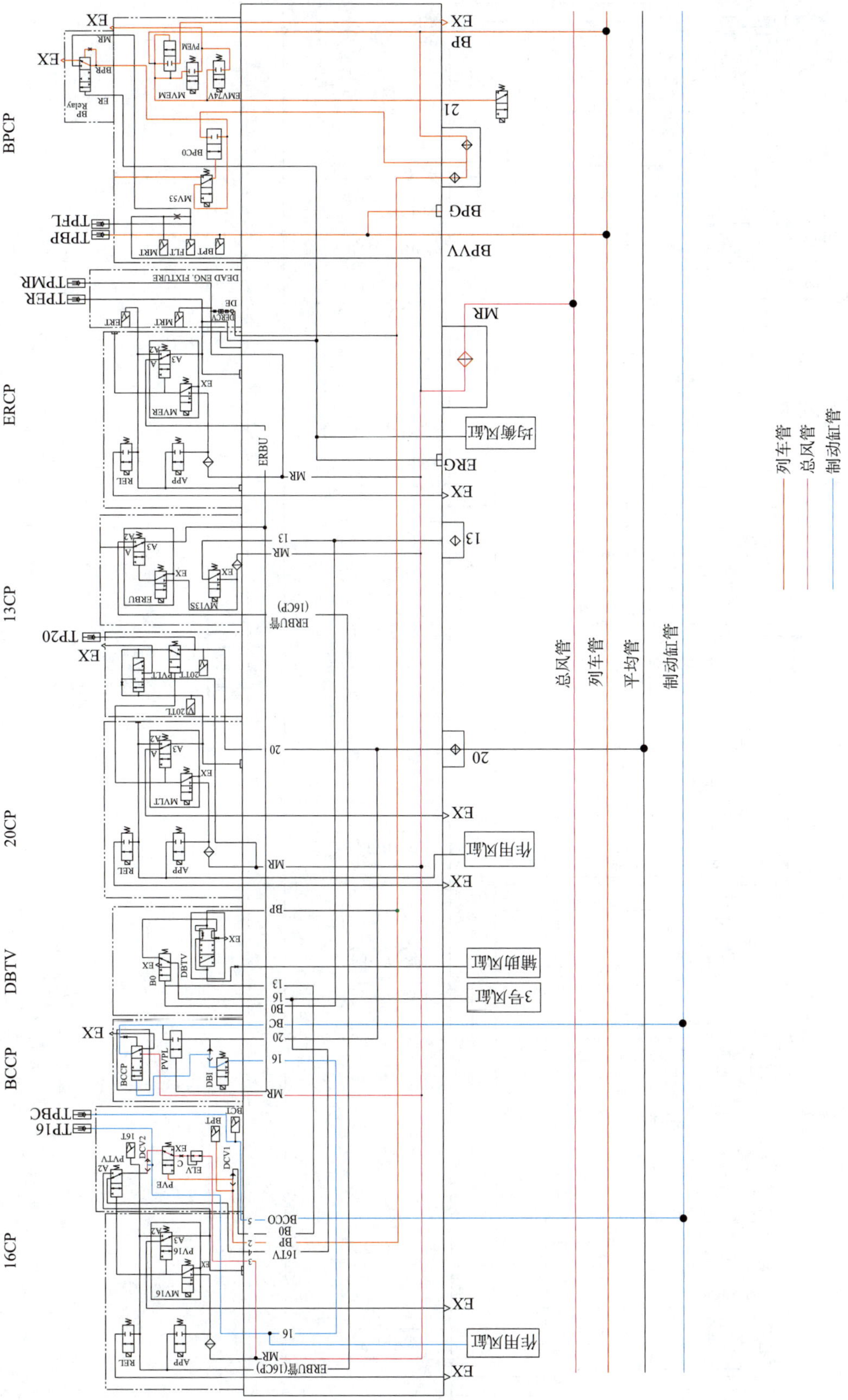
BPCP
ERCP
13CP
20CP
DBTV
BCCP
16CP
均衡风缸
作用风缸
辅助风缸
3号风缸
总风管
列车管
平均管
制动缸管
列车管
总风管
制动缸管

图 5-31　本机—紧急位

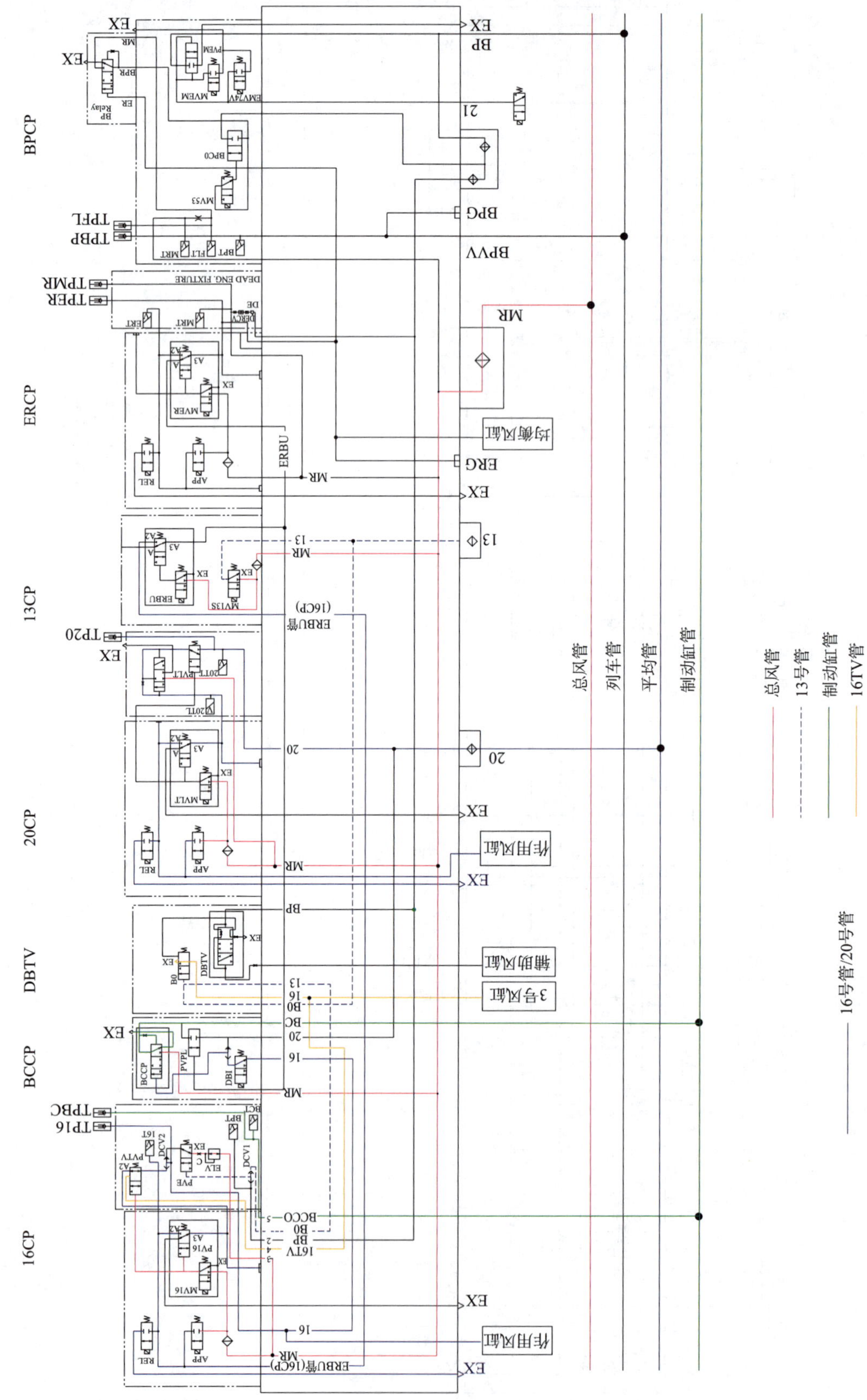

图 5-32 自动制动的单缆

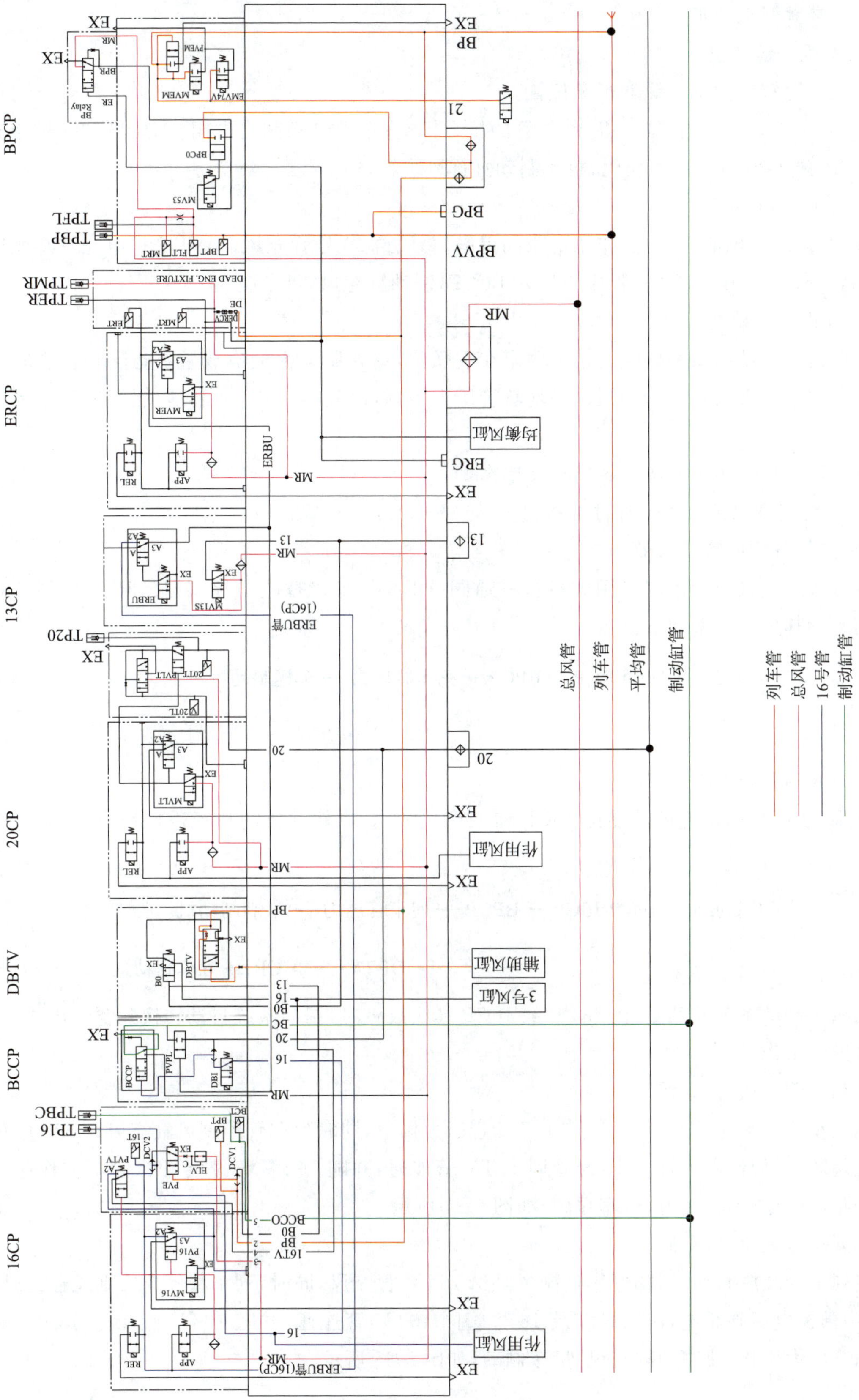
BPCP
ERCP
13CP
20CP
DBTV
BCCP
16CP
总风管
列车管
平均管
制动缸管
均衡风缸
作用风缸
辅助风缸
3号风缸
作用风缸
列车管
总风管
16号管
制动缸管

图 5-33　补机—运转位

（二）单独制动作用

1. 本机—运转位

本机—运转位为单独缓解机车位置。

20CP 内缓解电磁阀得电，将 20 号管的压力排空；作用电磁阀失电阻止总风给 20 号管充风；BCCP 响应 20 号管压力变化，机车制动缸排风缓解。

2. 本机—制动位

20CP 内缓解电磁阀失电，作用电磁阀得电，总风给 20 号管充风，MVLT 得电允许总风通过，控制 PVLT 阀开通，20 号管压力进入 BCCP，制动缸充风，机车制动。

3. 补机—制动、缓解位

重联机车自动制动手柄应用销子固定在重联位，单独制动手柄应放置在运转位。重联机车受机车间列车管软管、总风联管、平均软管压力控制，而发生作用，其制动、缓解应和本务机车同步。

（三）CCBⅡ型电空制动机备份与故障检测

1. 系统安全保护及主要部件的备份

（1）空气备用（16CP 失效）

空气备用模式是指系统采用纯机械三通阀（DBTV）来代替电子控制（16CP）产生列车管控制压力。其控制关系如下：

自动制动阀→ERCP→BPCP→列车管压力→车辆制动机
↓
DBTV→BCCP→机车制动缸

（2）ER 备用（ERCP 失效）

如果 ERCP 失效，它的功能由 16CP 和 13CP 实现。由软件控制自行进行切换，控制关系如下：

自动制动阀→16CP/13CP→BPCP→列车管压力→车辆制动机
↓
DBTV→BCCP→机车制动缸

当机车制动系统 EPCU 中 ERCP 或 16CP 模块故障时，制动系统自动转换到空气模式，使其仍可继续工作。

①列车管充风，机车缓解

当列车管缓解充风时，DBTV 使 16TV 管压力排空，同时列车管给副风缸充风；16CP 中预控电磁阀断电，使作用风缸及 16 号管同 16TV 管连通，并随 16TV 管排空，BCCP 响应作用管压力变化，排空制动缸压力，机车缓解，如图 5-34 所示。

②列车管减压，机车制动

当列车管减压制动时，DBTV 使副风缸给 16TV 管充风，同时，列车管停止给副风缸充风；16CP 中预控电磁阀断电，作用风缸及 16 号管同 16TV 管连通，并随 16TV 管增压；BCCP 响应作用管压力变化，使制动缸充风，机车制动，如图 5-35 所示。

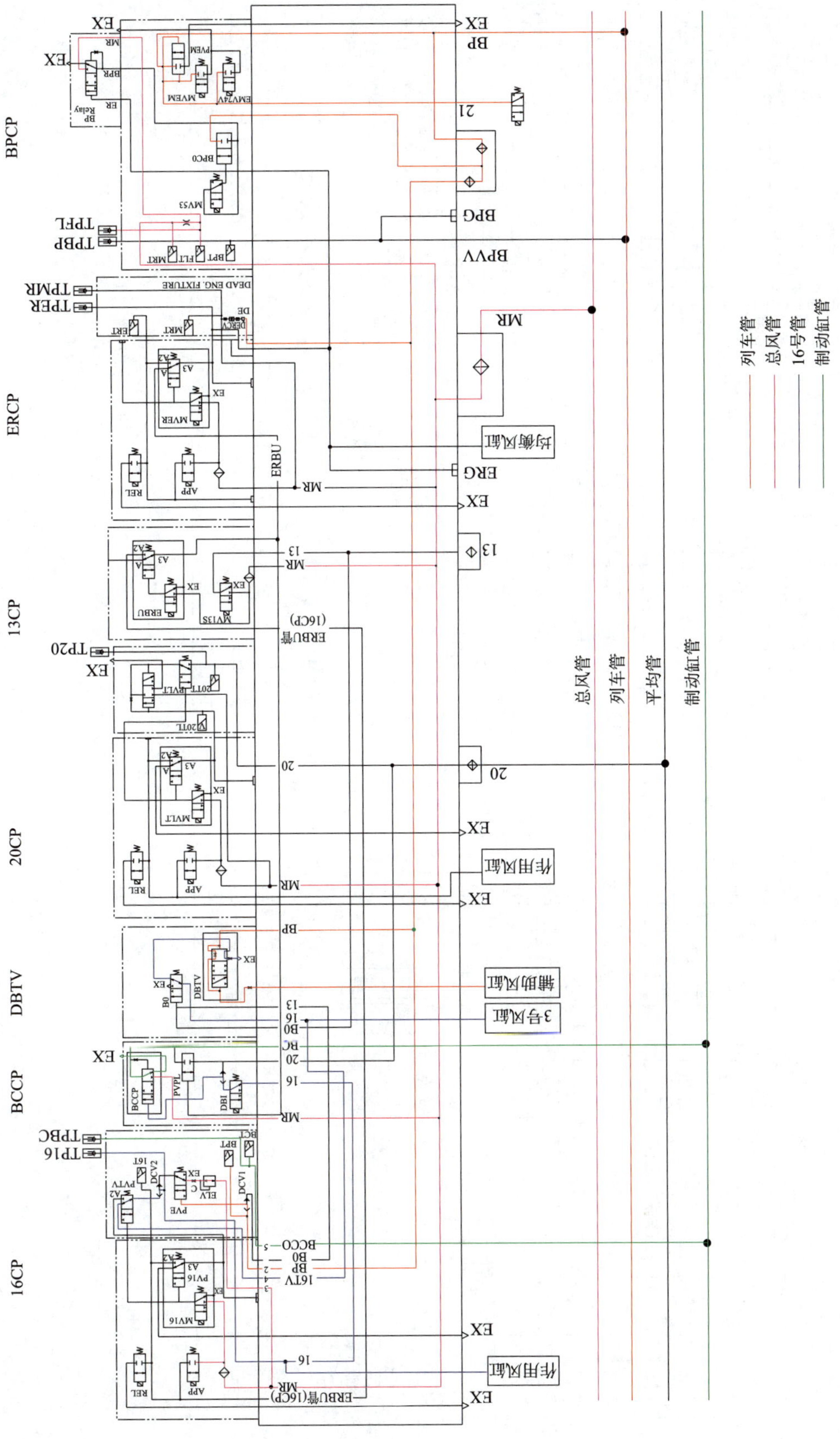
BPCP
ERCP
13CP
20CP
DBTV
BCCP
16CP
均衡风缸
作用风缸
辅助风缸
3号风缸
总风管
列车管
平均管
制动缸管
列车管
总风管
16号管
制动缸管

图 5-34　空气备份—缓解

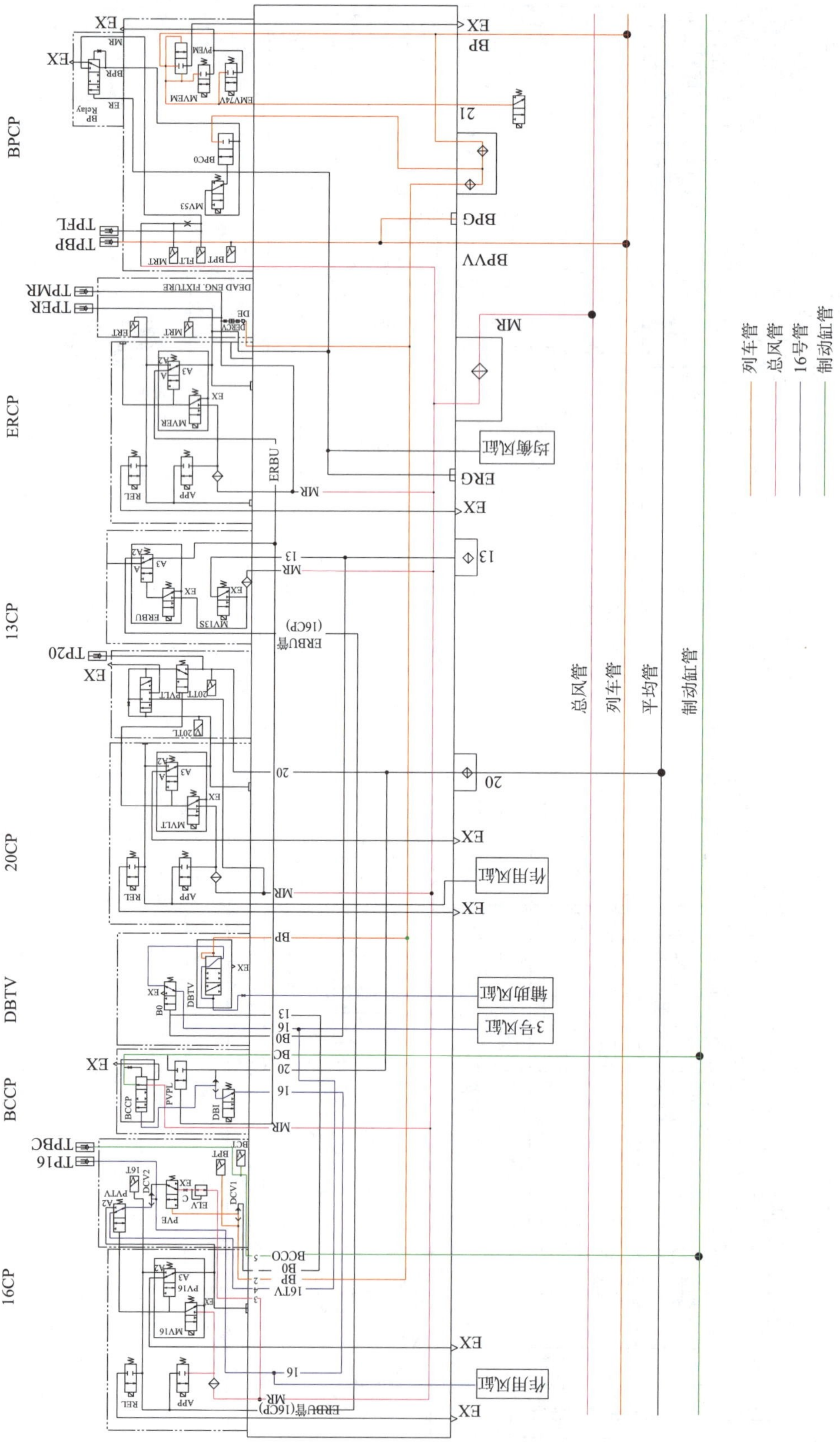
BPCP
ERCP
13CP
20CP
DBTV
BCCP
16CP
均衡风缸
作用风缸
辅助风缸
3号风缸
作用风缸
总风管
列车管
平均管
制动缸管
列车管
总风管
16号管
制动缸管

图 5-35 空气备份—制动

(3)单独制动备用(20CP 失效)

20CP 失效时,16CP 将相应单独制动手柄的指令,控制本务机车制动缸的压力。对于重联机车,将不存在平均管压力。控制关系如下:

单独制动阀→16CP→BCCP→机车制动缸

2. 紧急制动的触发方式

(1)自动制动置紧急位。

(2)开放车长阀触发紧急制动。

(3)按下操纵台紧急按钮触发紧急制动。

(4)IPM 触发紧急制动。

(5)ATP 触发紧急制动。

(6)列车断钩分离触发紧急制动。

(7)机车警惕装置触发紧急制动。

3. 总风缸压力低保护

当总风缸压力低于 350 kPa 时,IPM 接到 MREP 压力开关信号,使机车实施制动,不允许机车加载牵引。

(四)CCBⅡ型电空制动机的故障检测方式

开机时,微处理器(IPM)进行自检。自检通过后对电子制动阀(EBV)、电空控制单元(EPCU)的各模块进行实时诊断,确认故障后,自动进入备用模式,并将 3 位故障代码的故障信息显示在制动显示屏(LCDM)上。

通过制动显示屏(LCDM)上的按键可以手动对电子制动阀(EBV)、电空控制单元(EPCU)的各模块进行循环或单独自检,若发现故障,将 4 位故障代码的故障信息显示至制动显示屏(LCDM)上。

微处理器(IPM)及电空控制单元(EPCU)均有串口与外接 PC 机通信,传送各种信息供更新程序、检测或检修之用。

(五)无动力回送

机车无动力回送中,由于其空气压缩机停止使用,此时必须开放机车无动力回送装置。无动力装置由 DE 无动力塞门、DER 压力调整塞门、C2 充风节流孔、CV 单向止回阀等部分组成,集成于 ERCP 中,连接机车列车管与总风管。当开通无动力塞门后,列车管内压力空气经 DE 无动力塞门、DER 压力调整塞门、C2 充风节流孔、CV 单向止回阀将调整后的空气压力充入总风缸。此时总风缸在机车制动机系统中相当于车辆的副风缸。

无动力回送的空气作用原理同空气备份相同,但总风缸压力较低,约为 220 kPa。

（六）“五步闸”试验（表 5-1）

表 5-1　CCBⅡ型电空制动机“五步闸”检查方法

步骤	设置	自动制动手柄							单独制动手柄				检查内容
		运转	初制	制动	全制	抑制	重联	紧急	侧缓	运转	制动	全制	
1	本机/不补风	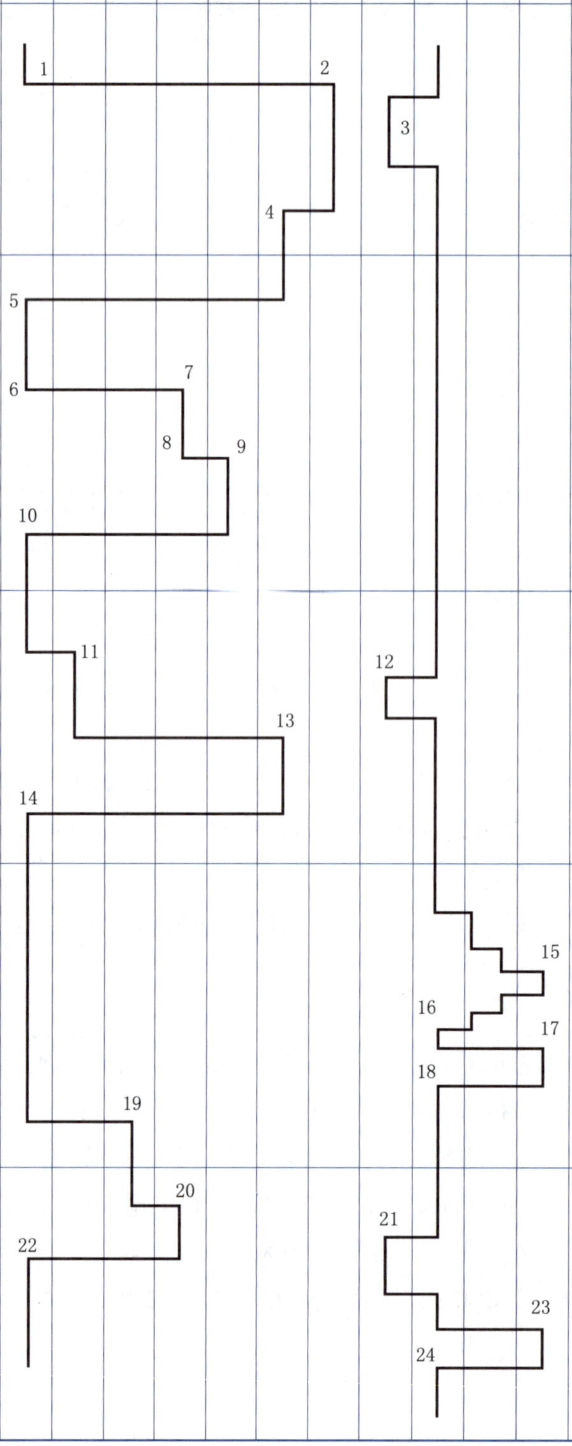											1. 总风压力 750～900 kPa，制动缸压力 0，均衡风缸压力 500 kPa，列车管压力 500 kPa； 2. 列车管压力在 3 s 内降为 0，制动缸在 3～5 s 内升至 200 kPa，并继续增压至 450 kPa，均衡风缸压力降为 0，紧急制动倒计时 60 s 开始； 3. 制动缸压力下降为 0，手柄复位后制动缸压力恢复； 4. 60 s 倒计时结束后操作，列车管、均衡风缸、制动缸压力不变；
2	本机/不补风												5. 均衡风缸增压至 500 kPa，列车管增压至 480 kPa 不大于 9 s，制动缸压力下降为 0； 6. 等 60 s 使系统各风缸充满风； 7. 均衡风缸在 5～7 s 减压到 360 kPa，列车管减压到均衡风缸压力±10 kPa，制动缸 6～8 s 增压到 360 kPa； 8. 保压 1 min，均衡风缸压力泄漏不大于 7 kPa，列车管压力泄漏不大于 10 kPa，制动缸压力变化不大于 25 kPa； 9. 各压力无变化； 10. 均衡风缸增压至 500 kPa，列车管压力 500 kPa，制动缸压力下降为 0；
3	本机/不补风												11. 充满风后，均衡风缸减压 50 kPa，列车管减压到均衡风缸压力的±10 kPa，制动缸增压到 70～110 kPa； 12. 制动缸压力下降为 0，手柄复位后制动缸压力不恢复； 13. 均衡风缸以常用制动速率降为 0，列车管减压至 55～85 kPa 后保持，制动缸增压至 450 kPa； 14. 均衡风缸增压至 500 kPa，列车管压力 500 kPa，制动缸压力下降为 0；
4	本机/不补风												15. 阶段制动，制动缸压力阶段上升，全制动制动缸压力 300 kPa； 16. 阶段缓解，制动缸压力阶段下降，运转位制动缸压力下降为 0； 17. 制动缸在 2～3 s 上升到 280 kPa，最终为(300±15) kPa； 18. 制动缸压力在 3～5 s 降至 35 kPa 以下； 19. 均衡风缸减压 100 kPa，列车管减压到均衡风缸压力的±10 kPa，制动缸增压到 230～250 kPa；
5	单机												20. 均衡风缸减压 140 kPa，列车管压力保持不变，制动缸压力保持不变； 21. 制动缸压力下降为 0，手柄复位后制动缸压力不恢复； 22. 均衡风缸增压至 500 kPa，列车管压力保持不变，制动缸压力保持不变； 23. 制动缸压力在 2～3 s 上升到 280 kPa，最终为 300 kPa； 24. 制动缸压力在 3～5 s 降到 35 kPa 以下

注：试验完毕，机车恢复本机/不补风状态设置。

复习思考题

1. 简述 CCBⅡ型电空制动机主要控制原则。
2. CCBⅡ型电空制动机主要组成部件有哪些?
3. EBV 自动制动手柄及单独制动手柄各有哪些操纵位置及区域?
4. 简述 EPCU 各模块的名称。
5. 简述 ERCP 的作用、组成部件及工作原理。
6. 简述 BPCP 的作用、组成部件及工作原理。
7. 简述 16CP 的作用、组成部件及工作原理。
8. 简述 20CP 的作用、组成部件及工作原理。
9. 简述 13CP 的作用、组成部件及工作原理。
10. 简述 BCCP 的作用、组成部件及工作原理。
11. 简述 DBTV 的作用、组成部件及工作原理。
12. 简述 CCⅡ型电空制动机主要部件控制关系。
13. 简述 CCⅡ型电空制动机气路控制关系。
14. 简述 CCⅡ型电空制动机自动制动作用工作过程。
15. 简述 CCⅡ型电空制动机单独制动作用工作过程。
16. 简述 CCⅡ型电空制动机紧急制动触发方式。
17. 简述 CCⅡ型电空制动机各备用控制方式。
18. 简述 CCⅡ型电空制动机五步闸试验步骤。

参考文献

[1] 邱及建.JZ-7 型空气制动机[M].北京:中国铁道出版社,1995.

[2] 杨兆昆.东风4 型内燃机车乘务员[M].北京:中国铁道出版社,2005.

[3] 肖亚兴.120 型货车车辆制动机[M].北京:中国铁道出版社,1993.

[4] 于仲江,张贵良.JZ-7 型空气制动机[M].北京:中国铁道出版社,2003.

[5] 彭治靖.内燃电力机车空气制动机[M].北京:中国铁道出版社,1991.

[6] 高旭.内燃机车空气制动机[M].北京:中国铁道出版社,2002.

[7] 杨兆昆,罗鑫,许秀杰.东风11 型内燃机车乘务员[M].北京:中国铁道出版社,2003.

[8] 戚墅堰机车车辆厂.东风8B 型内燃机车[M].北京:中国铁道出版社,1999.

[9] 呼和浩特铁路局职工教育处.内燃机车司机[M].北京:中国铁道出版社,2014.

[10] 李益民. 机车制动系统[M].北京:中国铁道出版社有限公司,2021.

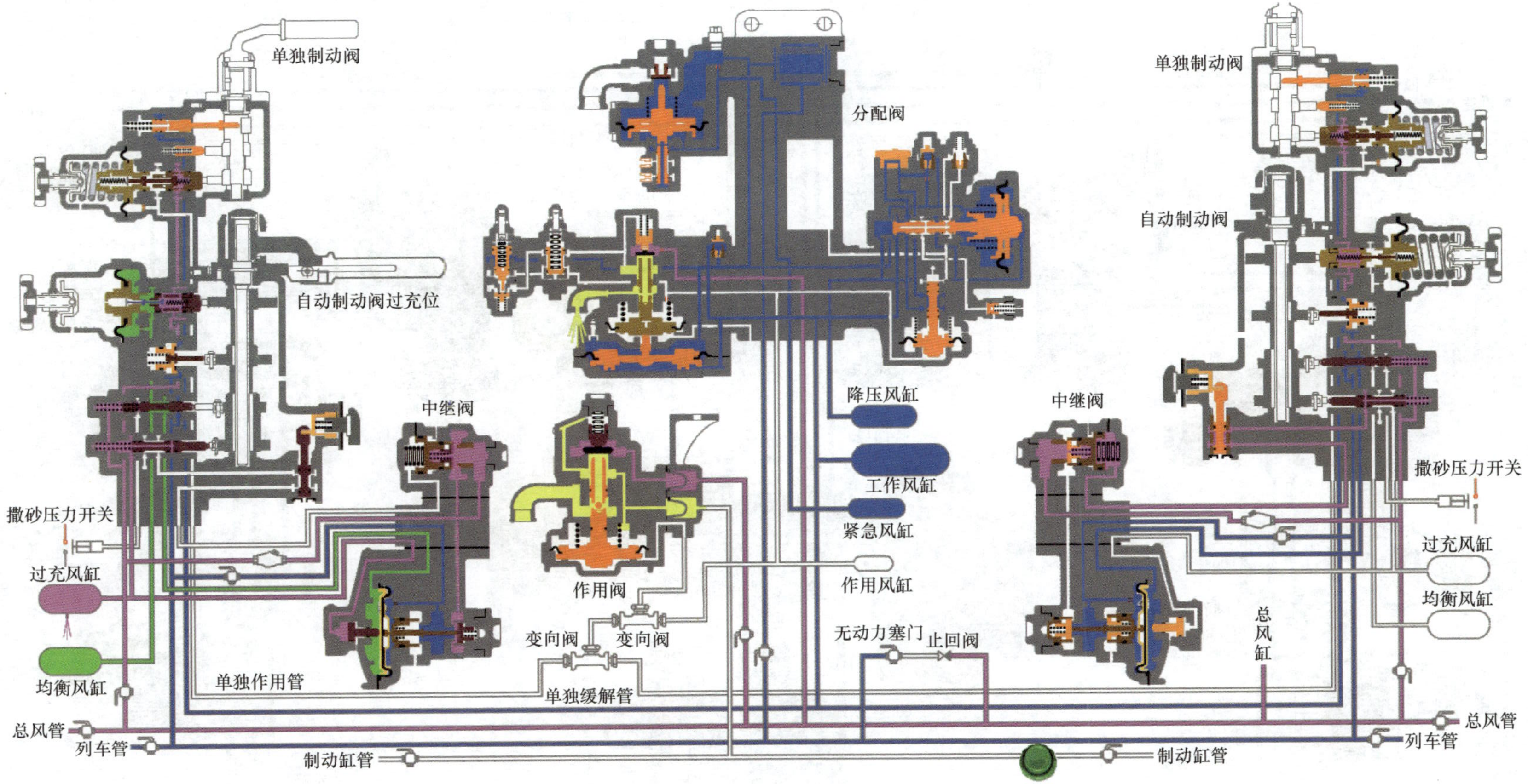

附图 1　JZ-7 型空气制动机自动制动阀过充位

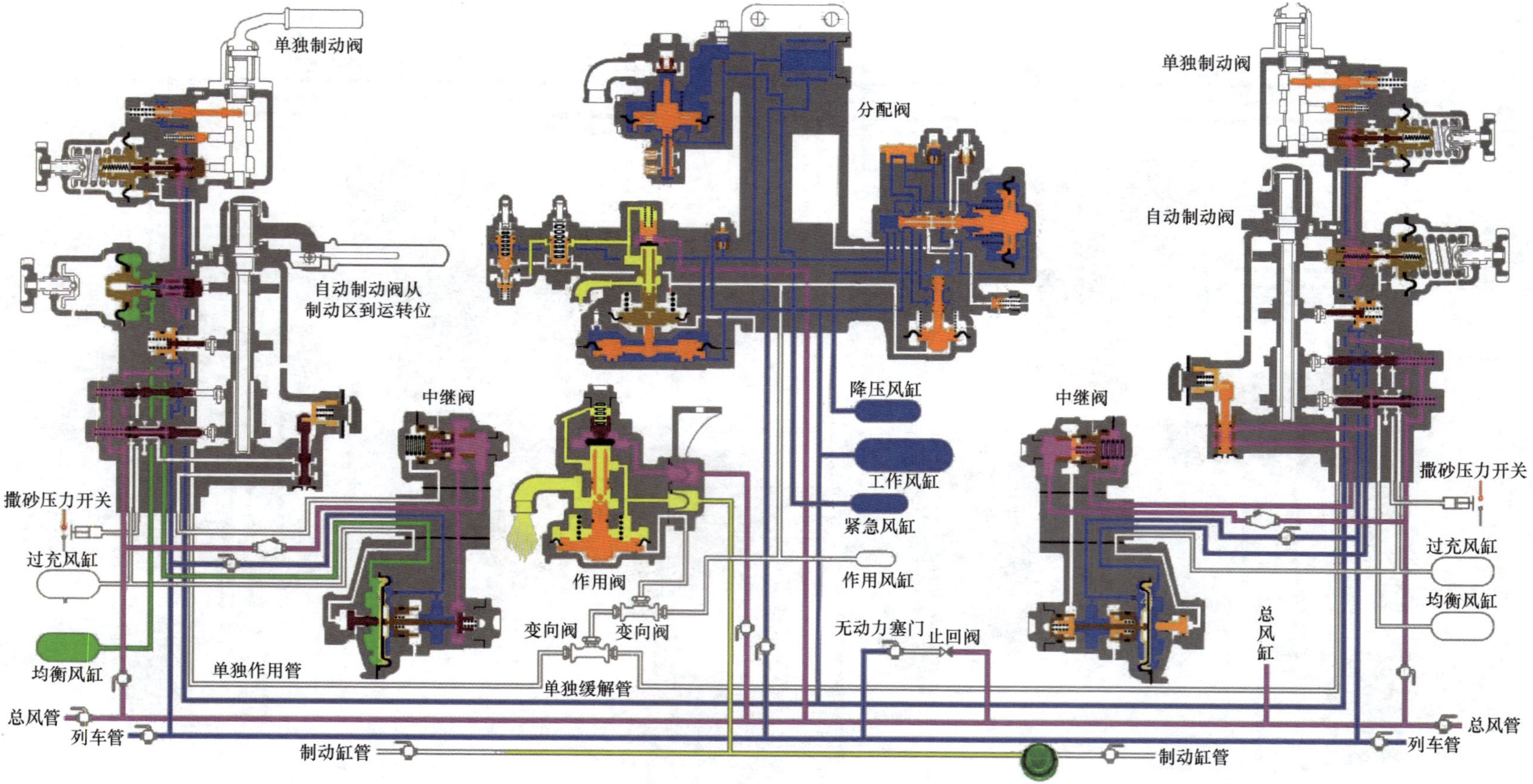

附图 2　JZ-7 型空气制动机自动制动阀运转位

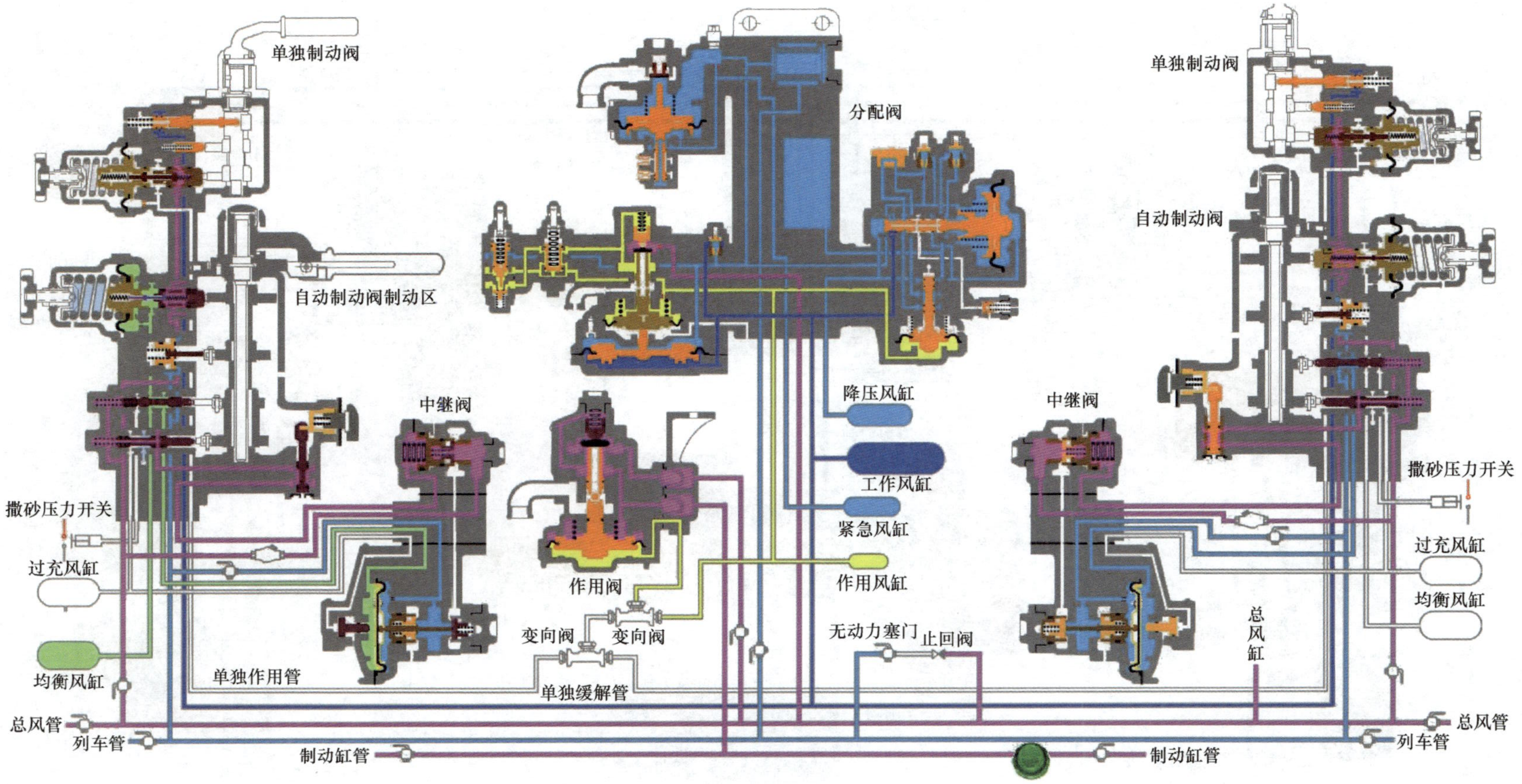

附图 3　JZ-7 型空气制动机自动制动阀制动区

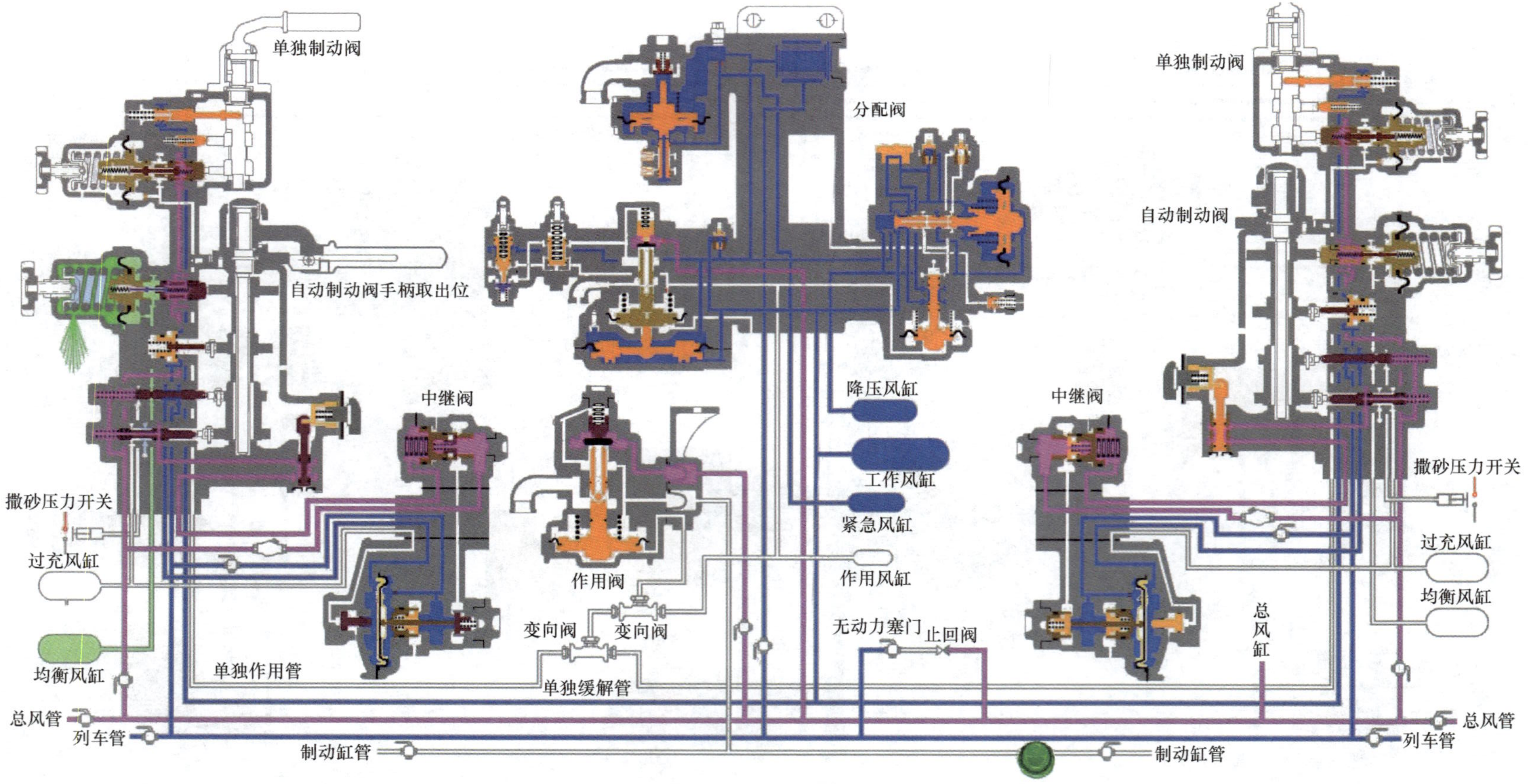

附图 4　JZ-7 型空气制动机自动制动阀手柄取出位

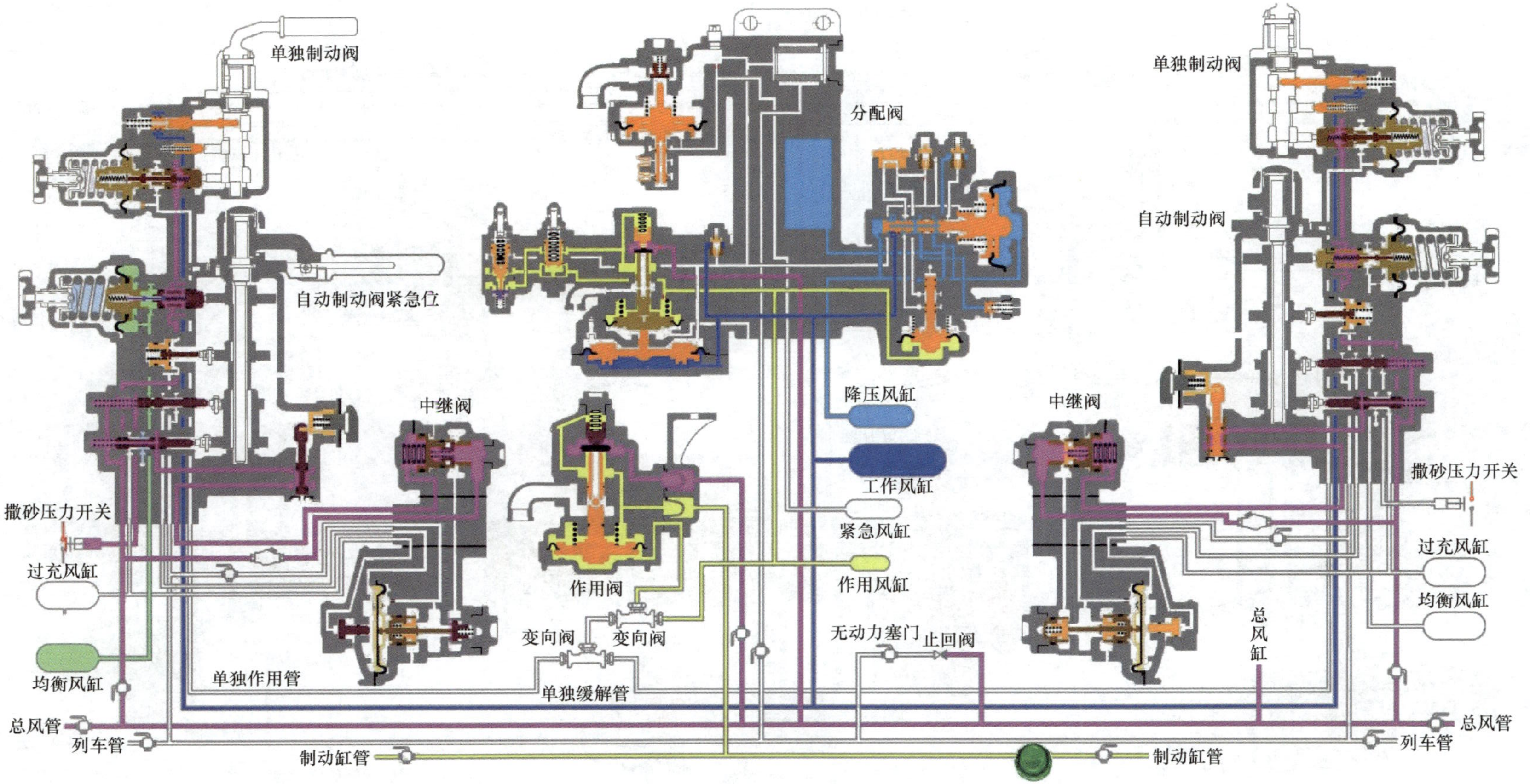

附图 5 JZ-7 型空气制动机自动制动阀紧急位

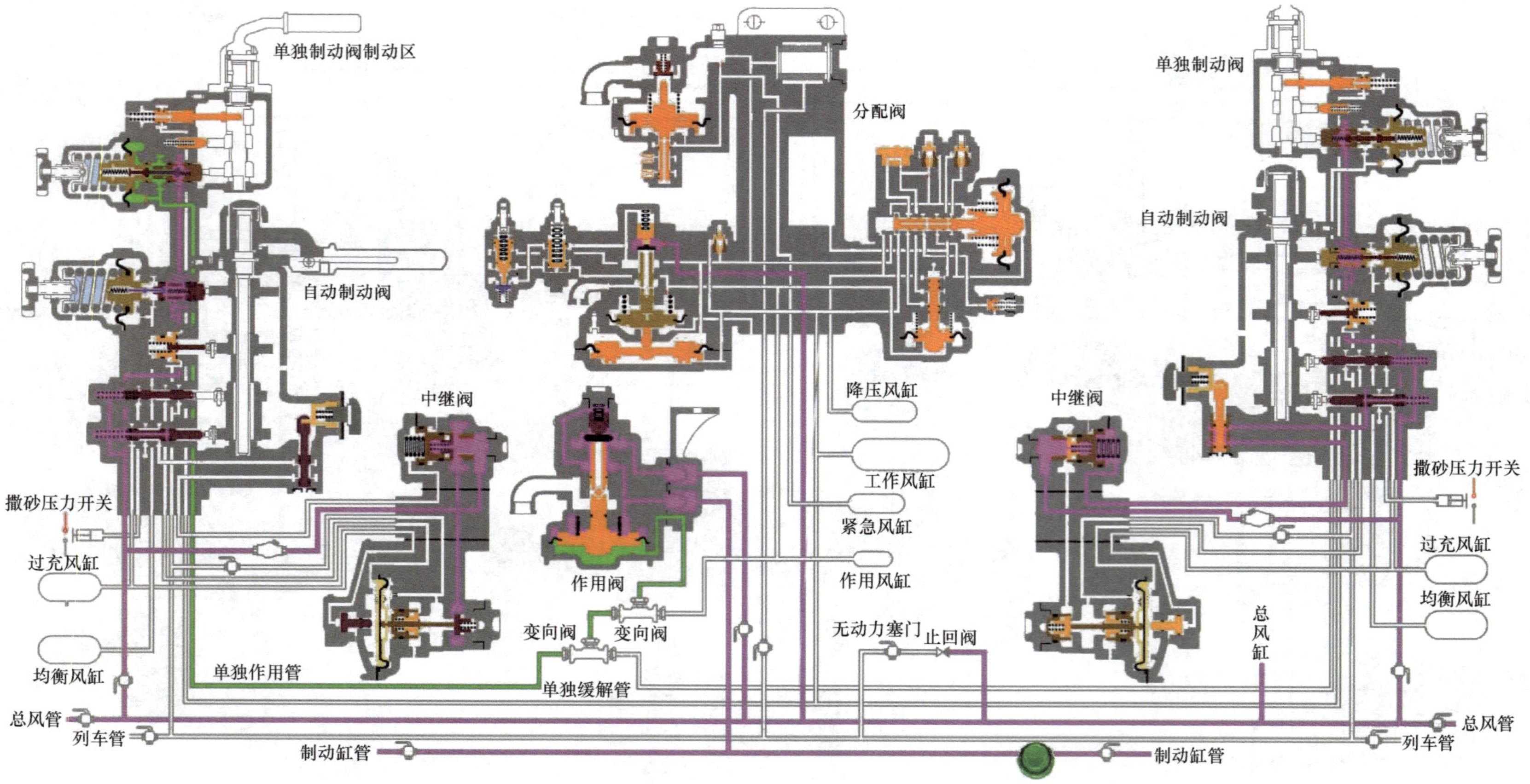

附图 6　JZ-7 型空气制动机单独制动阀制动区

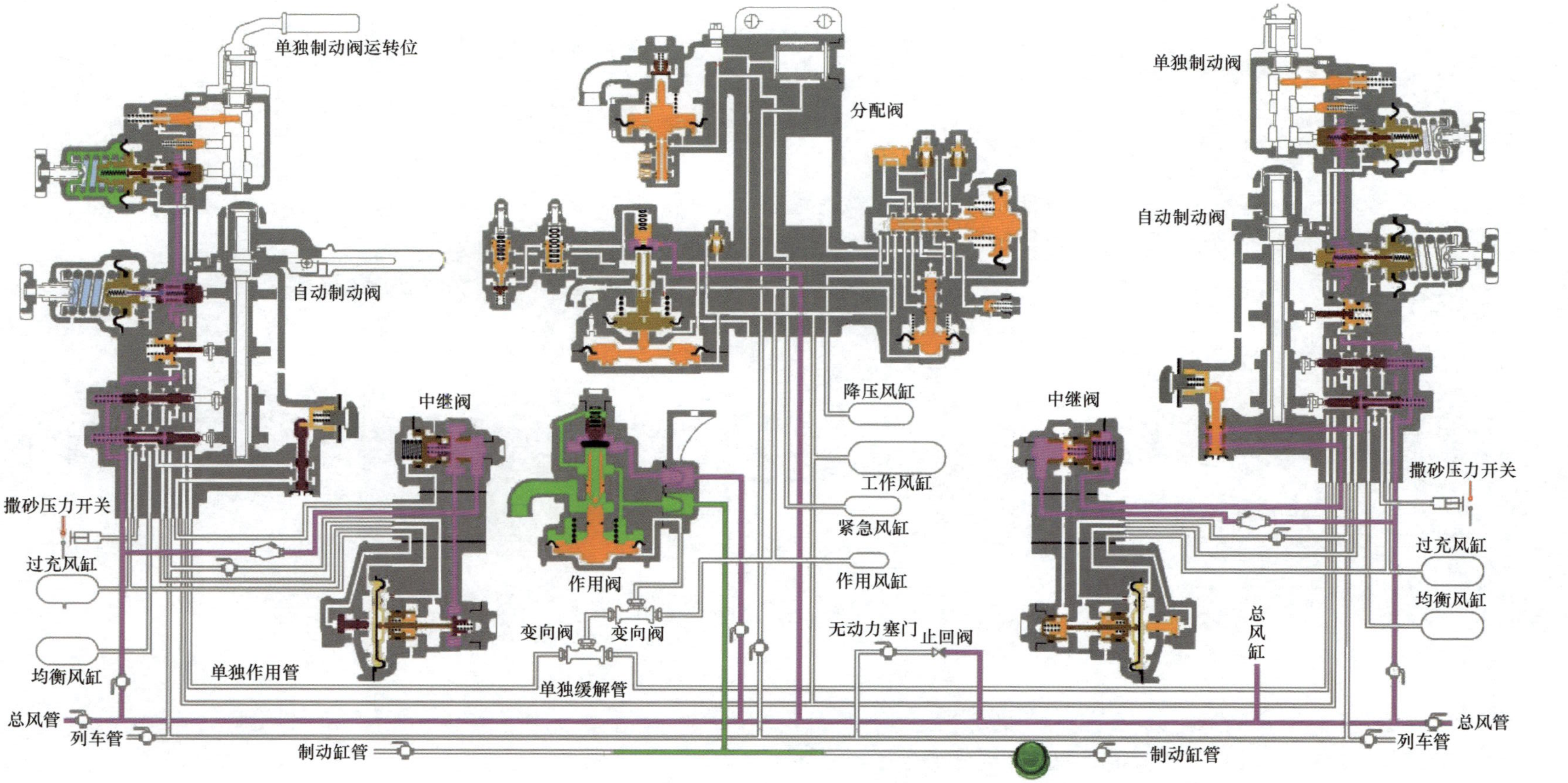

附图 7　JZ-7 型空气制动机单独制动阀运转位